지도와 함께 펼쳐보는 한국 역사

우리나라를 빛낸 100인 인물대백과

담터미디어

머리말

반만년 찬란한 역사를 자랑하는 배달민족

나라마다 역사가 있고 민족이 있으며 발전의 내력들이 전해 옵니다. 그런 역사를 소중하게 여기고 지켜 가면서 후손들에게 전하고자 많은 노력들을 기울이고 있습니다.

우리나라 역사를 말할 때, 반만년의 유구한 세월을 이어 온 문화민족인 우리 겨레는 단군 할아버지의 자손들이라고 합니다. 우리는 한반도를 삶의 무대로 삼고 핏줄이 같은 배달겨레들이 반만년 역사를 이어 오면서 살아 왔으며, 또 우리의 후손들도 앞으로 그렇게 살아갈 것입니다.

세계 역사를 더듬어 볼 때 우리나라처럼 단일 민족이 하나의 영토 안에서 함께 살아온 경우가 드뭅니다. 그렇지만 우리는 축복의 땅에서 행복하게 살고 있다고 말하기에는 부끄러운 점도 있습니다.

단군조선 이래로 만주를 다스리는 강대한 나라였던 고구려가 있었고, 신라가 삼국을 통일하여 한반도에서 처음 통일국가를 이룩하면서 찬란한 문화유산을 발전시켰으며, 고려 역시 통일국가로 문화를 빛낸 나라였습니다. 조선왕조는 한글을 만들고 과학 작품을 발명하는 등 문화의 꽃을 피운 반면에 개국 이래 혼란이 거듭되다가 결국에는 일본에게 나라를 빼앗기고 식민 통치를 당하는 고난의 세월을 보냈습니다.

　힘겨운 독립운동 끝에 광복을 맞았으나 남과 북이 갈리면서 민족끼리 싸우는 처참한 전쟁을 치르고도 지구촌에서는 유일한 분단국가의 설움을 지닌 채 아직까지 통일을 이룩하지 못하고 있습니다.

　우리 민족의 뿌리와 나라가 변천되어 온 역사를 바로 아는 것은 애국과 애족의 근본 바탕이며, 우리나라를 더욱 발전시켜 나갈 수 있는 힘이 되는 것입니다. 이 책을 통해 역사와 민족사를 바로 깨달으면서 슬기로운 사람이 되기를 바랍니다.

아동문학가 · 시조시인　유한준

차례

- 선사 시대 / 8
- 구석기 시대 / 10
- 신석기 시대 / 12
- 청동기 시대 / 15

건국 신화

1. 민족의 아버지 **단군** / 20
2. 신라 건국한 **박혁거세** / 22
3. 고구려를 세운 **동명성왕** / 24
4. 백제를 건국한 **온조왕** / 26
- 우리 민족의 역사 뿌리 / 28
- 지도로 보는 삼한 시대 / 32
- 한반도 초기의 국가들 / 34

삼국 시대 〈고구려〉

5. 나라의 기틀 다진 **대무신왕** / 38
6. 만주 정벌의 길을 연 **동천왕** / 40
7. 세력 떨친 **미천왕** / 42
8. 불교를 받아들인 **소수림왕** / 44
9. 대제국을 일으킨 **광개토대왕** / 46
10. 남진 정책을 쓴 **장수왕** / 48
11. 음악의 천재 **왕산악** / 50
12. 살수대첩의 영웅 **을지문덕** / 52
13. 안시성의 명장 **양만춘** / 54
14. 쿠데타 일으킨 **연개소문** / 56
- 대제국 고구려의 발전과 성장 / 58
- 고구려 왕 계보도 / 66

삼국 시대 〈신라〉

15. 나라의 기초 잡은 **내물왕** / 68
16. 영토 확장에 나선 **눌지왕** / 70
17. 불교를 국교로 삼은 **법흥왕** / 72
18. 화랑제도를 만든 **진흥왕** / 74
19. 최초의 여왕 **선덕여왕** / 76
20. 삼국 통일 기반 닦은 **태종무열왕** / 78
21. '망부석'의 충신 **박제상** / 80
22. 우산국을 정벌한 **이사부** / 82
23. 최초의 순교자 **이차돈** / 84
24. 동방의 큰 스님 **원효대사** / 86
- 천 년 사직의 찬란한 역사 / 88

삼국 시대 〈백제〉

25. 국가 체계를 세운 **고이왕** / 96
26. 고구려와 대결한 **근초고왕** / 98
27. 태자로 위용 떨친 **근구수왕** / 100
28. 광개토대왕과 맞선 **아신왕** / 102
29. 해외 식민지를 둔 **동성왕** / 104
30. 백제의 안정을 이룩한 **무령왕** / 106
31. 북진 정책을 편 **성왕** / 108
32. 역사책《서기》를 편찬한 **고흥** / 110
33. 일본 태자의 스승이 된 **왕인** / 112
34. 황산벌의 영웅 **계백** / 114
- 고난의 역사 속에 독보적 문화 창조 / 116
- 백제 왕 계보도 / 124
- 지도로 보는 삼국 시대 / 126

남북국 시대 〈통일신라〉

35 삼국을 통일한 **김유신** / 130
36 삼국 통일을 완성한 **문무왕** / 132
37 이두 문자를 집대성한 **설총** / 134
38 《왕오천축국전》을 쓴 **혜초** / 136
39 가야금을 만든 **우륵** / 138
40 〈방아타령〉을 연주한 **백결** / 140
41 천재 문장가 **최치원** / 142
42 바다의 제왕 **장보고** / 144
43 고려에 옥새를 넘겨준 **경순왕** / 146
44 금강산으로 들어간 **마의태자** / 148

- **천혜의 역사 박물관 경주** / 150
- **신라 왕 계보도** / 158

남북국 시대 〈발해〉

45 대제국을 세운 **대조영** / 160
46 번영의 기틀 다진 **무왕** / 162
47 융성기를 맞은 **문왕** / 164
48 해동성국 이룩한 **선왕** / 166

- **'해동성국' 발해의 번영** / 168
- **발해 왕 계보도** / 170
- **지도로 보는 남북국 시대** / 172
- **지도로 보는 후삼국 시대** / 176
- **후삼국 시대의 나라들** / 177

고려 시대

49 민족의 재통일 이룬 **왕건** / 182
(50) 제도 개혁을 단행한 **광종** / 184
(51) 안정기를 이룩한 **성종** / 186
(52) 거란을 물리친 장군 **서희** / 188
(53) 귀주 대첩의 명장 **강감찬** / 190
(54) 변방에 9성을 쌓은 **윤관** / 192
(55) 왕자로 스님이 된 **의천** / 194
(56) 《삼국사기》를 쓴 **김부식** / 196
(57) 《삼국유사》를 쓴 **일연** / 198
(58) 삼별초의 영웅 **배중손** / 200
(59) 문신 우대에 항거한 **정중부** / 202
(60) 화약을 만든 **최무선** / 204
(61) 백전백승 끝에 무너진 **최영** / 206
(62) 일편단심 충절의 명신 **정몽주** / 208

- **고려의 흥망성쇠** / 210
- **고려 왕 계보도** / 216
- **지도로 보는 고려 시대** / 218

조선 시대

(63) 조선 태조 **이성계** / 226
(64) 청빈한 명재상 **황희** / 228
(65) 여진족 몰아낸 **김종서** / 230
(66) 한글 만든 성군 **세종대왕** / 232
(67) 노비 출신 발명가 **장영실** / 234
(68) 위대한 철학자 **이황** / 236
(69) 영원한 현모양처 **신사임당** / 238

- 70 과거 시험 장원 9관왕 **이이** / 240
- 71 임진왜란의 성웅 **이순신** / 242
- 72 《동의보감》을 지은 **허준** / 244
- 73 《홍길동전》의 저자 **허균** / 246
- 74 시조 문학의 큰 별 **윤선도** / 248
- 75 《목민심서》를 쓴 **정약용** / 250
- 76 서예 예술가 **김정희** / 252
  - 새로운 변혁의 시대 / 254
  - 조선 왕 계보도 / 260
  - 지도로 보는 조선 시대 / 262

대한제국 시대

- 77 쇄국을 고집한 **흥선대원군** / 270
- 78 한국 최초의 신부 **김대건** / 272
- 79 동학의 창시자 **최제우** / 274
- 80 민중 일깨운 '녹두장군' **전봉준** / 276
- 81 개화 운동의 선구자 **유길준** / 278
- 82 청년 애국 운동가 **이상재** / 280
- 83 우두법을 보급한 **지석영** / 282
- 84 일본의 식민 정책 폭로한 **이준** / 284
- 85 3·1 독립운동의 지도자 **손병희** / 286
- 86 한글 보급 운동가 **주시경** / 288
- 87 어린이의 영원한 벗 **방정환** / 290
- 88 의사 독립운동가 **서재필** / 292
  - 대한제국과 일본의 식민 정책 / 294

근대 시대

- 89 이토 히로부미를 죽인 **안중근** / 296
- 90 3·1운동의 애국소녀 **유관순** / 298
- 91 도시락 폭탄 **윤봉길** / 300
- 92 청산리 전투의 영웅 **김좌진** / 302
- 93 최초의 비행사 **안창남** / 304
- 94 태극기를 도안한 **박영효** / 306
- 95 애국 시인 스님 **한용운** / 308
- 96 여성 교육가 **김활란** / 310
- 97 애국가를 작곡한 **안익태** / 312
- 98 세계적인 물리학자 **이휘소** / 314
- 99 민족의 지도자 **김구** / 316
- 100 대한민국 초대 대통령 **이승만** / 318
  - 민주주의 대한민국의 성장 / 320
  - 지도로 보는 현대사 / 323
  - 역사 Q&A / 324
  - 한국사 연표 / 342

우리나라를 빛낸 100인
인물대백과

선사 시대

선사 시대는 국가 성립 이전의 단계로 볼 수 있습니다.
한국사에서는 고조선 건국 이전을 선사 시대로 봅니다.

선사 시대와 역사 시대의 차이점

선사 시대란 문자 기록이 없는 시대를 가리킵니다. 선사 시대의 역사는 엄청나게 느린 속도로 발전하였습니다.

인류가 태어나 200만 년 이상이 지나는 동안에 겨우 50만 년 전에야 불을 사용하는 단계에 왔고 돌을 깨서 도구를 사용하기 시작하는 것은 10만 년 전에 이루어졌습니다. 인류가 문자를 발명해서 기록으로 남긴 것은 지구의 역사 45억 년을 1년으로 보았을 때 하루가 채 안 된다고 합니다. 그러기에 인류의 역사는 99% 이상이 문자가 없는 선사 시대의 역사입니다. 선사 시대에는 문자 기록이 없기 때문에 유물이나 유적 등을 조사하여 그 시기를 나타냈는데, 한국사에서는 구석기 · 신석기 시대가 선사 시대로 구분됩니다.

반면에 문자를 사용하고 국가를 형성하기 시작한 인류 역사의 1%에 해당하는 시기를 역사 시대라고 하는데, 한국사에서는 청동기 · 초기 철기 시대를 역사 시대의 출발점이라고 봅니다.

반구대 암각화

울산 대곡리 반구대 암각화는 선사 시대 바위그림으로 울산 태화강 상류에 위치해 있다. 그림이 새겨져 있는 부분은 높이 3m, 너비 10m 정도이다.

1960년에 이루어진 사연댐 건설로 바위그림은 현재 물에 잠겨 있으며, 댐의 물이 줄어들면 수면 위로 모습을 드러낸다. 바위에는 사람, 육지 동물, 바다 생물이 그려져 있는데, 사냥 중인 장면, 배를 타고 고기를 잡고 있는 어부의 모습, 새끼들과 함께 있는 사슴 등 총 200여 점이다. 그림은 매우 정교하여 동물의 뱃속 내장을 묘사한 것도 있다.

바위그림은 예술적인 이유로 만들어진 것이 아닌 주술적 의미를 담고 있는 것으로 단시간에 형성된 것이 아니다. 그림이 새겨진 기법의 변화로 보아 신석기 말부터 청동기 시대에 걸쳐 조각되었을 것으로 여겨진다.

풍요로운 삶을 기원하는 주술적 의미로 선사 시대 사람들이 마음을 담아 새겨 넣은 바위그림인 반구대 암각화는 현대에 이르러 사냥미술 및 종교미술로서 예술적 가치를 인정받고 있으며, 생명력 넘치는 표현과 생생한 묘사로 선사 시대 생활 풍습을 알게해 주는 자료로 높이 평가되고 있다.

구석기 시대

구석기 시대는 인류가 출현해 돌을 깨뜨리거나 떼어 내어 도구로 처음 사용한 시기를 말합니다.

구석기 시대의 생활 모습

약 70만 년 전 시작된 구석기 시대 사람들은 뗀석기를 사용해 사냥을 하고 나무 열매 등을 먹으며 소수가 모여 군락을 이루며 살았습니다. 뗀석기는 처음에는 떼어진 돌을 그대로 사용했으나, 점차 발전하여 다듬고 손질을 하여 사용하게 되었습니다. 또한 동물의 뼈나 뿔로 만든 골각기도 구석기 시대 중요한 도구였습니다.

구석기 사람들은 주로 바위 동굴이나, 먹을 것이 풍부한 강가에 막집을 짓고 살았습니다. 이들은 수렵과 채집을 통해서 생활했기 때문에 먹을 것이 많은 곳을 찾아다니며 이동했을 것으로 추측됩니다. 평안남도 상원군 검은모루 동굴, 충청북도 제천의 점말 동굴, 충청남도 공주시의 석장리 등의 유적, 유물들을 통해 구석기 시대의 생활 모습을 짐작할 수 있습니다.

구석기 후기로 가면 공동체의 규모가 커지고 사회화가 이루어지게 됩니다. 또한 풍요와 다산을 기원하는 벽화를 그리고 장식을 하는 등 예술 활동이 시작되었고, 숭배 신앙이 등장하였습니다.

▶ **우리나라의 구석기 문화 분포도**

구석기 시대 11

신석기 시대

신석기 시대는 기원전 10000년 전부터 기원전 3000년까지로 인류의 큰 변화의 시기입니다. 간석기와 빗살무늬토기가 등장했으며, '신석기 혁명' 이라 불리는 농업이 시작되었습니다.

신석기 시대의 생활

우리나라에서는 기원전 6000년경부터 신석기 시대가 시작된 것으로 추측하고 있습니다. 신석기 시대에는 구석기 시대의 뗀석기에서 발전한 도구인 간석기를 사용하였고, 빗살무늬 토기가 대표적으로 알려져 있습니다. 신석기 시대의 획기적인 발전인 농경은 말기에 이르러 시작되었으며, 그 이전까지는 구석기 시대와 마찬가지로 어로, 수렵, 채집을 통해 생활했습니다. 이들은 주로 강가 주변에 터를 잡고 움집을 짓고 살았습니다.

한국 신석기 시대를 대표하는 빗살무늬토기는 밑이 뾰족한 것과 납작한 것이 있으며, 표면에 무늬새기개로 새긴 무늬가 있는 것이 특징입니다. 토기는 주로 강가나 해안가 주변에서 발견되었는데, 이와 함께 어로에 사용되는 도구들도 많이 발견되어 어로 활동이 활발하게 이루어졌음을 짐작할 수 있습니다.

서울 암사동에서 발견된 움집 유적은 움집 4, 5채 정도가 모여 취락을 형성하고 있었습니다. 움집 내부에는 음식을 할 수 있는 화덕이 있고, 음식물을 저

▶ 우리나라의 신석기 문화 분포도

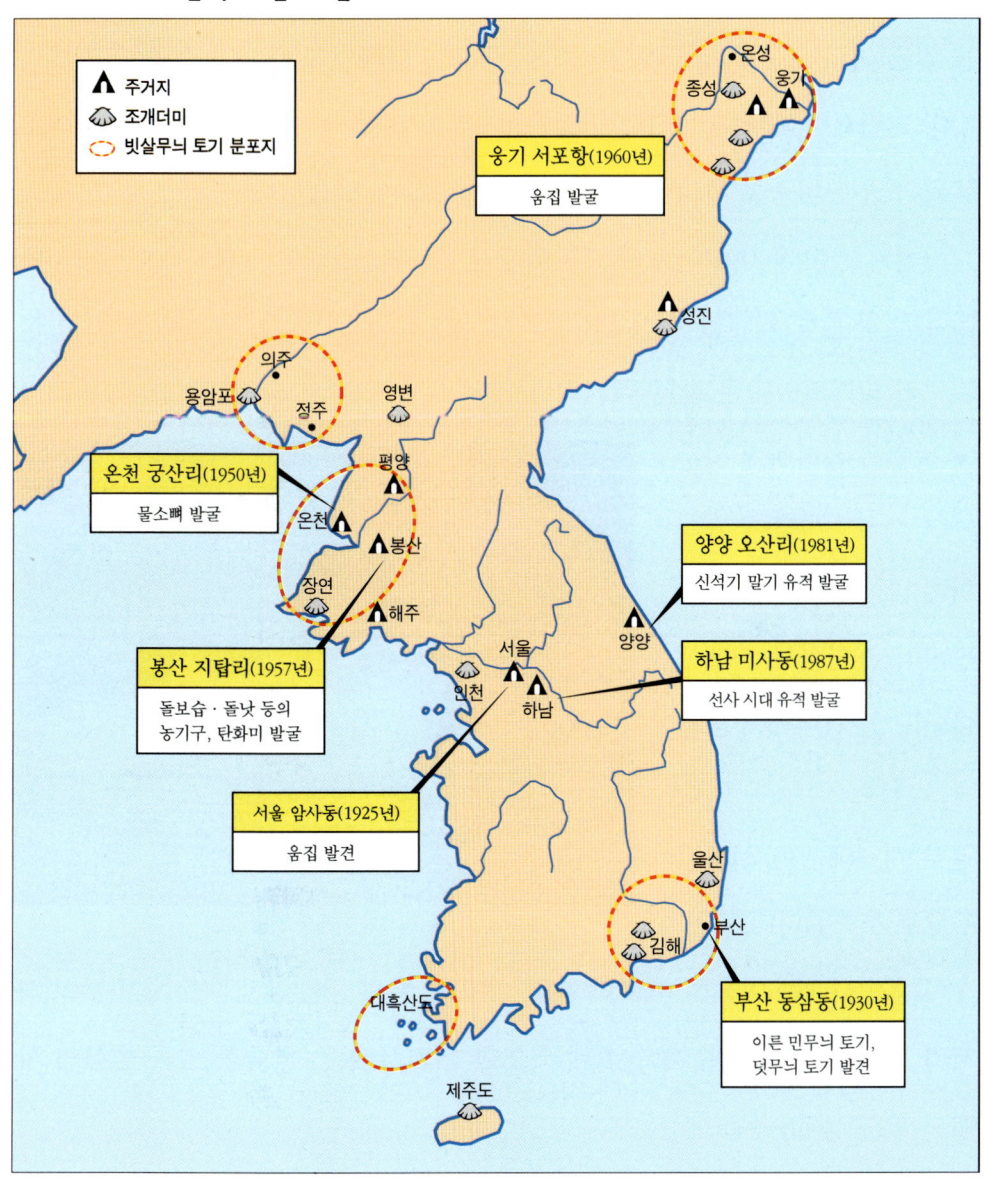

신석기 시대 13

장할 수 있는 저장고도 발견됩니다. 부산 동삼동 패총에서는 낚시 바늘이나 그물 같은 어로 도구들이 발견되어 어로 생활을 짐작하게 합니다. 특히 조개류가 많이 발견되어 패류를 채집해 먹었음을 알 수 있습니다. 신석기 전기에는 어로 생활이 많은 비중을 차지했을 것이라고 추측할 수 있습니다.

 신석기 시대 후기에 이르러 드디어 농경 생활이 시작되는데, 이는 봉산 지탑리 유적을 통해 확인할 수 있습니다. 지탑리 유적에서는 돌보습과 돌낫 등 농기구가 발견되었음은 물론 곡식의 낱알이 토기 안에서 발견되었습니다. 그러나 농경을 짐작하게 하는 유적으로는 지탑리 유적 외에 궁산리 유적만이 발견되어 신석시 시대에 한반도 전 지역에서 농경이 발달된 것이 아니라 일부 지역에서만 시작된 것으로 추측됩니다.

▲ 신석기 시대의 생활 모형

 신석기 시대는 여전히 어로와 수렵, 채집을 통해 생활했기 때문에 빈부의 격차가 생기지 않았으며, 따라서 계급 또한 생기지 않은 평등한 씨족 중심의 사회로 볼 수 있습니다.

청동기 시대

청동기 시대는 기원전 약 2000년에 시작되었으며, 청동기의 사용으로 생산력이 증가하고 빈부 격차가 생기기 시작하였습니다.

청동기 시대의 생활

청동기 시대에는 농기구가 발달하여 농경이 활발해지고 인구가 증가하여 큰 부족이 형성되며, 계급 사회로 발전하기 시작합니다.

신석기 말기 일부 지역에서 행해지던 농업은 청동기 시대에 이르러 대부분의 지역에 보편화되었으며, 반달돌칼, 돌괭이, 갈돌 같은 도구들을 사용하여 농사를 지었습니다. 주로 기장, 수수, 조, 보리 등의 잡곡 농사가 지어졌는데 남경 유적과 여주 흔암리 유적에서는 잡곡과 함께 탄화된 쌀이 출토되었습니다. 또한 여러 유적지에서 발견된 토기 바닥에서 볍씨 자국을 발견할 수 있었습니다. 이를 통해 청동기 시대에 이르러 우리의 주식인 쌀이 생산되기 시작했음을 알 수 있습니다. 또한 이 시기에 소, 돼지 같은 가축도 키우기 시작했습니다.

▲ 방패형 농경무늬 청동기

농경 생활의 시작은 생활의 안정을 가져오고

▶ 우리나라의 청동기 문화 분포도

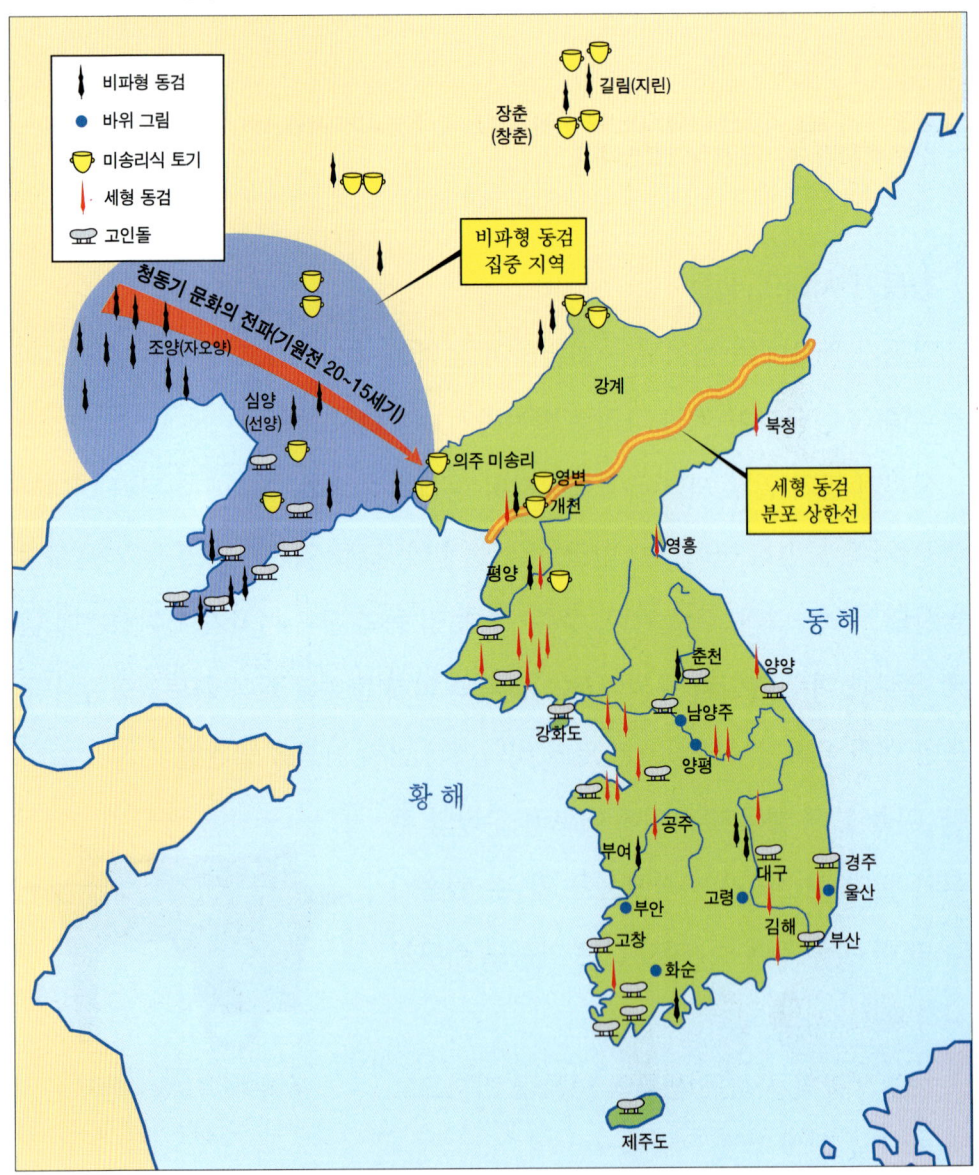

사람들은 한곳에 모여 정착하기 시작합니다. 신석기 시대에는 주로 먹이가 많은 강가에 움집을 지어 살았지만, 청동기 시대에는 낮은 구릉 지대에 집을 지었습니다. 마을의 규모도 커졌는데, 100여 채가 넘는 집터 유적도 발견되었습니다. 움집은 점차 지상가옥의 형태를 갖추기 시작했으며, 바닥을 다져 기둥을 세웠고 집 안에는 화덕과 배수구가 있었습니다.

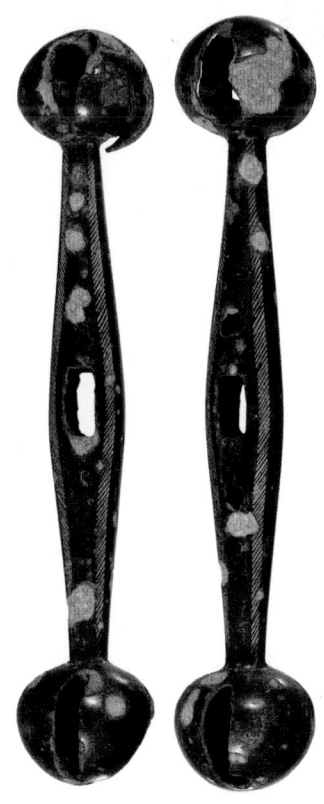

▲ 청동 쌍령구 (국보 제143-3호)

농경 생활과 목축은 재산을 많이 가진 자와 적게 가진 자를 만들게 되고, 이는 빈부의 격차로 이어지며 지배 계급을 등장시키게 합니다. 지배 계급의 존재는 고인돌 유적을 통해 확인할 수 있습니다. 커다란 돌을 이용해 만드는 고인돌을 만들기 위해서는 많은 인력이 필요합니다. 따라서 이 무덤의 주인이 지배 계층이나 지도자일 것이라고 추측합니다.

신석기 시대에 빗살무늬토기는 청동기 시대에 민무늬토기로 발전하였습니다. 민무늬토기는 바닥이 대부분 평평하며 손잡이가 달려 있기도 합니다. 또한 청동기로 만든 물

▲ 다뉴세문경 (국보 제141호) ▲ 청동 팔령구 (국보 제143-2호)

건들이 등장하는데 비파형 동검인 대표적입니다. 비파형 동검을 변형한 한국식동검은 한반도에서만 발견되고 있습니다. 이 시기에 청동기는 일반적으로 사용되지 않고, 제기용이나 무기, 장신구로 주로 사용되었습니다. 청동기를 만들 때 사용하는 거푸집의 발견으로 한반도의 독자적인 청동기 제작이 확인되었습니다.

선사 시대 역사의 고향 강화도

강화도는 단군이 하늘에 제사를 지내던 마니산 참성단과 고인돌로 유명합니다. 이러한 유적은 강화도가 선사 시대 사람들의 삶의 터전이었음을 짐작하게 합니다.

강화도 고인돌은 고창, 화순의 고인돌과 함께 세계문화유산으로 지정되어 보호되고 있습니다.

선사 시대의 무덤으로 알려진 고인돌은 탁자식의 북방식과 바둑판식의 남방식이 있으며 지석묘라고도 부릅니다. 중부 지방을 경계로 이북에는 주로 북방식, 이남에는 주로 남방식이 분포되어 있습니다. 북방식은 4개의 판석 안에 묘실을 설치하고 그 위에 평평한 덮개돌을 올리는 방식이고, 남방식은 판석을 사용해 땅 속에 묘실을 만들고 덮개돌로 덮거나, 돌을 괴지 않고 덮개돌만 덮기도 합니다.

강화에 있는 120여 기의 고인돌은 모두 북방식으로 가장 대표적인 것은 강화군 하점면 부근리 317번지에 있는 강화지석묘입니다. 이 고인돌은 높이가 2.6m, 덮개돌의 길이가 7.1m, 너비가 5.2m로 무게는 약 50톤으로 추정하고 있습니다. 이 강화지석묘를 포함하여 총 10개의 강화도 고인돌이 세계문화유산으로 지정되어 있습니다.

① 민족의 아버지
단 군

본명 · 왕검
직업 · 고조선의 시조
출생 · 연대 미상
통치 · 기원전 2333년부터 1500년간

단군은 우리나라 최초의 임금으로, 대단군 또는 단군왕검이라고도 합니다.

하늘나라 제석천왕의 손자인 단군은 기원전 2333년에 아사달(지금의 평양)에 도읍을 정하고 고조선을 건국하여 1500년 동안 나라를 다스렸습니다(단군 신화의 내용임. 여러 가지로 유추 해석할 수 있음). 단군은 한반도에서 처음으로 나라를 세우고 다스렸기 때문에 우리 민족의 시조로 받드는 역사의 인물입니다.

하늘나라 임금인 환인의 아들 환웅은 하늘나라에서 태백산 신단수 아래로 내려와 신시를 세우고 세상을 다스렸는데, 그때 곰과 호랑이가 찾아와 사람이 되기를 원하자, 쑥과 마늘을 주면서 "이를 먹고 100일 동안 햇볕을 쐬지 말라"고 일렀습니다.

호랑이는 약속을 지키지 못하여 사람이 되지 못하였으나, 곰은 약속을 지켜 여성인 웅녀가 되었습니다. 환웅은 곰에서 여성으로 변한 웅녀와 결혼하여 아들을 낳았으니 그가 바로 고조선을 건국한 단군입니다.

단군은 주나라 무왕이 즉위하자 기자를 조선 왕으로 삼고 장당경으로 옮겼다가 다시 아사달로 돌아와 은거하다가 산신이 되었다고 전합니다. 이를 단군 신화 또는 건국 설화라고 일컫습니다.

고려 시대 때부터 단군을 민족의 시조로 받들기 시작하였고, 조선 시대 세종 대왕 때에 이르러서는 평양에 사당을 짓고 민족의 아버지인 국조로 섬겼습니다. 조선 말기 나라가 외세의 침략으로 어지러워지면서 단군을 신앙의 대상으로 추앙하는 대종교가 생겼습니다.

단군이 나라를 세운 날로 여겨지는 10월 3일을 '개천절'이라 하여 국경일로 삼고 기념하고 있습니다.

우리 민족 최초의 나라 고조선

고조선은 우리나라 최초의 고대 국가로 단군왕검이 기원전 2333년에 아사달에 도읍을 정하고 건국한 나라를 말한다. 단군왕검 이후 여러 왕들이 이어가며 다스렸다.

◀ 고조선 시대 때 하늘에 제사를 지냈던 강화도 마니산에 있는 참성단

2 신라 건국한
박혁거세

본명 · 박혁거세
직업 · 신라의 시조
출생 · 기원전 69년
사망 · 기원후 4년

신라의 시조 박혁거세는 '불구내'라고도 하며, 왕호는 '거서간'이었습니다.

전설에 따르면 신라 6부촌의 한 곳인 사량부 고허촌장 소벌공이 어느 날 숲속에서 말의 울음소리가 들려 달려가 보니, 백마가 커다란 알을 보호하고 있었다고 합니다. 백마는 사람을 보자 알을 남겨 둔 채 하늘로 올라갔습니다. 6부 촌장들이 그 알을 거두었는데 알 속에서 어린아이가 나왔습니다. 6부 촌장들은 그 아이가 박처럼 커다란 알에서 나왔다 하여 성을 박씨라 하고, 밝은 빛으로 세상을 널리 이롭게 하라는 뜻에서 '혁거세'라고 이름을 지었습니다.

아이는 10여 살이 되자 기골이 준수하고 뛰어나게 총명하여, 6부 촌장들이 그를 추대하여 왕으로 삼았습니다.

이리하여 박혁거세는 기원전 57년, 13세 어린 소년으로 임금이 되어 서라벌(경주)에 도읍을 정하고 나라 이름도 서라벌(신라)이라고 하였습니다. 그 뒤 용의 몸에서 태어났다는 전설의 소녀 알영을 왕비로 맞아 농사와 양잠을 장려하면서 어진 정치를 폈습니다.

 기원전 37년에 도읍 이름을 금성으로 고치고 대궐의 궁성을 쌓고 나라의 기틀을 굳건하게 다졌습니다. 기원전 28년에 낙랑 군사들이 침범해 왔을 때, 낙랑 군사들은 신라의 백성들이 밤에도 대문을 걸어 잠그지 않고, 들에는 곡식 더미가 즐비한 것을 보고 '도덕의 나라'라고 여기면서 스스로 물러갔다고 합니다.

 혁거세는 일본에서 귀화한 호공을 마한에 보내 친교의 길을 열었습니다.

 61년 동안 왕으로 신라를 다스리다가 승하하였으며, 왕릉은 경주시 남쪽에 있는 사릉입니다.

천 년 왕국의 신라

우리나라 고대 삼국 가운데 한 나라. 신라는 박혁거세가 기원전 57년에 서라벌에 도읍을 정하고 건국한 이래 56명의 왕이 992년 동안 통치하였다.

◀ 박혁거세 탄생 설화의 나정

3 고구려를 세운 동명성왕

본명 · 고주몽
직업 · 고구려의 시조
출생 · 기원전 58년
사망 · 기원전 19년

고구려를 건국한 동명성왕의 이름은 고주몽인데, '추모', '상해', '도모' 등 여러 이름으로도 불리는 역사의 인물입니다. 주몽은 기원전 37년 22세 청년으로 졸본성에 도읍을 정하고 고구려를 건국한 뒤 기원전 19년까지 18년간 나라를 다스렸습니다.

《삼국사기》에 따르면 동부여의 왕 해부루가 죽은 뒤 임금에 오른 금와왕은 물을 다스리는 신인 하백의 딸 유화를 만났습니다. 금와왕은 유화 부인이 예전에 하늘의 아들 해모수의 유혹에 빠져 그와 가까이 지냈었다는 말을 듣고 유화 부인을 궁중에 가두었습니다.

어느 날 해모수가 빛이 되어 유화 부인의 방에 나타나 부인에게 아기를 임신하게 하여 부인이 큰 알을 낳았습니다. 왕은 유화 부인이 낳은 알이 불길하다며 버리라고 명령하였습니다. 처음에 돼지에게 주었는데 먹지 않고 보호하는지라 소, 개, 말들에게 잇따라 주었으나 역시 보호하는 것이었습니다. 마지막으로 들판에 내다 버렸는데, 새들이 날아와 알을 품어 주는 것입니다. 왕은 할 수 없이 유화 부인에게 그 알을 돌려주었습니다. 부인이 알을 정성껏 보호하자 며칠 뒤에 사내아이가 알을 깨고 태어났습니다. 사내아이는 매우 총명하고 슬기로워서 일곱 살 때 벌써 학문을 익히고 깨달았으며, 활을 만들어 쏘는 솜씨가 비범하여 '주몽'(활을 잘 쏘는 명궁이라는 의미)이라 불렸습니다.

금와왕에게는 일곱 아들이 있었는데 그 아들들이 주몽과 어떤 놀이를 해도 주몽을 이기지 못하자, 주몽을 질투한 나머지 없애 버리려는 음모를 꾸미게 되었습니다. 이를 눈치챈 유화 부인이 아들 주몽에게 멀리 피신하여 뜻을 펴라고 일렀습니다. 주몽이 피신할 때, 추적해 오는 병사들에게 쫓겨 강가에 이르자 물고기와 자라들이 떠올라 다리를 만들어 건너가게 하였다는 이야기가 전합니다.

위대한 고구려

우리나라 고대 삼국 가운데 한 나라. 북부여 출신의 고주몽이 기원전 37년에 졸본성에 도읍을 정하고 건국한 이래 28명의 왕이 705년 동안 통치하였다.

◀ 동명성왕(주몽) 동상

4 백제를 건국한
온조왕

본명 · 온조
직업 · 백제의 시조
출생 · 연대 미상
사망 · 기원후 28년

백제를 건국한 온조왕은 고구려 시조인 동명성왕의 셋째 아들입니다.

온조는 기원전 18년에 백제를 세우고 왕이 된 뒤, 기원후 28년까지 46년 동안 나라를 다스렸습니다.

온조에게는 친형인 비류와 이복형인 유리가 있었습니다. 유리는 아버지 동명성왕이 고구려를 세우기 전에 부여에서 낳은 큰아들입니다. 이복형 유리가 아버지를 찾아오자 동명성왕은 그를 태자로 삼았습니다. 그러자 온조는 친형인 비류와 함께 고구려를 떠나 남으로 내려오다가, 도읍을 정하는 문제로 의견이 엇갈려 비류와 헤어졌습니다.

형 비류는 미추홀(지금의 인천)로 내려가 나라의 기틀을 다지려 하였고, 온조는 위례성(서울 송파와 경기 광주 지역)에서 나라를 세우고 국호를 '십제'라고 하였습니다.

미추홀로 간 형 비류가 나라를 세우는 데 실패하고 자결하자, 그를 따르던 신하들이 온조를 찾아오고, 그들을 받아들여 많은 신하를 거느리게 된 온조는 '백성들이 위례성으로 오면서 즐거워했다' 하여 '모든 백성들이 즐거워하는 나라' 라는 뜻으로 나라 이름을 '백제' 로 고쳤습니다.

아버지 동명성왕의 사당을 세워 나라의 번영과 백성들의 안녕을 빌면서 어진 정치를 펼쳤으나 북쪽 변방의 말갈로부터 잦은 침략을 받아 나라의 기틀을 세우는 데 많은 어려움을 겪었습니다.

그 뒤 온조왕 27년인 기원후 9년에는 마한을 병합하여 국토를 넓혀 나갔으며, 여러 곳에 성을 쌓아 나라의 기강을 바로 세우면서 위세를 떨쳐 나갔습니다.

십제에서 백제로 발전

우리나라 고대 삼국 가운데 한 나라. 고구려 시조 고주몽의 셋째 아들 온조가 기원전 18년 위례성에서 건국한 이래, 31명의 왕이 도읍을 옮겨 가며 678년 동안 통치하였다.

◀ 남한산성에 있는 온조왕의 사당인 숭열전

우리 민족의 역사 뿌리

우리나라 역사의 기원은 고조선에 이어 삼국 시대가 열리면서 그 뿌리를 형성하게 되었습니다. 다만 우리나라의 역사가 과연 언제부터 시작되었고, 또 어떻게 성장 발전하여 왔는가 하는 문제를 한마디로 밝혀 설명하기는 어렵다는 것입니다. 이러한 이유는 원시 고대 국가에 대한 정확한 기록이 남아 있지 않기 때문입니다.

학자들이 그동안 밝혀낸 종합적인 연구에 따르면, 우리나라는 50만 년 전의 구석기 시대부터 인류가 살기 시작했으며, 그 뒤 신석기 시대를 거쳐 농경 사회로 넘어오면서 나라다운 나라의 형태를 갖추었습니다.

청동기 문화의 발전과 함께 부족 중심의 국가가 등장하였는데, 가장 먼저 국가로 발전한 나라가 바로 고조선입니다. 고조선은 우리 민족 역사의 길을 열어 준 첫 번째 고대 국가입니다. 고조선을 세운 단군왕검에 대한 건국 신화는 우리 민족의 신성하고도 숭고한 역사이기도 합니다.

고조선에 이어 삼국 시대가 전개되었는데, 삼국은 신라 · 고구려 · 백제 순으로 건국되어졌습니다. 그러나 국가의 세력은 고구려가 가장 크게 떨쳤고, 문화는 신라가 앞섰습니다.

신라는 애국 · 애족 · 충효 · 단결 · 협동의 덕목을 소중하게 여겨 온 화랑도를 근간으로 삼고 당나라와 연합하여 삼국을 통일한 뒤, 당나라 세력을 쫓아냄으로써 민족 문화의 동질성을 확립하고 단일 민족으로 하나가 되게 이끄는 데 큰 기여를 하였습니다.

통일신라는 이후 전성기를 맞이하여 화백 제도를 통해 나라의 기틀을 다지면서 약 1000년 동안의 기나긴 역사를 지녀 온 나라입니다.

▲ 단군 영정

고구려는 중앙 집권 국가로 성장 발전하여 중국과의 격렬한 투쟁에서 주도권을 잡고 만주 일대를 장악하여 동북아시아에서는 가장 강대한 국가로 위력을 떨쳤습니다.

일찍이 불교를 받아들여 나라의 국교로 삼았고, 학문과 문예, 무예를 높이 받들어 나라를 발전시켰습니다. 또한 광개토대왕, 장수왕, 을지문덕, 양만춘 같은 위대한 역사적 인물들을 배출하였습니다.

백제는 강대한 고구려와 신라에 맞서 영토 확장을 위한 정복과 통합을 향해 부단한 노력을 쏟은 나라였습니다. 조화와 창조로 민족 문화를 꽃피우면서 우리나라의 문화를 일본에 전해 주어 계몽시키는 일에도 힘썼습니다. 백제 사람들은 일본 규슈 일대로 건너가 상권을 장악하면서 일본 문화의 선구자로서 특유한 발자취를 남겨 놓았습니다.

▶ 고조선의 세력 범위와 변천

고조선 8조금법

고조선은 청동기 문화를 바탕으로 건립된 연맹 왕국이었습니다. 연맹 왕국이란 주변의 여러 부족을 정복해 나가면서 통합한 국가를 말합니다. 따라서 고조선 사회는 엄격한 신분 질서가 존재했습니다. 강력한 힘을 가진 족장

▲ 북한이 평양에 새로 조성한 단군릉

들은 귀족 계급이었으며, 정복당한 부족은 하층민으로 편입되었습니다. 또한 사유 재산도 가지고 있었습니다. 고조선의 사회상을 알 수 있게 해 주는 것이 '8조금법' 또는 '범금 8조'라 불리는 '8조의 법'입니다.

이 법은 중국의《한서》「지리지」에 3항목만 예로 기록되어 있는데, 그 내용은 다음과 같습니다.

1. 사람을 죽인 자는 그 즉시 사형에 처한다.
2. 남을 다치게 한 자는 곡식으로 배상한다.
3. 도둑질을 한 자는 그 집의 노비로 삼는다. 단, 스스로 속죄하려는 자는 50만 전을 내야 한다.

위와 같은 금법의 조항만 보아도 그 당시에 고조선 사회는 농사가 발달하였고, 개인의 생명과 사유 재산을 매우 존중했으며, 지배 귀족·평민·노비 등 계급의 차별이 있었고, 화폐가 쓰였음을 알 수 있습니다.

지도로 보는 삼한 시대

▶ 철기문화

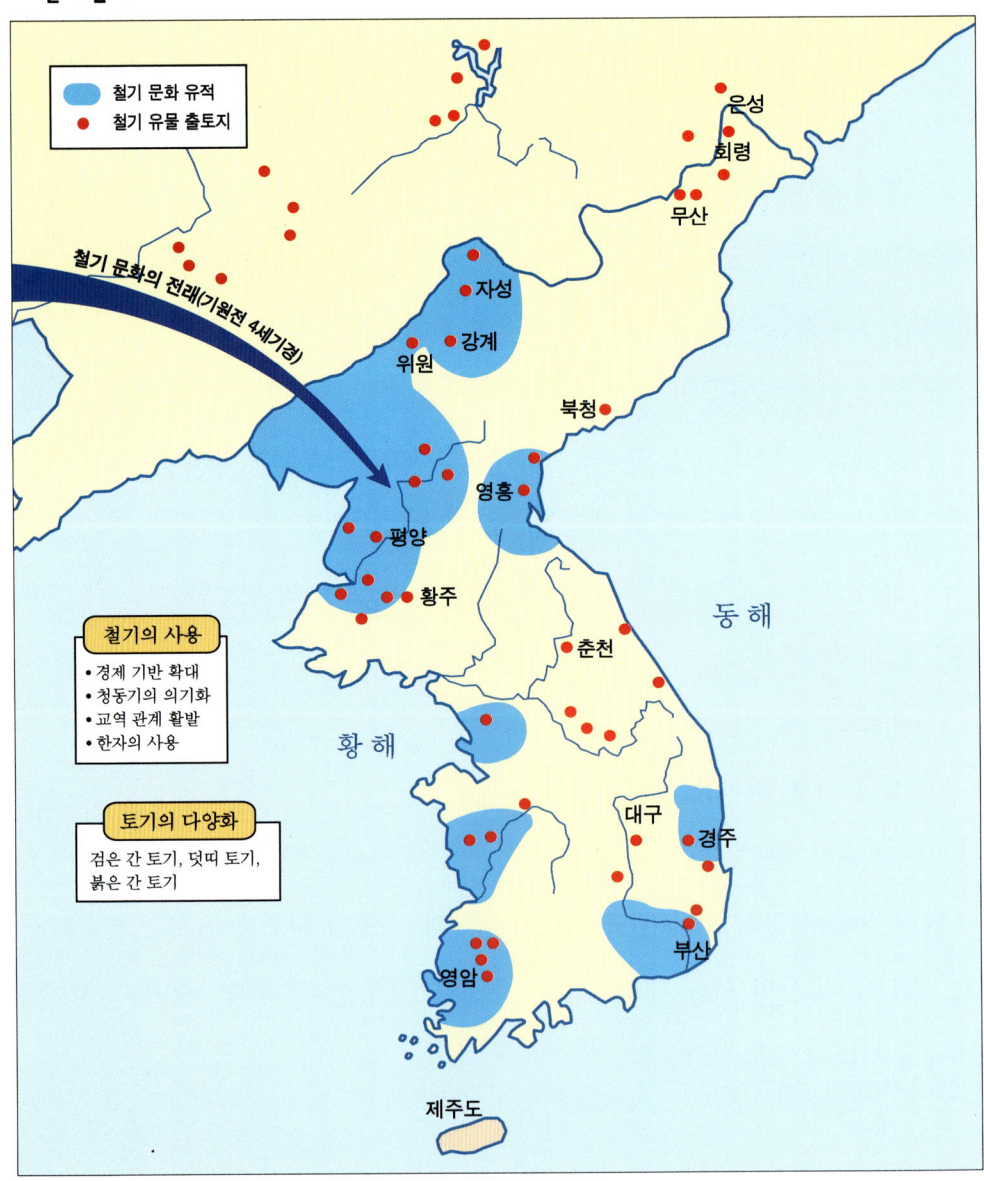

▶ 여러 나라의 성장

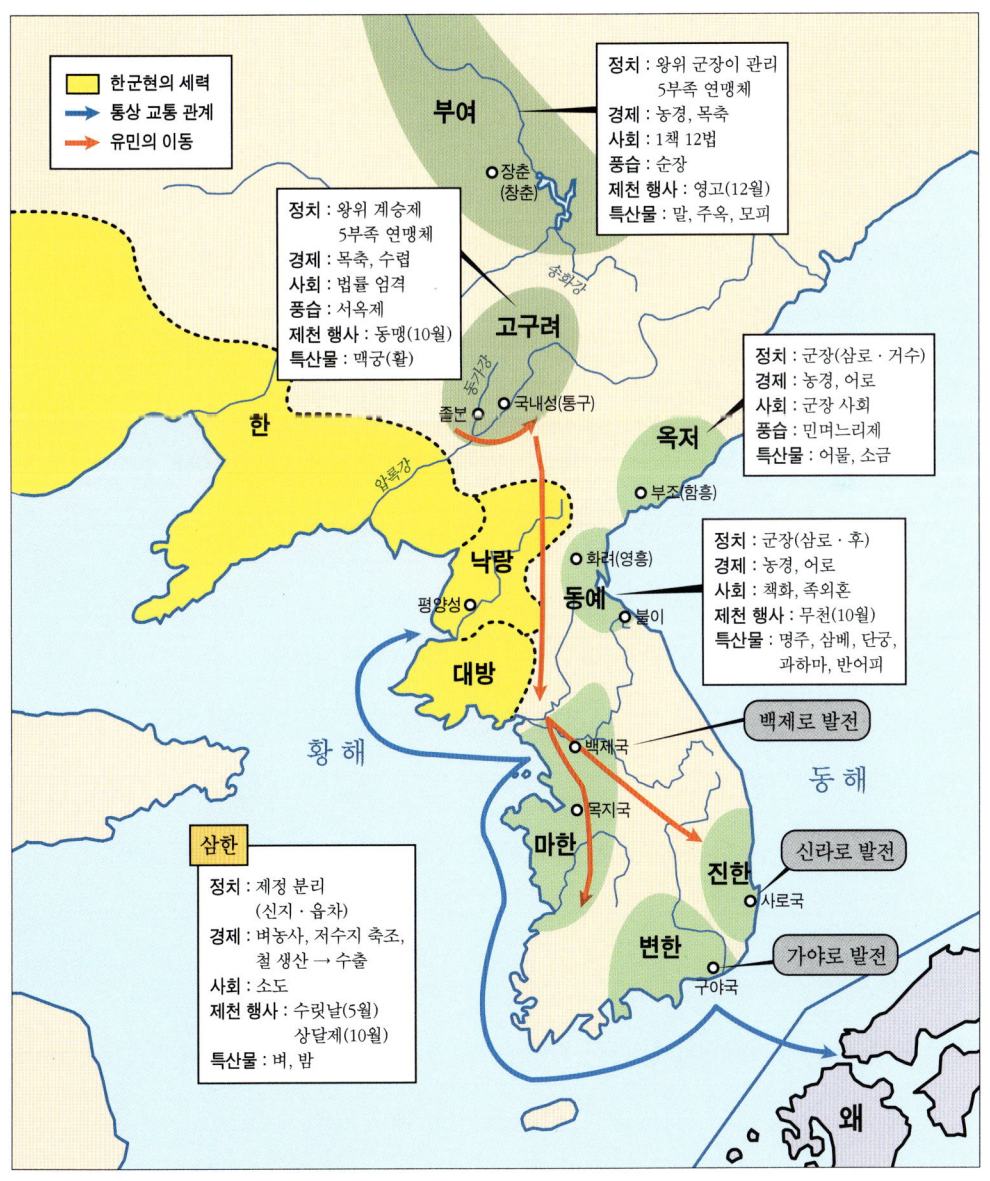

한반도 초기의 국가들

부여

부여는 기원전 2세기경 북만주지역에 터를 잡은 고대 국가입니다. 고구려와 백제가 부여로부터 시작되었다고 보고 있으며, 부여의 영토는 이후 대부분 고구려가 차지하게 됩니다.

부여는 귀족 정치로서 왕이 다스렸으며, 가축의 이름을 딴 마가, 우가, 저가 등의 관직이 있었습니다. 토지가 넓어 주로 농업과 목축을 하였습니다. 12월에는 수렵의 전통을 계승한 영고라는 제천의식이 행해졌으며, 이때 죄수들을 석방하기도 했습니다.

부여에는 죄를 지은 자를 처벌하는 법이 있었습니다. 살인자는 사형을 당하고 가족은 노비가 되었으며, 물건을 훔친 자는 12배로 배상을 하거나 노비가 되었습니다. 간음한 자나 투기하는 여자는 모두 사형에 처했습니다. 또한 형이 죽으면 동생이 형수와 결혼하는 형사취수제와 순장의 풍습이 있었습니다.

옥저

옥저는 두만강 일대에 살았던 부족으로, 함흥일대의 동옥저와 두만강 유역의 북옥저가 있습니다. 처음에는 위만조선에 예속되어 있었으며, 이후 고구려에 복속되어 공납을 바쳤습니다.

주로 농업을 하였으며 해산물도 풍부했습니다. 옥저에는 민며느리제라는 혼인제도가 있어 여자는 혼인을 약속한 후 결혼할 나이가 될 때까지 남자의 집에서 살았습니다. 나이가 차면 집으로 돌아가고 남자 집에서 돈을 받은 후 결혼을 하게 됩니다.

이차장이라는 특이한 장례 풍습도 있었습니다. 이는 시체에 풀이나 흙을 덮어 가매장한 후 나중에 뼈만을 목곽에 넣는 것으로, 목곽 옆에는 죽은 사람 모양의 나무인형을 두고 쌀을 넣은 그릇을 입구에 매달았습니다.

동예

동예는 동해안 지역에 살았던 부족으로 옥저와 마찬가지로 위만조선에 속해 있다 고구려에 복속되었습니다.

풍속과 언어가 고구려와 비슷하였습니다. 농업을 주로 하였는데 별자리를 통해 그 해 농사를 예측하였습니다. 공동체적 유대가 강하여 다른 읍락에 침범하면 보상을 해야 하는 책화라는 법이 있었습니다. 살인자는 사형에 처하고 같은 성끼리는 결혼하지 않는 족외혼의 풍습이 있으며, 방직 기술이 발달하였습니다.

10월에는 무천이라는 제천행사가 있어 하늘에 제사를 드렸습니다.

마한

마한은 기원전 1세기경부터 기원후 3세기경까지 한반도 서남부 지역에 분포해 있었으며, 삼한 중 하나입니다. 마한은 청동기 제작 및 교역의 중심에 있었으나 철기의 등장으로 위기를 맞게 되고 결국 백제에 병합되었습니다.

50여 개의 소국으로 이루어져 있으며 큰 집단의 지배자는 신지, 작은 집단의 지배자는 읍차라고 불렀습니다.

진한

삼한 중 하나인 진한은 지금의 경상도 지역에 위치했습니다. 12개의 소국으로 구성되어 있으며, 맹주는 경주 사로국이었습니다. 다량의 청동기, 철기 유물의 출토로 마한

▲ 토우장식유개고배 (국보 제195호)
뚜껑에 사람, 거북, 새 모양의 토우가 이채롭다.

과 달리 철기문화가 보급되었음을 알 수 있습니다. 대부분이 신라 세력 하에 들어갔습니다.

변한

변한은 경상도에 위치했던 삼한의 하나로 변진이라고도 합니다. 변한과 진한은 언어와 풍속이 같아 구분이 뚜렷하지 않습니다. 진한 12개의 소국에 속하지 않은 세력을 변한으로 보는 설도 있습니다.

철이 풍부한 유명 철산지로 삼한, 동예, 왜 등에 수출하였고, 철은 화폐처럼 사용되기도 했습니다. 변진의 대부분은 가야로 성장했습니다.

5 나라의 기틀 다진
대무신왕

본명 · 무휼
직업 · 고구려 제3대 왕
출생 · 기원후 4년
사망 · 기원후 44년

고구려 고주몽의 손자이자 유리왕의 셋째 아들로 제3대 왕에 오른 대무신왕은 동부여를 정벌한 뒤, 낙랑도 멸망시켜 드넓은 영토를 확보하고 초기 고구려의 기반을 다졌습니다.

대무신왕은 '대해주류왕'이라고도 하는데, 유리왕 33년인 기원후 14년에 태자에 책봉된 뒤 군사에 관한 일을 맡아보았습니다. 유리왕이 죽은 후 임금 자리에 올라 18년부터 44년까지 26년 동안 나라를 다스렸습니다.

대무신왕은 임금이 된 지 5년째 되던 22년에 동부여를 공격하여 대소왕을 죽이고 동부여가 다스리던 영토를 차지하였고, 26년에는 개마국을 정벌하여 나라를 더욱 넓혔습니다.

을두지 같은 어진 신하들을 등용하여 군사에 관한 일을 맡기고 나라의 기틀을 다진 뒤, 28년에 한나라 요동 태수가 침략하자 지혜롭게 물리쳤습니다.

32년에 왕자인 호동을 시켜 낙랑을 무찌르는 계략에 성공하였는데, 이후

'낙랑 공주와 호동 왕자'라는 슬픈 사랑의 이야기가 지금까지 전해지고 있습니다.

호동 왕자는 미남에다가 성격도 활달하여 여러 사람들로부터 찬사를 받았습니다. 어느 날 호동 왕자는 옥저로 사냥을 갔는데, 낙랑국의 왕인 최리가 왕자를 보고 마음에 들어 자기 궁궐로 데려가 공주를 소개시키면서 사위로 삼겠다고 약속하였습니다. 그때 낙랑국에는 적군이 침략하면 스스로 우는 '자명고'란 북이 있었습니다. 왕자는 공주에게 자명고를 찢게 한 뒤, 아버지에게 말해 낙랑국을 정벌하였습니다. 나중에 그 사실을 안 최리는 공주를 죽였고, 호동은 자신을 태자로 삼는 것에 반대하는 원비의 질투와 공주에 대한 못 잊은 사랑을 고민하다가 자결하였습니다.

낙랑 공주와 호동 왕자

고구려 대무신왕의 아들 호동 왕자는 낙랑 공주와의 슬픈 사랑을 간직한 이야기의 주인공. 낙랑국의 보물인 자명고를 공주가 찢게 한 뒤, 아버지 대무신왕과 함께 낙랑을 멸망시켰다.

◀ 고구려의 첫 수도 오녀산성(졸본성)

6 만주 정벌의 길을 연
동천왕

본명 · 우위거, 위궁
직업 · 고구려 제11대 왕
출생 · 209년
사망 · 248년

동천왕은 고구려 제11대 왕으로 동양왕이라고도 합니다. 이름은 우위거였는데, 태어나자마자 눈을 뜨고 보는 것이 태조왕 궁을 닮아 위궁으로도 불렀습니다. 산상왕의 아들로 213년 태자로 책봉된 후 왕위에 오릅니다.

요동지방을 정복하고자 했던 동천왕은 요동의 공손씨 세력과 재위 초기부터 대립하였습니다. 공손씨 세력을 물리치기 위해 오나라 손권의 화친 요청을 거절하고 위나라와 화친을 맺어 238년 위나라를 도와 공손씨 세력을 토벌하는 데 성공했습니다.

고구려와 위나라는 국경을 접하게 되면서 서로를 견제하기 시작했고, 동천왕은 요동 진출의 꿈을 이루기 위해 242년 위나라의 서안평을 공격하였으나 실패하고 말았습니다.

244년 위나라 유주자사 관구검이 수도인 환도성을 공격하여 맞섰으나 함락 당하고, 왕은 분노를 삼키며 남옥저로 피신하였습니다. 이후 군사를 재정비하여 위나라 군을 겨우 몰아내고 잃었던 영토를 다시 찾았습니다. 그러나 환도성이 모두 파괴되어 도읍을 잠시 평양성으로 옮기게 되었습니다.

《삼국사기》에 의하면 신라와도 교류하며 화친을 맺었다고 합니다. 동천왕의 요동 정벌 계획은 훗날 광개토대왕과 장수왕에 의해 이루어졌으며, 이는 고구려가 동북아시아의 최강국이 되는 바탕이 되었습니다.

요동으로 진출

"고구려가 더 발전하려면 서쪽으로 진출해야 한다." 요동의 서안평을 정벌하는 데 국력을 쏟으면서 영토 확장을 위한 전쟁을 지휘하였다.

◀ 고구려 최남단 전선의 비사성. 지금은 중국 영토에 속해 있다.

7 세력 떨친
미천왕

본명 · 을불, 우불
직업 · 고구려 제15대 왕
출생 · 연대 미상
사망 · 331년

미천왕은 고구려 제15대 왕으로 호양왕이라고도 하는데, 300년에 등극하여 331년까지 나라를 다스리면서 영토를 넓혔습니다. 서천왕의 손자이자 고추가 돌고의 아들인데, 큰아버지인 봉상왕에 의해 아버지가 죽음을 당하자 몸을 피해 민가에 숨어 지냈습니다.

봉상왕은 어려서부터 교만하고 시기심이 많았는데, 등극하자마자 백성들로부터 존경을 받는 안국군 달가를 미워하여 죽이고, 다음 해에는 동생 돌고까지 죽였습니다. 또한 사치와 방탕만을 즐기고 일삼을 뿐 백성을 위한 통치를 하지 않았습니다. 이에 국상(지금의 국무총리)인 창조리를 중심으로 한 충신들이 봉상왕을 폐위시켜 임금 자리에서 쫓아내고 돌고의 아들인 고을불을 새 임금으로 추대하니 이가 곧 미천왕입니다.

미천왕은 임금에 오르자마자 영토 확장을 첫째 목표로 삼고 군사를 일으켜 영토를 넓히는 일에 힘을 기울였습니다. 302년에 현도군을 공격하여 적군

8000명을 포로로 잡았습니다. 311년 요동의 서안평을 공격하여 영토로 편입하고, 314년에는 대방군까지 정벌하여 고구려의 영토를 크게 확장했습니다. 미천왕은 임금에 오른 뒤 전쟁터에서만 세월을 보낼 만큼 영토 확장을 위한 정벌에 온갖 정성을 다 기울였던 왕입니다.

고구려의 영토는 산악 지대가 많아서 고구려 왕들은 모두 평야 지대인 드넓은 만주 땅을 정벌하려고 노력하였습니다.

왕릉은 미천원에 있다고 전합니다.

영토 확장에 주력

신하들이 봉상왕을 폐위하고 즉위시킨 왕으로 동천왕의 뜻을 받아 요동 서안평을 정벌하고, 현도군과 대방군을 공격하여 합병하면서 고구려 영토 확장에 힘쓴 임금이다.

◀ 고구려의 환도산성

8 불교를 받아들인

소수림왕

본명 · 구부
직업 · 고구려 제17대 왕
출생 · 연대 미상
사망 · 384년

소수림왕은 고구려 제17대 왕으로 소해주류왕이라고도 합니다. 371년에 등극하여 384년까지 나라를 다스리면서 불교를 받아들였고, 제도를 정비하였으며 영토 확장에도 힘을 기울였습니다.

고국원왕의 아들로 355년에 태자로 책봉된 뒤 371년에 임금이 되었고, 다음 해에 중국 전진의 부견왕이 파견한 순도 스님을 받아들여 우리나라에 처음으로 불교가 전파되었습니다. 이때 전진의 사신들과 함께 고구려에 들어온 순도 스님은 불상과 불교 경전을 가지고 와서 소수림왕에게 전달하였습니다.

왕은 법률을 제정하여 공포하고 초문사를 지어 순도 스님을 머물도록 하였으며, 다시 이불란사라는 절을 지어 전진에서 온 아도 스님이 불교를 전파하도록 하였습니다. 이로 인해 고구려에서는 새로운 종교인 불교를 믿는 백성들이 날로 늘어 갔습니다.

본래 불교는 인도에서 일어난 종교로 중국을 거쳐 우리나라로 들어온 것입니다. 고구려는 불교를 다시 신라와 일본에 전해 주었습니다.

　소수림왕 7년인 377년에 백제에서 3만 대군이 평양성을 공격해 오자 이를 물리치면서 백제의 국경선을 공격하였습니다. 북쪽의 거란족이 국경을 침범하여 8개의 부락을 빼앗겼으나 뒤에 다시 거란족을 물리쳤습니다.

　소수림왕은 전진과 친선 유대 관계를 유지하면서 여러 가지 제도 및 문물을 받아들여 백성들의 생활에 도움을 주는 한편, 국가의 체제를 정비하는 데 힘썼습니다.

불교 문화 보급에 주력

불교를 받아들여 초문사를 창건, 한국 불교의 시초를 세웠다. 처음으로 율령을 반포하고 정치 체제를 정비하였다.

◀ 고구려 불상

9 대제국을 일으킨
광개토대왕

본명 · 담덕
직업 · 고구려 제19대 왕
출생 · 374년
사망 · 413년

광개토대왕은 고구려 제19대 왕으로 생전에는 왕보다 장군으로 더 유명하여 명성을 떨쳤습니다. 왕으로 있을 때는 영락대왕이라고 하였습니다. 391년에 등극하여 413년까지 나라를 다스리는 동안 이웃 나라를 정벌하는 숨 가쁜 전쟁으로 생애를 마쳤습니다.

고구려 역사상 가장 위대한 왕으로 존경받는 광개토대왕은 고국양왕의 아들로 임금에 올랐는데, 그 당시의 고구려는 한반도 북쪽과 만주 남쪽의 작은 나라에 불과했습니다. 등극과 함께 영토 확장을 외친 광개토대왕은 먼저 황해도 재령 부근까지 치고 올라온 백제를 황해도 남쪽 바닷가의 관미성까지 밀어내면서 백제의 58개 성을 함락시켰습니다.

왜구들이 신라를 침략했을 때, 신라의 원병 요청을 받고 직접 5만 군사를 이끌고 내려가 왜구들을 육지 밖으로 쫓아냈습니다.

북서쪽으로는 연나라를 공격하면서 현도성과 랴오닝성을, 동북쪽으로는 동부여와 북부여까지 정벌하면서 만주 벌판과 시베리아 동북부 지역을 거의 장악했습니다. 이렇게 하여 그가 정벌한 성이 64개, 빼앗은 마을이 1400여 곳에 이르면서 고구려를 가장 강대한 국가로 일으켜 세웠습니다.

광개토대왕은 궁궐에서 편안한 날을 보낸 것이 아니라, 전쟁터를 이곳저곳 이동하면서 말을 타고 달렸고 화살을 날리고 칼을 휘두르면서 용감하게 싸웠습니다.

우리 민족사상 육지의 영웅으로, 불멸의 왕으로 찬란한 생애와 업적을 아로새긴 광개토대왕의 광개토대왕릉비는 만주 집안현(지안 현) 통구(퉁거우)에 우뚝 서 있습니다.

위대한 대제국 고구려

18세의 어린 나이로 등극한 광개토대왕은 39세 젊은 나이로 세상을 떠날 때까지 이웃 나라와의 투쟁과 정벌로 생애를 보냈고 한국 역사상 가장 위대한 대제국을 수립하였다.

◀ 민족기록화. 광개토대왕의 요동 정벌 장면이다.

10 남진 정책을 쓴
장수왕

본명 · 거련
직업 · 고구려 제20대 왕
출생 · 394년
사망 · 491년

장수왕은 광개토대왕의 큰아들로 고구려 제20대 왕을 지냈습니다.

408년에 태자로 책봉되고 413년에 등극하여 491년까지 79년 동안 나라를 다스린 장수왕은 98세에 세상을 떠났으니 그 이름처럼 역대 임금 가운데 가장 오랫동안 통치한 임금입니다.

동방에서 가장 위대한 대제국을 일으킨 아버지 광개토대왕의 뜻을 받들어 중국의 진, 송, 위나라와 친교를 유지하면서 도읍을 통구(퉁거우)의 국내성에서 평양으로 옮기고 숙원 사업이었던 남진 정책을 써서 우리 역사상 가장 드넓은 영토를 다스렸습니다.

장수왕은 신라의 요새인 실직주성을 공격하여 빼앗았으며, 도림 스님을 죄를 짓고 국외로 도피한 것처럼 위장시켜 백제로 파견하였습니다. 도림은 백제의 사정을 탐지하면서 민심을 혼란시켜 왕실의 기강과 백성들의 마음을 흔들어 놓았습니다.

도림의 보고를 받은 장수왕은 군사를 이끌고 백제의 서울 한성을 공격하여 함락시키고 개로왕을 죽인 다음 남녀 8000여 명을 포로로 삼았습니다. 이로써 고구려의 영토는 남으로 아산만에서 죽령에 이르고, 북서쪽으로는 만주의 요하 동부까지 차지하여 우리 역사상 가장 드넓은 영토를 차지하였습니다.

정치 개혁에도 힘을 기울여서 5부족 연맹체 중심으로 펼쳐 오던 행정 체제를 중앙은 동·서·남·북·중 5부로 나누어 대가가 통치하게 했으며, 지방 역시 5부족 연맹체가 5부의 행정 구역을 다스리는 체제를 구축했습니다.

장수왕은 아버지 영락대왕의 공덕을 기리기 위해 '영토를 크게 넓힌 임금'이라는 뜻의 '국강상 광개토경 평안호태왕'이라는 묘호를 새겨 광개토대왕릉비를 세웠습니다.

가장 드넓은 영토를 다스린 왕

고구려를 79년 동안 통치한 장수왕은 고구려 역사상 가장 드넓은 영토를 다스렸다. 수도를 평양으로 옮기고 남진 정책을 썼으며, 문화의 전성기를 이룩하였다.

◀ 장군총(장수왕릉)

11 음악의 천재
왕산악

본명 · 왕산악
직업 · 고구려의 음악가
출생 · 연대 미상
사망 · 연대 미상

고구려 제24대 양원왕 8년인 552년 때의 일입니다.

중국 진나라에서 일곱 줄로 된 칠현금이라는 악기가 처음으로 들어왔습니다. 임금은 난생 처음 보는 악기를 받았으나 이를 연주할 사람을 찾지 못해 안타깝게 생각하였습니다.

"우리 고구려 안에 이 악기를 연주할 사람이 아무도 없단 말인가?"

왕은 그 악기를 연주하는 사람에게는 특별상을 내리겠다고 명하였습니다.

『칠현금을 연주하는 사람에게는 특별상을 내리노라!』

이때 고구려 제2상(부총리)으로 있던 왕산악이 칠현금을 이리저리 유심히 뜯어보았습니다. 그는 현악기에 대하여 수준 높은 실력을 갖춘 인물이었습니다. 그는 칠현금을 개조하고 이에 알맞은 곡 100곡을 지어 연주를 하여 보았습니다.

"이만하면 훌륭하다!"

왕산악은 임금에게 자신이 칠현금을 개조하여 연주하겠다고 아뢰었고 임금이 이를 허락하였습니다.

　왕산악은 자신이 작곡한 곡을 현금으로 연주했습니다. 그러자 그 감미로운 선율에 검은 학들이 날아와 춤을 추었습니다. 그 모습을 본 왕은 크게 만족하였습니다.

　그래서 이 악기를 '현학금' 또는 '현금'이라고 부르게 되었습니다.

　진나라의 칠현금을 개조한 이 악기가 오늘날의 거문고로 《삼국사기》 제32권 '왕산악 편'에 전하고 있습니다.

현학금 연주의 명수

칠현금을 개조하여 100곡을 연주한 명수. 검은 학들이 날아와 춤을 추듯 아름다운 현학금 연주에 모두 감탄하였다. 칠현금을 개조한 이 악기가 오늘날의 거문고이다.

◀ 거문고

12 살수대첩의 영웅

을지문덕

본명 · 을지문덕
직업 · 고구려 말기의 장군
출생 · 연대 미상
사망 · 연대 미상

고구려 영양왕 때의 장군 을지문덕은 침착 대담하고 지략과 무용이 아주 뛰어난 장군이자 시문에도 능통한 귀재였습니다. 그는 선비족 출신의 귀화인으로 추측될 뿐, 그의 생애에 대한 기록이 전혀 없어서 자세한 것을 알 수 없는 역사 속의 인물입니다.

영양왕이 나라를 다스리던 612년 수나라 양제가 수륙양군(육군과 해군) 113만 3800여 명의 대군을 이끌고 고구려를 침략해 들어오는데, 그 부대가 무려 100리 길을 이어 올 정도로 엄청났습니다. 고구려는 을지문덕을 총사령관으로 세워 수나라 군대와 맞서게 하였습니다.

을지문덕은 압록강에서 수나라 군대와 대치하다가 거짓 항복하는 체하면서 적진으로 혼자 들어갔습니다. 적군들이 지쳐 있음을 확인한 을지문덕은 군사력을 더욱 소모시키기 위하여 평양성이 가까운 살수(청천강)까지 쫓기는 척하여 적군의 선발대 30만 대군을 유인하였습니다.

그런 뒤에 적군의 장군인 우중문에게 다음과 같은 한시를 적어 보냈습니다.

『그대의 신묘한 책략은 천문을 꿰뚫었고 교묘한 술책은 지리를 통달하였네.

싸움에 이겨 전승한 공이 이미 높거늘 그만 돌아가는 것이 어떠리.』

이 한시는 적들을 완전히 조롱하는 것이었는데도 그들은 을지문덕의 거짓 항복을 그대로 믿고, 군사를 되돌려 살수(청천강)에 이르렀습니다. 그들이 살수를 반쯤 건너갈 때 물길을 막아 둔 상류의 강둑을 헐고 강물을 성난 파도처럼 쏟아 내리게 한 뒤 집중 공격을 퍼부어 30만 대군 가운데 겨우 2700여 명만이 살아 도망쳤습니다. 이 위대한 승리를 역사는 '살수대첩'이라고 기록하였습니다.

신비한 전술, 완벽한 대승리

고구려 을지문덕 장군이 수나라 100만 대군을 살수에서 몰살시킨 살수대첩은 세계 역사상 유례가 없는 전투로 기록되어 전해 온다.

◀ 을지문덕 영정

13 안시성의 명장

양만춘

본명 · 양만춘
직업 · 고구려 말기의 장군
출생 · 연대 미상
사망 · 연대 미상

고구려 보장왕 때는 쿠데타에 성공한 연개소문이 대막리지로 권력을 잡고 있었습니다.

신라와 당나라 사이의 해상 교통 통로인 당항성(경기도 화성 구봉산에 있던 산성. 가까이 황해 쪽 남양만에 당항포가 있음)을 고구려가 점령하자 당 태종이 신라 침략을 중지하라며 사신을 보냈는데, 고구려가 그 사신마저 잡아 가두자 화가 난 당 태종은 30만 대군을 이끌고 고구려를 공격해 들어왔습니다.

요동성을 함락한 당 태종은 안시성으로 치달아 성을 완전히 포위하였습니다. 당 태종이 군사들을 증원하면서 안시성과의 치열한 공방전이 이어지고 있었습니다. 적군은 안시성 성문 밖에 산처럼 높다란 흙더미를 쌓고 그 위에서 공격하기 시작했습니다.

당나라 군사들은 3일간 끝없는 공격을 퍼부었습니다. 그러나 안시성의 군사들과 백성들은 포기하지 않고 힘을 모아 공격에 맞섰습니다. 당 태종은 철벽수비의 안시성을 끝내 함락시키지 못하고, 추위에 배고픔에 군사를 돌렸습니다. 이때 양만춘이 퇴각하는 당 태종을 향해 예를 갖추자 당 태종이 이에 감격하여 비단 100필을 하사하였다고 합니다.

이곡의 ≪가정집≫과 이색의 <정관음>이란 시에는 당 태종이 양만춘이 쏜 화살을 눈에 맞아 외눈박이가 된 채로 도망치듯 물러갔다고 전합니다.

당나라 대군에 둘러싸여 지원군도 없이 안시성을 지켜낸 양만춘 장군의 이름은 역사책에는 남아 있지 않고 야사에 의해서만 전해지고 있습니다.

야사에만 나오는 전설적인 인물

화살로 당나라 태종의 한쪽 눈을 명중시킨 전설적 인물 안시성의 성주 양만춘. 고구려를 침략하던 당 태종은 애꾸눈이 된 채 도망치고 말았다.

◀ 양만춘 영정

14 쿠데타 일으킨 연개소문

본명 · 개금
직업 · 고구려 말기의 장군
출생 · 연대 미상
사망 · 665년

연개소문은 고구려가 어려움에 빠졌는데도 귀족들의 반대를 묵살하고 동부 대가 및 대대로를 지낸 아버지의 직책을 이어 가고, 당나라의 침략에 대비한다며 백성들을 동원하여 천리장성을 쌓았습니다. 이에 대신들이 그를 못마땅하게 여기고 죽이려 임금과 밀회를 하였는데, 이 사실을 알고 잔치를 베푼다는 명목으로 대신들을 초대한 뒤 이들을 모두 죽이고 영류왕까지 죽인 후 보장왕을 추대하였으며 스스로 대막리지가 되었습니다.

쿠데타로 정권을 잡은 연개소문은 백제와의 전쟁에서 밀려 구원병을 요청하러 온 신라의 김춘추(뒷날 태종무열왕)를 감금하기도 했으며, 신라의 변방을 공격하여 여러 성을 빼앗았습니다. 이처럼 강경한 대외 정책을 펴자, 당나라는 고구려와 신라 사이의 적대적 외교 관계를 변화시키고자 사신을 보냈습니다. 그러나 연개소문은 자신의 뜻을 강하게 내비치며 당나라 사신을 잡아 가두었습니다.

이에 격노한 당 태종은 30만 대군을 이끌고 고구려를 공격하기에 이르렀으나, 요동성 및 안시성 싸움에서 고구려 군사들이 큰 승리를 거두었고, 그 뒤에도 고구려는 당나라의 네 차례 침략을 잘 막아 내면서 연개소문의 독재 정권은 더욱 세력을 떨쳤습니다.

그가 죽은 뒤, 그의 아들 삼형제가 서로 권력 다툼을 하는 사이 668년 신라와 당나라 연합군의 공격을 받았습니다.

이로써 동북아시아에서 한때 가장 강대한 대제국을 이룩했던 찬란한 역사와 빛나는 전통을 지닌 고구려는 멸망하고 말았습니다.

이 시기 세계는

▲ 메카

이슬람교의 성지 '메카'

이 시기 중국은 625년 당 태종 이세민 즉위 후 그 유명한 〈정관의 치〉가 시작되었다. 630년 이슬람교의 시조인 무함마드는 메카로 군대를 진격시켜 아부 수피안의 항복을 받아 내어 메카로 입성한다. 이때부터 이슬람교의 성지는 메카가 되었다. 그러나 무함마드는 메카 입성 2년 만에 사망한다.

대제국 고구려의 발전과 성장

고대 삼국 가운데 하나인 고구려는 우리 역사상 가장 위대하고도 강력한 대제국으로 동북아시아에 그 위용을 떨쳤습니다.

동명성왕(고주몽)이 건국한 이래, 압록강 유역에서는 가장 먼저 크게 발전하면서 한반도 북부와 만주 전역, 시베리아 동부를 지배하였던 나라였습니다. 왕을 중심으로 한 중앙집권주의 국가로 주변의 작은 부족과 나라들을 정벌하여 대제국으로 성장한 고구려는 중국과의 대결에서 매우 강인함을 보여 주어 중국의 여러 왕조들이 두려워

◀ 북한에서 지은 동명성왕 사당

하였습니다.

고구려는 건국 초기부터 동명성왕 이후 대무신왕, 동천왕, 미천왕 등 여러 왕들의 활달한 성품과 기개를 바탕으로 영토 확장을 위한 정복 사업을 강력하게 추진하였습니다.

따라서 중국과 끊임없이 격돌하였는데, 581년에 세워진 수나라는 고구려를 복속시키기 위해 4차례나 침공하였습니다. 그러나 오히려 고구려에게 크게 패해 큰 타격을 입고 멸망에 이르렀습니다. 이처럼 고구려는 강한 군사력으로 중국에 위협을 가하며 한반도 입구를 지켰습니다.

또한 부여(북부여와 동부여)를 달래면서 정복하고 옥저와 동예도 정벌하여 영토를 넓혀 나갔습니다.

그러면서도 백성들을 아

▶ 북한 평양에 있는 동명성왕릉의 고구려 무인석상

우르고 민심 안정에 최선을 다하여 백성들이 나라를 믿고 따랐습니다. 이런 가운데 광개토대왕과 장수왕이 영토를 크게 넓혀 동북아시아에서는 가장 강대한 나라로 발전하였습니다.

한편으로는 중국에서 불교와 학문, 예술을 받아들여 장려하면서 고구려 문화의 화려한 꽃을 피웠습니다. 수나라나 당나라의 엄청난 공격을 받으면서도 위기를 슬기롭게 벗어나 나라의 기반을 튼튼하게 다졌습니다.

고구려에는 을지문덕·양만춘 같은 명장이 있는 반면, 연개소문 같은 독재

고구려 수도였던 지금의 중국 지안의 환도산성

자도 있었습니다.

  연개소문이 죽고 난 뒤 아들들이 권력 분쟁을 일으키면서 나라는 극도로 혼란에 빠지게 되었습니다. 이런 가운데 신라와 당나라 연합군의 공격을 받아 결국 보장왕 때 멸망하고 말았습니다. 이로써 28명의 임금이 705년 동안 다스린 고구려의 역사는 뒤안길로 사라졌습니다.

▶ 고구려의 영토 확장

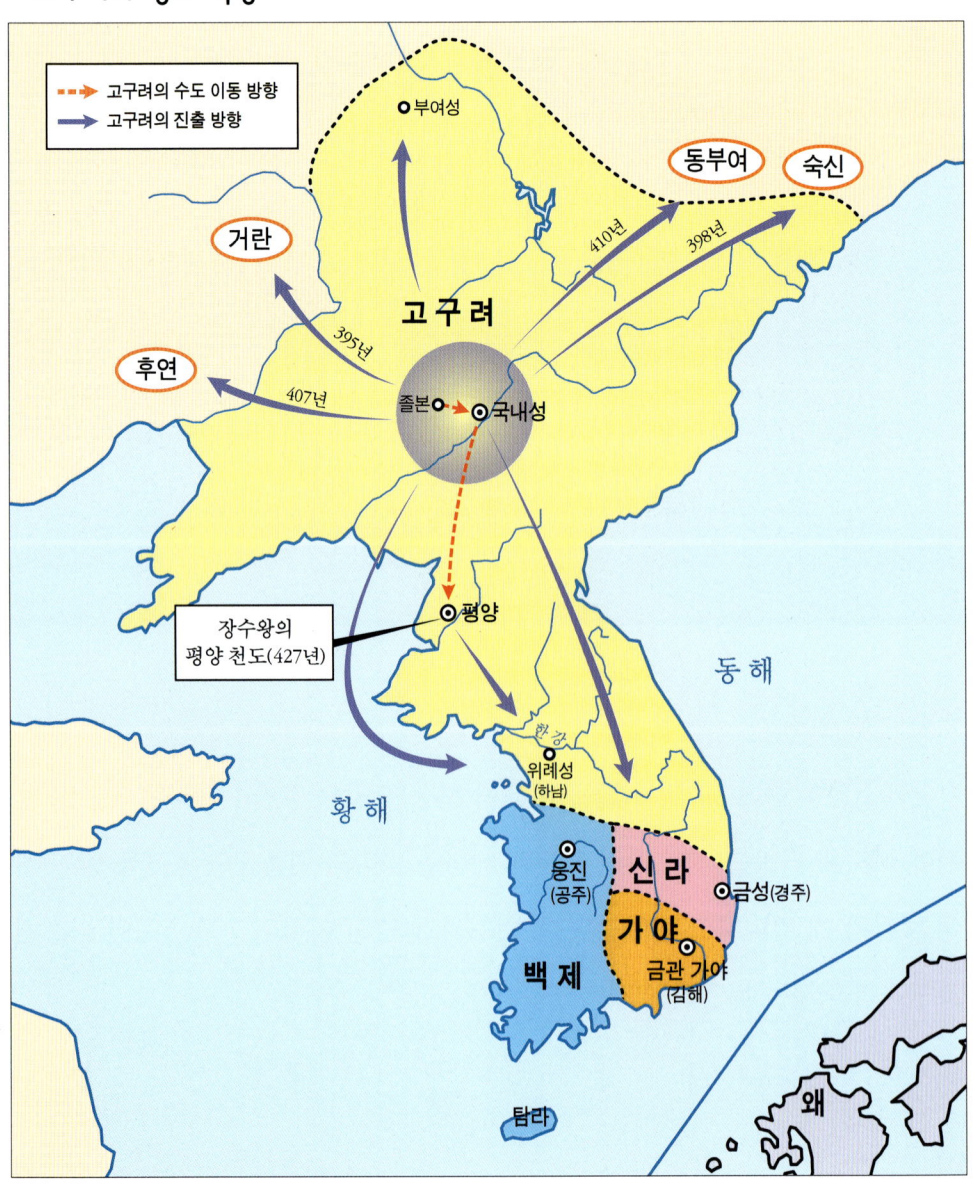

광개토대왕릉비

광개토대왕(영락대왕)은 우리나라 역사상 가장 널리 위용을 떨친 고구려의 대왕이다.

광개토대왕릉비는 414년에 광개토대왕의 아들 장수왕이 세웠으며, 내용은 대체로 고구려의 역사와 광개토대왕의 업적이 주된 내용이며, 고구려사 연구에서 중요한 사료가 된다.

비석의 내용은 대체로 세 부분으로 나뉘어진다.

고구려의 건국부터 광개토대왕까지의 역사를 다룬 첫째 부분은 묘비 제1면 1행에서 6행까지이다.

광개토대왕의 정복 전쟁을 기술한 둘째 부분은 제1면 7행부터 3면 8행까지이다.

묘비 및 연호에 관한 마지막 부분은 제3면 8행부터 제4면 9행까지이다.

고구려 귀족의 복식 모습

고구려 왕 계보도

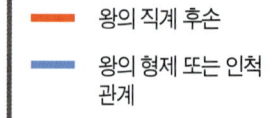
- 왕의 직계 후손
- 왕의 형제 또는 인척 관계

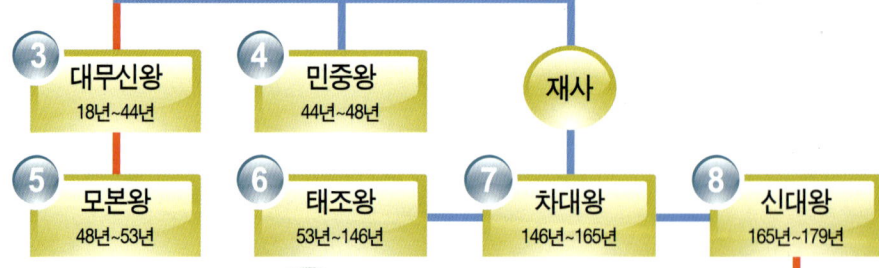

◀ 동명성왕

고구려는 기원전 37년, 주몽(동명성왕)에 의해 압록강 지류인 동가강 유역의 졸본 땅에 세워졌습니다. 태조왕, 고국천왕, 소수림왕 대를 거치면서 주변 민족을 흡수하여 고조선의 옛 땅을 회복하였습니다. 그 후 광개토대왕이 영토를 넓히면서 강력한 국가로 군림하게 됩니다.

① 동명성왕 기원전 37년~기원전 19년
② 유리왕 기원전 19년~기원후 18년
③ 대무신왕 18년~44년
④ 민중왕 44년~48년
재사
⑤ 모본왕 48년~53년
⑥ 태조왕 53년~146년
⑦ 차대왕 146년~165년
⑧ 신대왕 165년~179년

중앙 집권 토대 마련

▲ 초창기 고구려의 영토

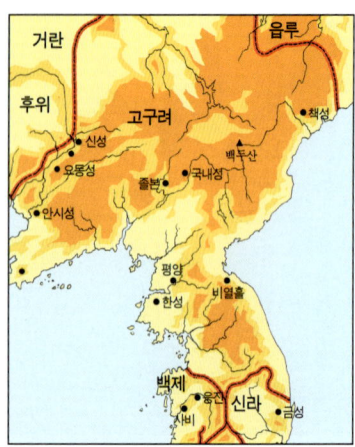

▲ 전성기 때 고구려의 영토

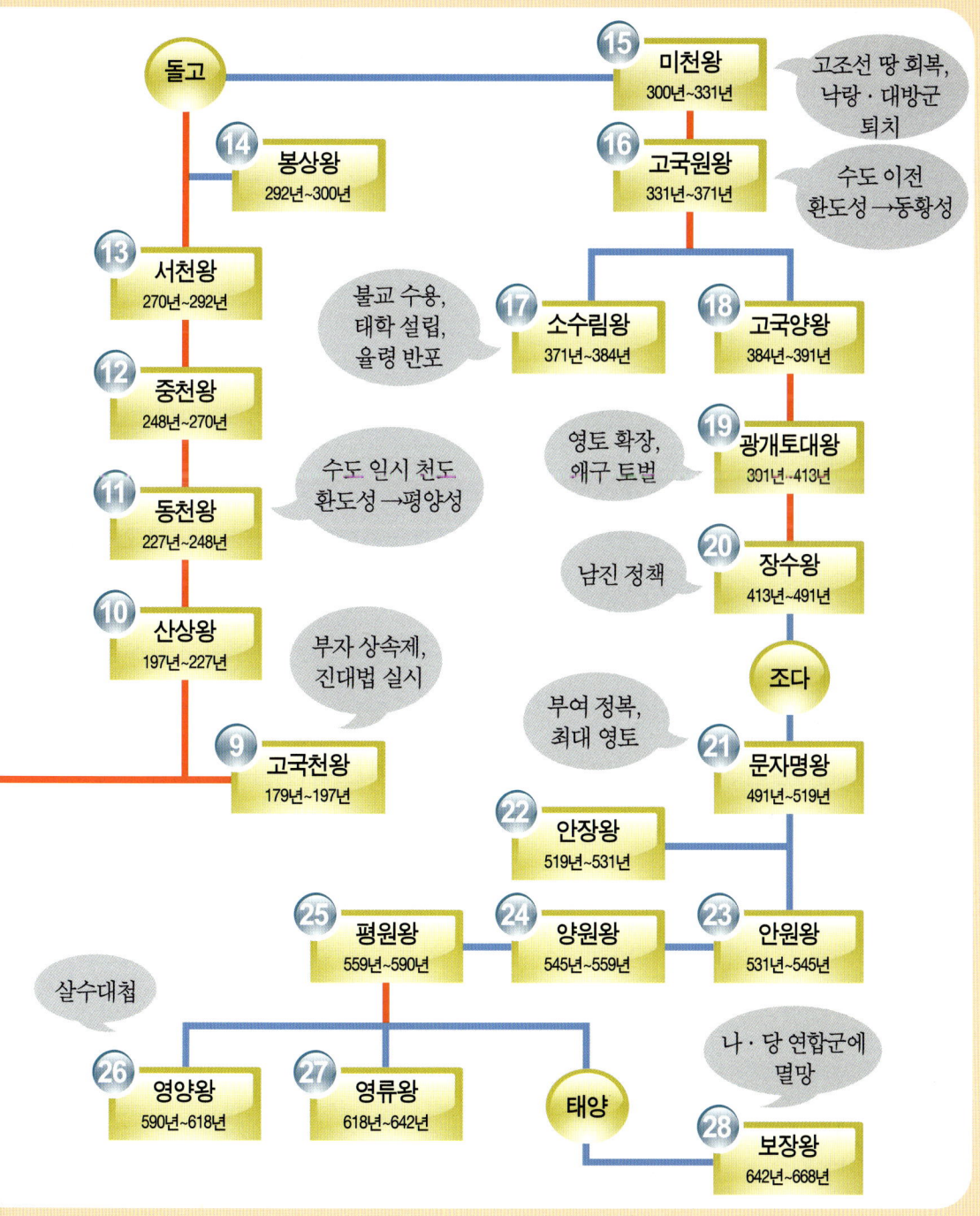

15 나라의 기초 잡은 내물왕

본명 · 미상
직업 · 신라 제17대 왕
출생 · 연대 미상
사망 · 402년

신라는 박혁거세에 의해 삼국 가운데 가장 먼저 세워진 나라였으나, 평화가 유지되면서 발전은 늦었습니다.

신라가 국가의 기틀을 잡은 것은 제17대 내물왕 때였습니다. 356년 임금이 되어 402년까지 통치한 내물왕은 정치 제도를 정비하여 왕호를 마립간이라고 한 뒤 박씨, 석씨, 김씨가 차례로 임금에 오르던 것을 김씨만이 왕위를 이어 가도록 하였습니다.

내물왕 9년인 364년에 왜병이 침략해 오자 경주 토함산 동쪽 기슭에 허수아비를 많이 세워 놓고, 군사들을 동쪽 부현에 배치하였습니다. 경주로 들어오는 길목인 부현에 숨어 있던 신라 군사들은 왜병이 나타나자 모두 일어나며 일시에 공격을 퍼부었습니다. 이때까지 아무 저항도 받지 않았던 왜병들은 갑자기 공격을 받게 되자 당황하여 토함산에 있는 허수아비들도 군사들인 줄 알고 깜짝 놀라 정신없이 도망쳤습니다.

373년에는 백제의 독산 성주가 300여 명을 이끌고 항복해 오자 이들을 받아들여 삶의 터전을 마련해 주었고, 381년에는 위두를 전진 부견왕에게 사신으로 보내면서 신라의 토산품을 선물하였는데, 이는 신라에서 중국에 최초로 보낸 사신이었습니다. 이를 전후하여 중국과 고구려를 통하여 새로운 문물이 조금씩 들어오게 되었습니다. 이때에 가장 두드러진 것은 중국의 한자가 들어온 것입니다.

392년에는 고구려의 위력에 눌려 사신과 함께 이찬 대서지의 아들 실성(401년에 귀국. 제18대 왕으로 추대됨)을 고구려의 볼모로 보냈습니다. 이후 실성은 고구려의 도움을 받아 왕위를 계승하게 됩니다. 내물왕은 흉년이 든 지방의 백성들에게 세금을 1년 동안 면제하여 살림을 도와주며 민심을 얻었습니다.

신라의 기틀을 잡은 임금

토함산에 허수아비를 세워 놓고 부현에 복병을 배치하여 왜군을 격파한 내물왕은 신라 최초로 중국에 사신을 보내고 한자를 받아들여 사용하기 시작했다.

◀ 내물왕의 릉

16 영토 확장에 나선 눌지왕

본명 · 미상
직업 · 신라 제19대 왕
출생 · 연대 미상
사망 · 458년

신라 제19대 임금 눌지왕은 417년에 등극하여 458년까지 나라를 다스렸습니다.

392년(내물왕 37년)에 고구려에 볼모로 갔다가 401년(내물왕 46년)에 귀국한 실성은 내물왕이 죽고난 뒤 대신들의 추대를 받아 402년에 제18대 임금(실성왕 ; 실주왕, 실금왕)이 되었습니다. 자신을 볼모로 보낸 내물왕에게 한을 품었던 실성왕은 내물왕의 아들 미사흔을 왜(일본)에, 복호를 고구려에 각각 볼모로 보내 수호 관계를 맺었습니다. 그 뒤 고구려 사람을 자객으로 보내 눌지 태자마저 제거하려 했으나 도리어 눌지에게 살해되었습니다.

마침내 왕위에 오른 눌지는 충신 박제상의 헌신적인 활약으로 두 동생들을 귀국, 탈출시키게 되어 고구려와 왜(일본)의 간섭에서 벗어났습니다.

그 뒤 고구려에 사신을 보내 정상적인 외교 관계를 이룩하는 한편, 고구려의 남진 정책에 대응하여 백제와 나제동맹을 맺고 영토 확장에 힘썼습니다. 그리하여 455년에 고구려가 백제를 공격하자, 나제동맹의 정신에 따라 군사를 백제에 파견하여 도와주었습니다. 또한 미사흔이 탈출하여 돌아온 뒤에 일본은 여러 차례 침략을 자행하였으나 모두 막아 냈습니다. 왕실의 싸움을 막기 위해 왕위를 아들에게 물려주는 부자상속제를 확립하고, 노인 봉양에 힘써 흩어진 민심을 수습하는 데에도 정성을 기울였습니다.

묵호자를 통해 불교를 받아들이고 나라 안에 전파하게 하여 신라에 찬란한 불교문화가 꽃필 수 있는 바탕을 마련하였으며, 저수지를 만들어 가뭄에 대비하고 농사법을 고쳐 식량 증산의 길을 열었습니다. 백성들에게 소나 말이 끄는 우마차의 사용법을 가르쳐서 화물과 농산물의 유통을 도와주었습니다.

이 시기 세계는

▲ 앵글로색슨 부락

게르만 족의 국가 건립

이 시기 중국은 동진이 멸망하고 송나라가 들어서면서 남북조 시대가 시작된다. 유럽에서는 게르만 족에 의해 국가가 세워진다. 443년 부르군트 왕국, 449년 앵글로색슨 왕국, 429년 반달왕국이 세워졌다. 반면, 오랜 기간 유럽을 떨게 했던 훈 족은 카탈라우눔 전투에서 게르만 연합군에 패한다.

17 불교를 국교로 삼은
법흥왕

본명 · 원종
직업 · 신라 제23대 왕
출생 · 연대 미상
사망 · 540년

법흥왕은 신라 제23대 임금으로 514년에 등극하여 540년까지 나라를 다스렸습니다. 지증왕의 아들이며, 어머니는 연제부인, 왕비는 보도부인 박씨였습니다.

법흥왕은 키가 7척의 장신이었고 성격이 활달하고 너그러우며 백성들을 무척 사랑하였다고 합니다. 나라 발전에 기여한 대신과 학자들에게 시호를 내리는 시법을 제정하고, 나라의 군사들을 종합적으로 훈련시키며 관리하는 병부를 설치하였으며, 나라의 기강을 바로잡는 율령을 공포하였습니다.

관리들의 직급에 따라 복장과 관모를 착용하는 관복을 제정하는 등 국가의 체계를 바로 세우는 한편, 남부 지방을 시찰하는 순행에 나섰고, 농토를 개간하도록 권장하였으며, 관가를 감찰하는 감사자를 두어 관리들의 기강을 바로잡았습니다.

불교를 숭상한 법흥왕은 불교를 배척하려는 대신들 때문에 고민을 하였으나, 이차돈의 순교에 힘입어 527년에 불교를 국교로 공인하는 영단을 내렸습니다. 생명이 있는 생물을 함부로 죽이지 못하는 살생금지령을 내렸고, 관리들이 지방 관청의 책임자로 나갈 때는 가족과 함께 가도록 허락하였습니다.

삼국 통일의 사상적 기반을 마련하였고, 국사를 총괄하는 상대등(재상)의 관직을 신설하여 나라의 정치를 안정적으로 이끌었습니다.

남쪽의 가야국을 정벌하여 영토를 넓히는 한편, 낙동강가의 기름진 농토를 확보하여 나라를 발전시키는 힘을 얻었습니다.

536년에는 최초로 '건원'이라는 연호를 정하여 사용하였습니다. 그가 세상을 떠나자 '법흥'이라는 시호를 내리고, 애공사 북쪽에서 장례를 지냈습니다.

불교 보급 통해 문화 발전

시호와 율령을 처음 공포하고 대신들의 관복을 제정하였다. 신라 최초로 연호를 사용하고 불교를 공인하였으며 삼국 통일의 기반을 다졌다.

◀ 자연석에 부조된 불상

18 화랑제도를 만든 진흥왕

본명 · 삼맥종, 심맥부
직업 · 신라 제24대 왕
출생 · 534년
사망 · 576년

진흥왕은 일곱 살의 어린 나이에 신라 제24대 임금으로 540년에 등극하여 한때 왕태후의 섭정을 받았으나, 576년까지 나라를 훌륭하게 다스렸습니다. 갈문왕 입종의 아들이며, 어머니는 법흥왕의 딸 식도부인, 왕비는 사도부인 박씨였습니다.

신라에는 '갈문왕'이 있었는데, 이는 왕이 아니라 왕족에 버금가는 최고 신분으로 왕과는 엄격하게 구별되는 지배 계급의 명칭입니다.

임금에 오른 첫해 죄인들을 풀어 주는 대사면을 내렸고, 다음 해에 백제와 화친을 맺고 한때 친교를 나누었습니다.

550년에 고구려의 도살성을 빼앗고, 백제의 금현성을 함락시켰습니다. 연호를 '개국'이라고 고치고 한강 유역을 공격하여 지리적 요충 지대를 점령하고, 신주(지금의 경기 광주)를 설치하였습니다.

새로 개척한 북한산 · 창녕 · 황초령 · 마운령에는 순수비를 세웠고, 군대를 강력한 조직으로 개편하였으며, 전쟁터에서 전사한 병사들의 명복을 빌어 주는 팔관회를 7일 동안 열어 그 혼령들을 위로해 주었습니다.

진흥왕 37년인 576년에는 원화제도를 폐지하고 화랑제도를 신설하여 많은 인재를 길러 냈습니다. 이들은 뒷날 삼국 통일의 원동력을 이루었습니다.

흥륜사, 황룡사 등 여러 절을 창건하여 불교를 숭상하도록 힘을 기울였습니다. 또한 거칠부에게 《국사》를 정리하여 편찬하게 하고, 우륵으로 하여금 음악을 보급하게 하였으며, 문화·군사 등 여러 면에서 장차 삼국의 최강국으로 우뚝 설 수 있는 기반을 다져 나갔습니다.

능은 경주 애공사 북쪽에 있습니다.

화랑제도로 인재 양성

화랑제도로 삼국 통일의 기반을 닦고, 새로 개척한 땅에 순수비를 세웠으며, 이사부에 명하여 《국사》를 편찬하였고, 만년에는 스님이 되어 문화와 음악을 권장하였다.

◀ 진흥왕 창녕 순수비

19 최초의 여왕

선덕여왕

본명 · 김덕만
직업 · 신라 제27대 여왕
출생 · 연대 미상
사망 · 647년

선덕여왕은 진평왕의 큰딸로, 아버지가 아들 없이 세상을 떠나자 대신들과 백성들의 옹립으로 임금에 올랐습니다. 어머니는 마야부인 김씨입니다.

632년 임금에 오른 선덕여왕은 647년까지 나라를 다스리면서 여성의 인자함과 섬세함을 살려 어진 정치를 베풀었으나 국방과 외교, 통치 면에서는 날카로움을 보여 주었습니다.

634년에 연호를 '인평'이라 정하고, 분황사를 새로 지었습니다. 선덕여왕은 당나라 황제로부터 '주국 낙랑군공 신라왕'이라는 책봉을 받았으며, 고구려가 칠중성을 공격해 오자 대장군 알천으로 하여금 물리치게 하였습니다.

642년에는 백제의 공격을 받아 40여 성을 빼앗기자, 즉시 김춘추를 고구려에 파견하여 구원을 요청하였습니다. 그러나 고구려는 김춘추를 감금하면서 요청을 거절하였습니다.

이듬해 선덕여왕은 당나라에 구원을 요청하는 한편, 김유신 장군에게 백제를 공격하게 하여 빼앗겼던 7개 성을 되찾았습니다. 그러나 당나라가 고구려를 침공할 때, 당나라를 지원하는 사이에 또다시 백제의 공격을 받아 서쪽의 7개 성을 빼앗겼습니다. 이를 빌미로 647년에 상대등 비담을 비롯하여 염종 등이 여왕의 정치적 무능을 이유로 반란을 일으켜, 난을 수습하고 주모자들을 처형하는 어려움도 겪었습니다.

여왕으로 있으면서 김춘추와 김유신 등의 보살핌으로 어진 정치를 베풀었으며, 천문 관측대로는 동양 최고 높이인 9m의 첨성대를 세웠습니다. 또 황룡사 9층 목탑을 건립하고, 지장법사를 당나라에 보내 불교 경전을 들여와 불교 보급에 힘을 쏟았습니다. 죽은 뒤 유언에 따라 낭산에서 장례를 지냈습니다.

동양 최대 첨성대 건립

한국 역사상 최초의 여왕으로 김춘추, 김유신 등 명장을 배출. 첨성대와 황룡사 9층 목탑을 세웠으며, 외교와 국방에 큰 공적을 남겼다.

◀ 선덕여왕 때 지어진 황룡사(모형)

20 삼국 통일의 기반 닦은
태종무열왕

본명 · 김춘추
직업 · 신라 제29대 왕
출생 · 602년
사망 · 661년

태종무열왕은 제25대 진지왕의 손자로, 신라 제29대 왕에 등극하여 654년부터 661년까지 나라를 다스렸습니다. 아버지는 진지왕의 아들인 이찬 용춘이고, 어머니는 진평왕의 딸 천명부인 김씨이며, 왕비는 김유신의 여동생 문명부인 김씨입니다.

그는 진덕여왕이 후사 없이 세상을 떠나자, 대신들의 추대를 받아 신라에서는 처음으로 진골(부모 중 한쪽만 왕계) 출신으로 임금에 올랐습니다. 그때까지 신라에서는 양쪽 부모가 모두 왕계인 사람(성골)만이 임금이 되었으나, 김춘추는 아버지가 왕을 지낸 적이 없는 진골이었습니다.

김춘추는 웅변에 능하고 외교적 수완이 뛰어나서 여러 차례 당나라와 긴밀한 외교 관계를 맺으면서 군사적 원조까지 이끌어 내어 삼국을 통일하는 기틀을 다졌습니다. 임금에 오르기 전에는 김유신과 더불어 제27대 선덕여왕과 제28대 진덕여왕을 모시면서 삼국 통일의 큰 일을 도모하였습니다.

임금에 오른 첫해인 654년에 이방부령 양수에게 명하여 율령을 개정하고 왕권을 강화하였습니다. 660년에는 당나라와의 연합군을 결성하는 일에 성공하여 당나라로부터 13만 대군을 지원받고, 왕자인 법민(뒷날 문무왕)과 김유신 장군에게 5만 군사를 주어 백제를 공격하게 하였습니다.

황산벌에서 백제 계백 장군의 5000 결사대를 무너뜨리고 백제를 멸망시켜 삼국 통일의 첫 과정을 통과하였으나 이듬해 고구려를 정벌하려고 군사를 일으키던 중에 애석하게도 세상을 떠났습니다.

능은 경주시 서현동에 있습니다.

삼국 통일의 기초 작업 지휘

외교와 국방에 큰 공을 이룩하고, 계백 장군이 방어하는 백제를 멸망시켜 삼국 통일의 첫 단계 작업을 수행한 뒤 고구려 정벌을 눈앞에 두고 별세했다.

◀ 태종무열왕 영정

21 '망부석'의 충신
박제상

본명 · 박제상
직업 · 신라 중기의 충신
출생 · 연대 미상
사망 · 연대 미상

'망부석'에 얽힌 이야기의 주인공이 된 박제상은 신라 제17대 내물왕-제18대 실성왕-제19대 눌지왕 때까지 3대 임금을 모신 충신이었습니다.

박혁거세의 후손으로, 높은 벼슬을 지낸 할아버지와 아버지 밑에서 엄격한 교육을 받으며 학문과 무예를 익히고, 스무 살 때 태수라는 중요한 벼슬에 올랐습니다.

실성왕 때 신라는 고구려와 일본(왜)의 침략이 잦았는데, 이를 달래기 위해 볼모를 보내지 않을 수 없었습니다.

내물왕의 세 아들 중 태자인 눌지를 제외하고 왕자 미사흔이 일본에 볼모로 가고, 왕자 복호는 고구려로 끌려갔습니다.

눌지왕은 등극한 뒤 바로 박제상을 고구려로 보냈는데, 그는 지혜롭고 조리 있는 말솜씨로 고구려 장수왕을 설득하여 복호를 데려오는 데 성공하였습니다. 그 뒤에 그는 일본으로 건너가 거짓으로 일본 왕에게 충성을 다짐하고 신임을 얻어 미사흔을 데리고 사냥도 하고 낚시도 하며 지내다가 안개가 자욱한 날을 틈타 바닷가로 나가 미사흔을 배에 태워 신라로 돌려보냈습니다.

왕자가 신라에 무사히 도착한 후에야 사실이 들통나고 박제상은 체포되었습니다. 그는 일본 왕의 회유를 받았으나, "나는 신라로 돌아가 벌을 받을지언정 일본의 벼슬은 받지 않겠다."고 거절하며 절개를 지켰습니다.

결국 기시마 섬에 유배되었다가 참형을 받아 죽었는데, 신라에서 그가 돌아오기만을 기다리던 아내가 일본 쪽을 바라보며 바위에서 남편을 부르다가 지쳐 쓰러져 돌부처가 되고 말았다는 설화가 전해집니다. 아내가 울다가 쓰러진 바위를 '망부석'이라고 합니다.

눌지왕은 그의 충성에 감동하여 박제상의 딸을 미사흔과 결혼시켰습니다.

볼모로 간 왕자를 구출

고구려에 볼모로 가 있던 복호를 데려오고, 일본에 볼모로 잡혀간 미사흔을 탈출시킨 뒤 왜병에게 체포되어 유배되었다가 처형됨. '망부석'의 애절한 사연을 남긴 충신이다.

◀ 박제상 영정

삼국 시대 **신라** 81

22 우산국을 정벌한
이사부

본명 · 태종
직업 · 신라의 장군
출생 · 연대 미상
사망 · 연대 미상

이사부는 신라 제22대 지증왕 때의 장군이며, 제17대 내물왕의 4대 손자인데,《삼국유사》에는 '박이종'이라고 기록되어 있습니다. 지증왕 6년인 505년에 실직주의 군주가 되었으며, 512년에는 아슬라주(지금의 강릉)를 다스리는 군주가 되어 우산국(울릉도)을 정벌해야겠다는 생각을 가졌습니다. 그러나 우산국은 동해 한가운데 있는 섬이라 파도를 헤치고 들어가야 하기 때문에 생각처럼 쉽지 않았습니다.

이사부는 우산국 정벌 계획을 치밀하게 세우고, 나무로 커다란 사자를 만들었습니다. 그리고 나무 사자를 배에 싣고 우산국으로 건너갔습니다.

"항복하지 않으면 이 사나운 짐승이 너희들을 통째로 삼켜 버리도록 할 것이다!"

우산국 군사들은 난생 처음 보는 커다란 사자 앞에 기가 질리고 말았습니다. 나무 사자를 앞세워 우산국의 군사들을 위협한 이사부는 항복을 받아 신라가 다스리는 섬으로 편입시켰습니다.

우산국 정벌의 큰 공을 세운 이사부는 진흥왕 2년인 541년에 이찬으로 승진하여 병부령(지금의 국방부장관)이 되었습니다. 545년에는 나라의 역사를 정리하여 편찬하는 일이 매우 중요하다고 진흥왕에게 건의하여 거칠부로 하여금 《국사》를 편찬하도록 하였습니다. 이로써 신라 천년사의 기틀이 잡혔습니다.

550년에는 고구려와 백제가 싸움으로 인하여 국력이 많이 소모되자 이를 기회로 삼아 고구려의 도살성과 백제의 금현성을 공격하여 신라의 영토를 넓혔습니다.

562년에는 군사를 이끌고 남쪽으로 내려가 가야를 완전 정복하여 신라의 통치 세력이 남해안에 이르렀습니다.

나무 사자로 우산국(울릉도) 정벌

신라 내물왕의 4대손으로 박이종이라고도 한다. 지증왕 때 나무로 사자를 만들어 우산국을 정벌하였고, 《국사》 편찬의 중요성을 임금께 건의하였다.

◀ 다보탑 기단 위 돌사자 상

삼국 시대 **신라** 83

23 최초의 순교자
이차돈

본명 : 박염촉
직업 : 신라의 불교 순교자
출생 : 506년
사망 : 527년

이차돈은 신라 제23대 법흥왕 때의 신하로, 이름은 박염촉이었습니다. 그는 '사인'이라는 벼슬을 받아 법흥왕을 가까이에서 모셨습니다.

신라에는 눌지왕 때부터 고구려에서 스님들이 들어와 몰래 불교를 전파하고 있었습니다. 신라의 대신들은 불교가 허무맹랑한 미신이라며 엄격하게 반대하고 있었지만 법흥왕은 불교에 대해 관심이 많았습니다.

이차돈은 왕의 허락을 받아 천경림에 새 절을 짓기 시작하였는데, 그해 공교롭게도 큰 가뭄이 들다가 장마가 겹쳐 질병이 크게 번졌습니다. 그러자 불교를 반대하는 신하들이 불교의 요물(이차돈을 빗댐)이 대궐을 드나들기 때문이라며 들고일어났습니다.

이차돈은 군신 회의에 끌려갔고 결국에는 처형을 당하게 되었는데, 이때 이차돈은 거침없이 이렇게 말하였습니다.

"만약에 부처님 법에 신령이 있다면 나의 죽음에는 반드시 이상이 있을 것이다."

형리가 그의 목을 치자, 붉은 피 대신에 마치 젖과 같은 흰 피가 솟았고, 온 천지가 갑자기 캄캄한 밤중처럼 어두웠으며 하늘에서 꽃비가 내렸다고 합니다. 이로 인해 불교의 공인을 한사코 반대하던 대신들이 모두 입을 다물고 말았습니다.

법흥왕은 이차돈의 순교를 가상하게 여기면서 불교를 공인하여 국교로 삼고, 모든 백성들이 불교를 믿도록 허락하였습니다. 이차돈의 순교는 신라 불교 발전의 밑거름이 되었습니다.

그 후 이차돈의 순교 장면을 상징하는 '육면석당'을 만들었는데, 현재 경주박물관에 보존되어 있습니다.

목숨 걸고 불교 공인 주장

"나는 불교를 위하여 순교하겠다." 불교 공인을 반대하던 대신들은 그의 목을 칠 때 솟은 흰 피를 보고 입을 다물었다. 이로 인해 불교가 신라의 국교가 될 수 있었다.

◀ 경주 남산 미륵곡석불좌상(통일신라 시대)

24 동방의 큰 스님
원효대사

본명 · 설서당, 설신당
직업 · 신라의 큰스님
출생 · 617년
사망 · 686년

원효대사는 한국 불교사상 가장 위대한 고승(큰스님) 가운데 한 사람입니다. 신라 중기 때의 스님인 원효는 내마 담날의 아들인데, 어머니가 경북 경산 율곡 마을을 지나가다가 사라수 아래에서 낳았다고 전하며, 설총의 아버지이기도 합니다. 원효는 법명이고 시호는 화정이라고 합니다.

자기 재산을 불문에 바쳐 '초개사'를 세우고, 자기가 태어난 자리에는 '사라사'라는 절을 세웠으며, 648년에는 황룡사에서 수도에 정진했습니다.

661년 원효는 의상과 함께 당나라로 유학을 가기 위해 황해 쪽 남양만의 당항포로 배를 타러 가던 길에 날이 저물어 어느 무덤가에서 하룻밤을 지냈습니다. 잠결에 목이 말라 바가지의 물을 마시고, 아침에 깨어 보니 해골에 담긴 더러운 물이었음을 알고 "진리는 결코 밖에서가 아닌 자기 자신에게서 찾아야 한다."는 깨달음을 얻었습니다.

그 길로 유학을 포기하고 돌아온 원효는 분황사에서 독자적으로 통불교(회통

불교라고도 함)를 주장하며 민중 속에 불교를 보급하는 일에 매달렸습니다.

어느 날 마음이 들떠 거리에 나가 노래하기를, "누가 자루 없는 도끼를 나에게 주겠느냐? 그 도끼로 하늘을 받칠 기둥을 깎으리라."고 하였습니다. 이 노래가 태종무열왕의 딸로 과부가 된 요석 공주의 귀에까지 들어가 공주와 하룻밤 사랑을 나눴는데, 아들 설총이 태어나자 승복을 벗고 '소성거사(또는 복성거사)'라고 자칭하면서 <무애가>란 노래를 지어 부르며 속세 사람들과 어울려 살았다고 합니다.

참선과 수행으로 불교 교리를 전파하면서 한국 불교 사상의 통일과 실천에 힘쓴 원효는 한국 불교사상 가장 위대한 고승의 한 사람으로 일컬어집니다. 《법화경 종요》, 《화엄경소》 등 많은 불교 관련 저서를 남겼습니다.

한국 불교 사상 가장 위대한 고승

대승불교의 교리를 널리 펴면서 불교 사상의 통일과 실천에 앞장선 큰 스님. 이두 문자를 집대성한 설총의 아버지이며 정토교의 선구자로 많은 저술을 남겼다.

◀ 원효대사 영정(경주 분황사)

천 년 사직의 찬란한 역사

신라는 고대 삼국 가운데 가장 먼저 건국된 나라입니다. 기원전 57년에 박혁거세가 서라벌(지금의 경주)에 도읍을 정하고 건국한 이래 약 1000년 동안 경주를 중심으로 찬란한 역사를 이룩하였습니다.

화백제도를 실시하여 우리 나라 최초의 민주주의 발상지이기도 한 신라는 중앙 집권 국가로 나라를 발전시켜 나갔습니다.

한반도의 동남쪽에 자리 잡고 있어서 중국 대륙의 외세 침략으로부터 비교적 안전할 수 있었던 지리적 여건을 갖추어 나라다운 체제를 갖추는 일은 20여 년 뒤에 건국된 고구려보다도 늦었습니다.

신라는 남쪽의 변한 지역에 뿌리를 내렸던 가야의 여러 나라들을 병합하여 나라의 영토를 넓히고 힘을 키웠습니다.

▲ 화려한 신라 금관

▲ 천마총 금모

신라가 성장을 시작할 무렵 중국 대륙에서는 후한에 이어 위, 진, 남북조, 수, 당나라 등으로 변천하였습니다. 신라는 이러한 혼란과 대립 속에서 강력한 제국으로 발전하였습니다.

한반도에서 신라는 고구려, 백제와 더불어 영토 확장을 놓고 서로 격돌하는 일이 수없이 전개되었습니다.

그런 가운데서도 신라는 바다를 통해 멀리 중국 당나라와 외교 화친을 통해 나당 연합체를 구축하는 데 성공하였습니다.

나당 연합체는 백제를 멸망시키고 이어서 고구려도 정벌하는 힘을 발휘하고 삼국 통일의 큰 일을 달성하였습니다.

▶ 선덕여왕 때 증축된 첨성대

▶ 신라의 전성기

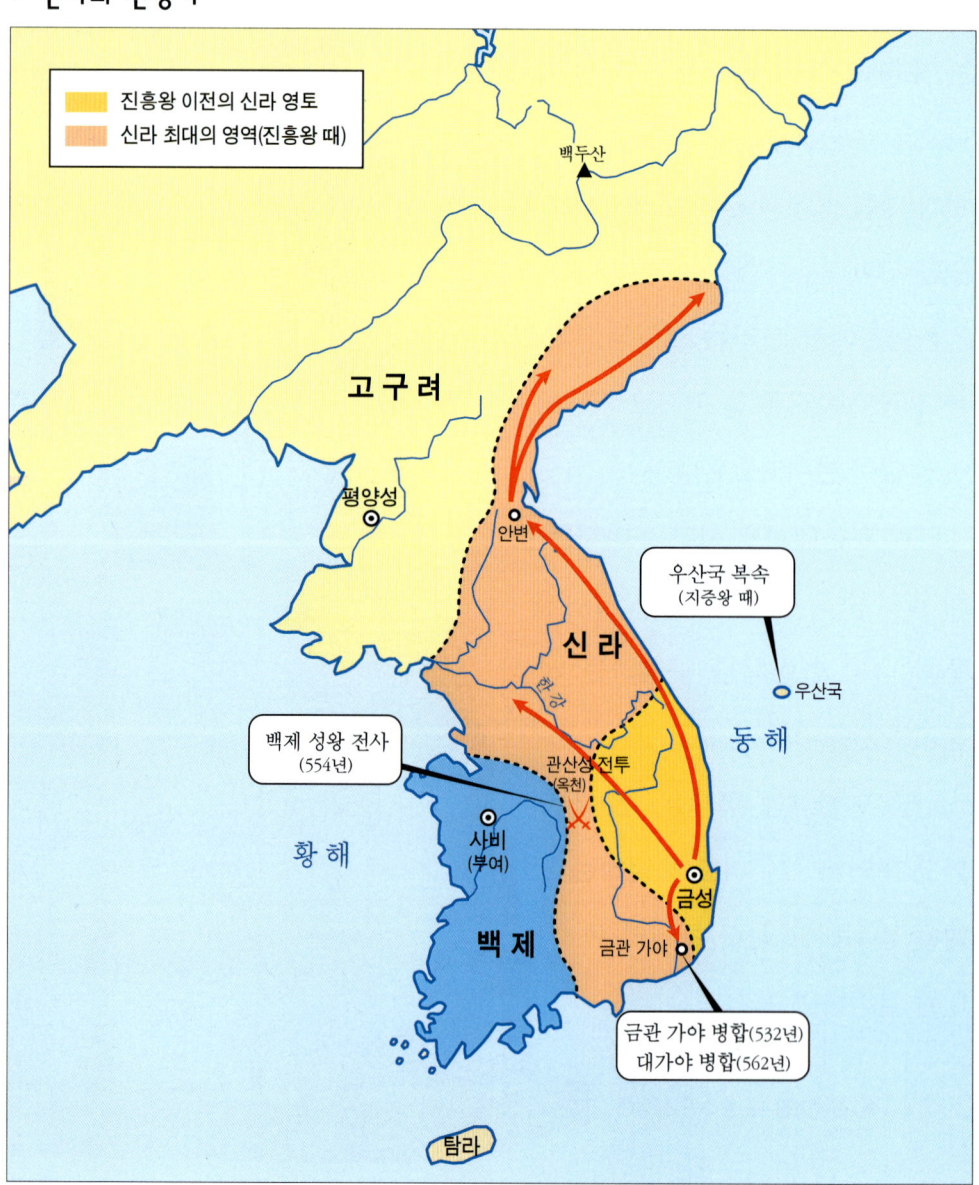

이로써 한반도에서는 처음으로 통일국가를 이룩하고 민족문화 동질성의 기반을 구축하여 단일민족으로 발전하는 바탕을 마련하였습니다.

신라는 사회적인 윤리와 도덕을 매우 중요하게 여겼습니다. 화랑제도를 통해 화랑들은 원광법사의 세속 5계를 지키면서 심신을 단련하고 무예를 익혀 나라의 발전과 민족의 화합에 기여하는 인재로 성장하는 기틀을 다져 나갔습니다.

화랑도의 애국·애족 정신과 단결·협동·충효의 이념과 정신은 신라가 삼국을 통일하는 원동력이자 정신적 바탕이 되었습니다.

신라의 삼국 통일은 우연한 결과가 아니라, 삼국 통일을 위한 원대한 작업을 하나하나 착실하게 준비하고 실천해 나갔던 노력의 결과입니다.

▶ 신라의 도제 기마 인물상(시종상)

에밀레종의 전설(성덕대왕 신종)

국보 제29호 지정되어 있는 에밀레종의 원래 이름은 성덕대왕신종으로, 봉덕사종이라고도 한다. 제33대 임금인 성덕왕을 기리기 위해 아들인 경덕왕이 계획하였고, 경덕왕의 아들인 혜공왕에 의해 완성되었다. 신비한 소리를 내는 에밀레종에는 전설이 하나 전해지고 있다.

경덕왕의 명으로 스님들이 종을 만들고 드디어 완성되어 종을 쳐 보았는데, 이상하게도 아무 소리도 나지 않았다. 경덕왕이 세상을 뜬 후, 혜공왕은 아버지 경덕왕의 뜻을 받들어 다시 종을 만들도록 명했다. 스님들은 종이 소리를 내지 않는 이유가 정성이 부족하기 때문이라고 생각했다. 스님들은 종 만들기를 멈추고 전국을 돌며 백성들의 마음이 담긴 시주를 받으러 다녔다.

어느 한 집에서 이르렀을 때, 한 아낙이 스님에게 말했다.

"저희 집은 너무 가난하여 드릴 것이 없습니다. 이 어린아이라도 도움이 된다면 바치겠습니다."

스님들은 전국 각지를 돌고 봉덕사로 돌아와 다시 종을 만들 준비에 들어갔다. 그러던 중 주지스님이 이상한 꿈을 꾸었다.

"아낙이 바친 어린아이를 데려 오거라. 아이가 들어가야 너희가 만들고자 하는 종이 만들어지느니라."

주지스님은 이상히 여기며 스님들에게 아이를 바치려던 아낙이 있었는지 물었다. 주지스님은 그 아낙이 사는 곳을 찾아갔다.

"부인, 당신의 정성을 부처님께서 받으셨습니다. 아이를 부처님께 바치십시오. 아이와 함께 만들어질 종은 만백성의 마음을 울릴 것입니다."

아낙은 눈물을 흘리며 아이를 바쳤다.

온 백성의 정성과 어미의 눈물이 더해진 종이 드디어 완성되었다. 종을 치니 신비한 소리가 울려 퍼졌다. 자세히 들어보니 그 소리가 마치 어린아이의 울음소리 같았다. 이후 '에밀레 에밀레' 하고 우는 이 종을 에밀레종이라 불렀다.

신라 화랑들의 행렬 모습

25 국가 체계를 세운 고이왕

본명 · 미상
직업 · 백제 제8대 왕
출생 · 연대 미상
사망 · 286년

백제가 나라다운 국가로 바로 선 것은 제8대 고이왕 때입니다. 고이왕은 234년에 등극하여 286년까지 52년 동안 나라를 다스렸습니다. 그는 제4대 개루왕의 둘째 아들, 초고왕의 동생이라고 하나 이름과 출생 등에 대한 기록이 명확하지 않습니다.

제7대 사반왕이 왕위에 오른 지 며칠 만에 왕을 내쫓고 임금이 된 고이왕은 왕위 찬탈과 왕실 반란이라는 엄청난 충격을 안겨 주었습니다. 사반왕에 대한 기록도 전혀 남아 있지 않아, 왜 쫓겨났는지는 알 수 없습니다. 그는 사냥 솜씨가 뛰어났는데, 어떤 날은 사슴 40마리를 사냥했다고 하니 그만큼 무예 실력이 매우 출중하였다는 이야기입니다.

고이왕이 등극하기 전의 백제는 정치 제도나 군사 조직이 제대로 갖춰지지 못해 부족 국가나 다름없었습니다. 고이왕은 관리 제도를 새로 세워 임금 아래 6좌평의 관리를 두고 군대 조직을 장악하여 나라를 지배하도록 하였습니다. 그래서 고이왕을 가리켜 '백제의 시조'라는 말까지 나왔다고 합니다.

　고이왕 때는 신라의 공격이 빈번하여 자주 대결하였습니다. 그래서 신라에 대하여 강경책을 쓰면서 군사를 이끌고 전쟁터로 달려가곤 하였습니다.

　대륙 진출에 눈을 떴던 고이왕은 외교 정책에도 수완을 보여 대방 태수의 딸 보과를 아들인 책계왕(백제의 제9대 임금)이 왕자로 있을 때 결혼시켜 며느리로 삼았습니다. 이는 백제가 중국 대륙으로 진출하려는 길을 열었던 것으로 여겨집니다.

　그는 법령을 내려 도둑질한 자와 뇌물 받은 관리에게 3배의 벌금을 징수하고 금고형에 처하는 등 국가 기강을 바로 세우는 데 힘썼습니다.

백제의 위상 정립

사반왕을 내쫓고 왕위를 찬탈했으나 관리 제도 개선과 영토 확장에 주력, 대륙 진출과 백제 위상을 정립하고 나라의 체계를 바로 세웠다.

◀ 백제 초기 고분(서울 송파구 석촌동)

26 고구려와 대결한
근초고왕

본명 · 미상
직업 · 백제 제13대 왕
출생 · 연대 미상
사망 · 375년

근초고왕은 '백제 대제국'을 부르짖었던 왕으로, 346년에 등극하여 375년까지 나라를 다스렸습니다. 제11대 비류왕의 둘째 아들로 왕의 아들이 왕위를 이어받는 왕위 계승의 제도를 만든 임금이자, 영토 확장에 많은 기여를 한 임금으로 기록되어 있습니다.

369년 남진 정책을 펴는 고구려와 충돌하게 되고, 371년에는 고구려 군사들을 대동강에서 무찌르고 평양성을 공격하여 고구려의 고국원왕을 죽였습니다.

기회가 있을 때마다 신라의 국경선도 공격하여 영토를 조금씩 넓혀 나갔습니다. 이렇게 하여 백제는 경기도, 충청도, 전라도 전부를 차지하고, 강원도와 황해도 일부까지 점령하여 다스리면서 나라의 기반을 다졌습니다.

농업과 산업을 장려하고 법을 엄하게 지키며 나라의 질서를 바로잡는 등 백제의 전성기를 이룩하였습니다.

대제국의 꿈을 안고 도읍을 한산(지금의 서울)으로 옮기고, 중국 동진에 조공을 보내 친교를 든든하게 쌓으면서 남조의 화려한 문화를 받아들였습니다.

아직기와 왕인 등을 일본에 보내 한문과 백제의 문화를 전하게 하면서 백제의 위력을 떨치는 한편, 고흥 박사에게 명하여 백제의 국사인 《사기》를 쓰게 하여 백제 역사의 전통을 세웠습니다.

대제국의 꿈은 잦은 전쟁을 통한 영토 확장으로 이어지면서 왕권을 강화시켰고, 주변의 부족 연맹의 세력을 누르는 힘을 나타냈습니다.

대제국의 꿈을 안은 임금

"백제 대제국의 위업을 이루리라." 근초고왕은 고구려와 충돌하면서 영토 확장에 모든 것을 걸었고, 일본에 왕인을 파견하여 위력을 떨쳤다.

◀ 근초고왕이 일본에 건네준 칠지도

27 태자로 위용 떨친
근구수왕

본명 · 근귀수
직업 · 백제 제14대 왕
출생 · 연대 미상
사망 · 384년

근구수왕은 근초고왕의 아들로, 태자 시절부터 아버지의 '백제 대제국' 건설에 큰 힘을 보탰습니다. 백제 제14대 왕으로 375년에 등극하여 384년까지 8년 5개월 동안 나라를 이끌었습니다.

무예 솜씨가 대단하고 병법에도 뛰어났던 근구수왕은 임금에 오른 뒤 3년 만에 고구려의 평양성 공격에 나섰는데, 이는 3년 전에 빼앗긴 수곡성을 탈환하기 위한 것이며 아울러 함부로 백제를 넘보지 말라는 경고였다고 합니다.

근초고왕이 평양성을 공격한 것은 371년 음력 10월이었는데 근구수왕 역시 같은 시기를 골라 쳐들어갔습니다. 근초고왕이 고구려의 고국원왕을 죽이는 전과를 올렸던 것과는 달리 근구수왕이 이끄는 백제는 초반 승전의 기세였으나 추위가 닥치는 바람에 기세가 꺾인 것으로 기록되어 있습니다. 그 뒤 백제는 계속되는 가뭄으로 지독한 흉년까지 겹쳐 어려움이 무척 컸습니다.

근구수왕은 외척 진고도를 내신좌평으로 삼아 정사를 맡겼는데, 왕족이 아닌 외척인 정사를 맡은 것은 근초고왕에 이어 두 번째였습니다. 근구수왕도 아버지 근초고왕처럼 나랏일은 외척에게 맡기고 영토 확장을 위한 정복 전쟁에만 매달렸던 것입니다.

아버지와 아들이 대를 이어 가면서 대제국의 꿈을 펴려고 안간힘을 썼지만, 상대 나라에도 강력한 라이벌 임금이 등장하면서 대제국의 꿈은 쉽게 이룰 수가 없었습니다.

근구수왕이 죽기 두 달 전 어느 날, 대궐 뜰에 서 있는 큰 나무가 저절로 뿌리가 뽑혀 쓰러졌다는 기록과 함께 왕실에서는 이 사건을 왕의 운명이 다했음을 예고한 것으로 보았다고 합니다.

아버지의 정복 사업을 도운 태자

아버지 근초고왕의 정복 사업을 위해 전쟁터로 뛰어든 태자는 고구려와의 대결에서 여러 번 승리하며 영토 확장에 힘썼다.

◀ 백제의 공산성 금서루 (웅진 소재, 지금의 충청북도 공주)

28 광개토대왕과 맞선
아신왕

본명 · 아신
직업 · 백제 제17대 왕
출생 · 연대 미상
사망 · 405년

침류왕(백제의 제15대 임금)이 등극한 지 1년 7개월 만인 385년에 병으로 죽자, 큰아들인 아신은 나이가 어려서 삼촌에게 왕위를 넘겨주었다가 7년 뒤에 삼촌(제16대 진사왕)이 죽자 왕권을 되찾아 392년부터 통치하기 시작하여 405년까지 12년 10개월 동안 나라를 다스렸습니다.

고구려 광개토대왕의 남진 정책에 대항하여 패수, 관미성, 수곡성 등지에서 고구려와 싸웠으나 크게 밀려나고 말았습니다. 수도 한성이 함락될 위기에 몰리자, 아신왕은 스스로 성문을 열고 나와 광개토대왕에게 무릎을 꿇고 항복하였습니다.

그로 인해 왕족과 충신 열 명을 고구려에 볼모로 보내는 아픔을 겪은 아신왕은, 일본에 태자 영(뒷날 제18대 전지왕)을 볼모로 보내 화친을 맺으면서, 고구려에 대한 복수의 칼을 갈았습니다.

아신왕과 광개토대왕은 숙명적인 라이벌이었습니다. 두 사람은 비슷한 시기에 왕이 되었는데, 그때 광개토대왕은 18세, 아신왕은 20대 중반이었습니다. 모두 혈기 왕성한 나이에 국경선을 맞댄 처지라 라이벌이 될 수밖에 없었습니다.

아신왕은 고구려 광개토대왕에게 빼앗긴 영토를 되찾기 위해 숱한 전쟁을 치렀습니다. 그러나 힘과 전술에서 당할 수가 없었습니다.

광개토대왕과의 라이벌전에서 한 번도 승리하지 못한 아신왕은 쌍현성을 쌓아 국방에 대비하고, 신라의 변경을 공격하는 것으로 위안을 삼으면서 영토를 지키다가 405년, 한 많은 세상을 떠났습니다.

◀ 고구려 삼실총 전투도

광개토대왕과 숙명적인 라이벌

백제 아신왕은 고구려 광개토대왕과 끝없는 라이벌전을 펼쳤다. 일본과의 화친을 위해 아들을 볼모로 잡혔고, 신라의 변경을 공략하였다.

29 해외 식민지를 둔
동성왕

본명 · 모대, 마제, 여대
직업 · 백제 제24대 왕
출생 · 연대 미상
사망 · 501년

삼근왕의 뒤를 이어 제24대 임금으로 등극한 동성왕은 문주왕(제22대 임금)의 동생인 곤지의 아들입니다. 본디 이름은 모대인데 삼근왕의 사촌형이었고, 그때 삼근왕은 겨우 15세 소년이었습니다.

어린 시절에 아버지를 따라 일본으로 건너간 모대는 478년 백제 조정의 요청을 받은 왜왕 웅략천황에 의해 백제왕에 천거되어 귀국하였습니다. 그가 일본에서 왕 천거를 받고 귀국하였을 때 삼근왕이 살아 있었으므로 바로 왕위에 오르지 못하였는데, 다음 해 11월 삼근왕이 죽자 임금이 되었습니다.

모대는 동성왕으로 등극하여 479년부터 501년까지 22년 동안 백제를 다스리면서 많은 업적을 쌓았습니다.

동성왕은 말갈과 북위 등의 침공을 받으면서 군사력을 재정비하며 힘을 길렀습니다. 한편으로 동성왕 15년인 493년 신라에 사신을 보내 결혼할 왕녀를 요청하였습니다. 이는 그만큼 동성왕의 세력이 커졌다는 것을 말합니다. 신라는 이 요청을 받아들여 이찬 비지의 딸을 동성왕의 왕비로 시집보냈는데, 이를 가리켜 백제와 신라의 혼인동맹이라고 합니다. 그때 동성왕에게는 이미 왜국 출신의 왕비와 진씨 왕비 등 두 명의 왕비가 있었습니다.

494년 신라가 고구려를 공격하다가 크게 패하면서 견아성에서 포위를 당하자, 동성왕은 혼인동맹의 정신을 살려 3000 군사를 지원하여 고구려에게 포위를 당한 신라 군사들을 구해 주었습니다.

동성왕은 중국과 일본에 해외 식민지를 두고 다스렸다고 중국의 옛 기록에 전하고 있습니다.

왕권 강화로 식민지 다스려

백제 동성왕은 강력한 왕권을 구축, 해외 식민지를 두어 다스렸다. 신라와 혼인동맹을 맺고 이찬 비지의 딸을 왕비로 삼았다.

◀ 공산성(웅진성)

30 백제의 안정을 이룩한
무령왕

본명 · 사마, 융
직업 · 백제 제25대 왕
출생 · 462년
사망 · 523년

무령왕은 501년에 백제 제25대 임금으로 등극하여 523년까지 백제를 이끌면서 안정을 이룩한 왕이었습니다. 그의 출생에 대하여는 여러 가지 설이 있는데,《삼국사기》에는 동성왕의 둘째 아들로 키가 8척 장신이며 눈매가 그림처럼 잘생겼고 인자한 모습이라고 기록되어 있고,《일본서기》에는 개로왕의 동생인 곤지의 아들로 되어 있습니다.

무령왕은 등극하자마자 고구려의 남진 정책에 맞섰습니다. 501년 달솔 우영에게 군사 5000명을 보내 고구려의 수곡성을 공격하도록 하였으나 성과를 거두지 못한 채 물러서고 말았습니다.

무령왕 3년에 다시 우영이 이끄는 백제 군사들이 고구려 남쪽 경계선을 공격하자 고구려는 말갈 군사들을 동원하여 맞서게 하였으나 우영에게 밀려 쫓겨나고 말았습니다. 그러나 이때는 백제에 봄 가뭄이 들어 백성들이 굶주림에 허덕였고, 질병까지 나돌아 더 이상 싸울 수가 없었습니다.

무령왕은 말갈이 다시 침공해 올 것에 대비하여 고목성과 장령성을 정비하고 군사를 훈련시켰는데, 그의 예상대로 고구려와 말갈이 507년 10월 연합 전선을 펴면서 침공해 왔습니다. 이때는 왕이 직접 군사를 이끌고 맞서 고구려와 말갈의 연합군을 무찔렀습니다.

그 뒤에도 고구려와 말갈 연합군과의 싸움은 계속되었습니다. 그 가운데 섭라(섬진강 주변) 싸움은 자존심이 걸린 전투였는데 백제의 승리로 끝났습니다.

무령왕은 한수(한강) 이북의 영토를 잘 다스리면서 안정을 이룩하였습니다. 능은 충남 공주 송산리에 있습니다.

백제 위상을 드높인 임금

백제의 대국화를 이끌며 위상을 드높였으며, 군사를 통솔하는 능력이 뛰어나고 고구려의 침공을 슬기롭게 막아내 백제의 안정기를 이룩하였다.

◀ 무령왕릉에서 출토된 왕비금관식

31 북진 정책을 편
성 왕

본명 · 명농
직업 · 백제 제26대 왕
출생 · 연대 미상
사망 · 554년

성왕은 523년에 백제 제26대 임금으로 등극하여 554년까지 나라를 다스리면서 "북으로, 북으로 전진!"을 외친 임금이었습니다.

무령왕의 아들로 성명왕이라고도 하는데, 언제 태자로 책봉되었는지는 기록이 없습니다. 다만 형인 순타 태자가 죽은 뒤에 태자로 책봉된 인물입니다.

그는 지혜와 식견이 뛰어났고 일을 처리함에 있어서 매우 결단성이 있었다고 《삼국사기》에 기록되어 있고, 《일본서기》에는 천도 지리에 통달하여 이름이 사방에 널리 알려졌다고 나와 있습니다.

성왕은 아주 뛰어난 책략가였으나, 고구려가 워낙 강대한 나라로 발전하여 대항하거나 북진 정책을 이끄는 데 무척 힘이 들었으며, 행운의 여신조차도 그에게 미소를 보내지 않을 정도로 운이 따르지 않았던 임금입니다.

성왕은 고구려의 남진 정책에 대응하기 위해 중국 양나라와 동쪽의 신라와 화친을 맺고 공동 노력을 기울이는 일에 정성을 쏟았습니다.

538년에는 도읍을 사비성(지금의 부여)으로 옮기고 행정 조직을 개편하면서 나라의 힘을 길렀습니다. 541년에는 양나라로부터 《열반경》 등의 불교 경전을 들여와 불교 보급과 발전에 힘쓰는 한편, 신라 진흥왕과 협력하여 고구려에게 빼앗겼던 한강 유역 일대를 다시 되찾았습니다. 그러나 553년 신라의 배신으로 한강 하류 지방을 신라에게 빼앗기고 말았습니다.

그는 일본에게 구원병을 요청하여 신라를 공격하였으나 크게 패하고 관산성 싸움에서 전사하였습니다.

성왕이 전사한 뒤 그의 태자 창은 아버지에 대한 불효를 이유로 3년 동안이나 왕위를 비워 두었습니다.

"북으로, 북으로!"를 외친 임금

"백제의 꿈은 북진하는 것이다! 한강 유역을 다스려야 백제가 발전한다. 고구려의 침략을 두려워할 것 없다." 그러나 여신은 그에게 미소를 보내지 않았다.

◀ 성왕 영정

32 역사책 《서기》를 편찬한
고 흥

본명 · 고흥
직업 · 백제의 박사
출생 · 연대 미상
사망 · 연대 미상

고흥은 백제 제13대 근초고왕의 명에 따라 백제의 역사책인 《서기》를 쓴 학자이자 역사가이며 박사였습니다.

근초고왕은 346년부터 375년까지 29년 2개월 동안 백제를 다스렸습니다. 그는 임금에 오른 뒤 역대 임금들의 행적과 역사적 기록이 없는 것을 보고 크게 실망한 나머지 역사책을 펴내야 한다고 생각했습니다.

"나라의 역대 제왕들의 사적은 바르게 밝혀 적어서 후세에 전해야 한다."

근초고왕은 고흥을 백제에서는 최초로 박사에 임명하고 역사책을 편찬하도록 명을 내렸습니다.

고흥은 대신들과 학자 · 역사가들의 의견을 수합하고 자신의 역사적 관점을 살려 가면서 백제 역사를 기록하기 시작하였습니다. 그 당시 백제에서는 사용하는 문자가 없었으므로, 어려운 한자를 빌려 역사를 서술하는 작업을 하였습니다. 이렇게 만든 책이 《서기(書記)》라고 하는 백제의 역사책입니다.

《삼국사기》에는 《고기(古記)》라는 책을 인용하여 "근초고왕 때 처음으로 백제의 역사가 정리되었다. 당시 쓰여진 역사책은 《서기》이며 저자는 고흥이라는 사람인데, 그가 어떤 사람인지는 알 수 없다"고 밝혔습니다.

일본 측의 옛 기록에 의하면, 백제에는 《서기》 이외에도 《백제기》, 《백제본기》, 《백제신찬》이라는 역사 서적이 있었다고 전합니다.

이 시기 세계는

아테네 국교 기독교 지정

이 시기 중국은 5호 16국 시대로 여러 왕조가 생기고 없어지며 혼란에 빠져 있었다.
4세기, 그리스 아테네에서는 기독교가 국교로 정해지면서 이교도 행사와 잔혹한 경기가 중지되었다. 따라서 스타디움도 거의 사용되지 않아 폐허가 되었다. 스타디움은 이후 아테네가 제1회 근대 올림픽 개최지로 결정되면서 대대적인 보수가 이루어졌다.

33 일본 태자의 스승이 된

왕 인

본명 · 왕인
직업 · 백제의 박사
출생 · 연대 미상
사망 · 연대 미상

백제에서 있었던 일입니다.

"일본 황실의 태자를 가르쳐 줄 백제의 훌륭한 학자를 초빙하고자 합니다."

백제 근초고왕은 일본의 오오진(응신) 천황으로부터 학자와 책을 보내 달라는 요청을 받았습니다.

왕은 이 문제를 대신들과 의논한 끝에 왕의 손자와 대학자로 명성을 떨치고 있는 왕인 박사를 함께 보내기로 결정하였습니다.

근초고왕의 명을 받은 왕인은 임금의 손자와 더불어 《논어》 10권과 《천자문》 1권을 들고 일본으로 건너가서 태자의 스승이 되어 학문을 가르쳤습니다.

왕인은 일본 황실의 태자에게 글을 가르치는 한편, 일본 학자와 문인들에게도 한문학을 전하여 주었습니다. 왕인 박사의 이러한 활동은 당시의 일본 역사책에서 기록으로 전하고 있습니다.

일본의 《고사기》에는 백제 왕인을 '와니키시'라고 기록하였는데, '키시'는 스승의 존칭이므로 키시라는 말을 빼면 '와니'가 되는데, 이는 왕인을 일본식 발음으로 적은 것입니다.

일본의 역사책 《일본서기》에는 왕인을 학자들의 선조라고 기록하였고, 《고사기》에서는 문인들의 선조라고 하였습니다. 이 기록은 왕인이 일본 학자나 문인들의 스승이었다는 표현입니다.

한편, 왕인 박사를 파견한 백제의 왕이 제13대 근초고왕이 아니라 제14대 근구수왕 또는 제17대 아신왕이라는 기록도 전하고 있습니다.

왕인 박사는 일본 사람들의 스승으로 역사에 길이길이 남아 있는 자랑스러운 우리 조상입니다.

이 시기 세계는

훈 족, 동고트 족 공격

이 시기 유럽에서는 337년 로마제국 콘스탄티우스 2세가 황제로 즉위하고, 354년 아우구스티누스가 태어난다. 375년에는 게르만 족의 대이동이 시작되어 훈 족과 전투가 벌어진다. 러시아 돈강 유역에 있던 훈 족이 흑해 연안에서 살고 있는 동고트 족을 공격하여 본격적인 충돌이 발생한다.

◀ 성 아우구스티누스 상

34 황산벌의 영웅
계 백

본명 · 승
직업 · 백제 최후의 장군
출생 · 연대 미상
사망 · 660년

백제 제31대 의자왕은 사치와 풍류 끝에 나라를 멸망시키고 말았습니다. 그러나 끝까지 백제를 지키려다가 황산벌에서 장렬한 전사를 한 계백 장군은 백제의 영원한 충신이자 장군으로 역사 속에 살아 있습니다.

당나라 소정방이 이끄는 군사 10만 대군과 신라 김유신 장군이 지휘하는 5만 군사가 백제의 목을 조여 오고 있을 때도 의자왕은 방탕한 놀이를 즐기고 있었습니다. 계백은 풍전등화와 같은 위기 상황에서 왕의 명을 받고, 가족들에게 비장한 유언을 남겼습니다.

"이제 신라의 대군과 운명의 결투를 벌여야 한다. 국가의 앞날을 예측할 수 없다. 불행할 경우 나의 가족들은 적의 노예로 끌려갈 것이니, 욕되게 사는 것보다는 죽는 것이 낫다."

계백은 칼을 휘둘러 처자식의 목을 베고 싸움터로 말을 달렸습니다.

그는 신라의 5만 대군을 바라보며 5000 결사대에게 최후의 한마디를 하였습니다.

"우리 백제 군사가 비록 숫자로는 적다 하나 죽기를 각오하고 싸우면 길이 있다. 각자 분발하여 승리를 이루어 나라에 보답하자!"

황산벌은 피의 결전이 이어졌습니다. 네 차례의 치열한 공방전이 벌어진 끝에 백제 군사들의 힘과 의기가 꺾이면서 계백은 병사들과 함께 장렬한 최후를 맞이했습니다.

나라의 운명이 이미 기운 백제를 지키려던 계백의 충성심과 용맹함은 후세 사람들에게 살아 있는 교훈으로 길이 빛나고 있습니다.

부여 삼충사에는 계백과 당시의 충신이었던 성충·흥수의 위패가 함께 배향되어 있습니다.

백제의 최후를 장식한 영웅

"적의 노예로 사느니 차라리 죽는 것이 낫다." 계백은 황산벌 싸움터로 나가기 직전에 가족들에게 이 말을 남기고 처자식을 죽였다. 장군의 충성심은 황산벌에 살아 있다.

◀ 계백 장군의 묘

고난의 역사 속에 독보적 문화 창조

 백제는 고주몽의 셋째 아들인 온조가 기원전 18년에 건국한 나라로, 31명의 왕이 678년 동안 이어 온 나라입니다. 고대 삼국 가운데 가장 늦게 나라를 세웠고 또 가장 먼저 멸망한 나라였습니다.

 백제는 북쪽의 강대국 고구려와 동쪽의 신라에 맞서면서 힘겨운 역사를 이어 왔습니다. 본래 백제는 기름진 한강 유역, 교통이 편리한 위례성에 터전을 잡고 나라를 세웠으나 고구려와 말갈, 그리고 신라의 공격에 밀려 경기도 광주, 충청도 공주에서 다시 부여로 도읍을 옮기면서 나라의 기틀을 다져 나갔습니다.

▲ 백제 시대의 금관
백제의 강력한 왕권을 상징하는 금관으로 기본 형태는 신라의 금관과 같으나 백제의 금관은 풀꽃 모양으로 신라관의 산 모양과 다르며 양식상 더 오래된 것으로 보인다. 국보 제295호로 지정되어 보존하고 있다.

 고이왕 때 나라의 체계를 바로 세운 백제는 한때 고구려의 수도인 평양성을 공격하고 고국원왕을 죽이는 등 위력을 떨쳤습니다.

 그러나 대제국을 이룩한 고구려 광개토대왕과 장수왕에게 눌려 힘든 고전을 계속하기도 하였습니다.

 백제는 영토 확장을 위한 정복 전

쟁과 통합에 엄청난 노력을 기울이면서 왕권의 강화와 정치 조직의 개편, 제도의 개선을 통해 민심을 달래고 나라를 발전시켰습니다.

이런 환경 속에서도 깔끔하고도 뛰어난 예술 감각으로 창조와 조화의 화려한 문화를 이룩하고, 바다 건너 일본에 전해 주는 독자적인 활동을 거듭하였습니다. 그렇게 백제는 일본 문화의 선구자로서 특별한 발자취를 남겼습니다. 섬세하고도 아름다운 문화 예술 창조에 힘을 기울였고 또 앞장서기도 하였습니다.

한편으로는 중국과의 친선 외교로 영토 확장의 꿈을 펼쳤습니다. 한때는 중국 산동 반도와 일본 규슈 일대에 백제의 상업권을 구축하여 장악한 일도 있었습니다.

의자왕 때에 이르러서는 임금의 사치

▶ 금동 미륵보살반가상
(삼국 시대 후기(추정))

고난의 역사 속에 독보적 문화 창조 117

와 방탕으로 국력이 소모되었는데, 이런 때에 신라와 당나라 연합군의 공격을 받았습니다.

　계백 장군의 5000 결사대가 황산벌에서 신라 김유신 장군의 5만 군사와 대결하여 마지막 혈전을 펼쳤으나, 계백과 병사들이 장렬히 전사함으로써 백제는 무너지고 말았습니다.

▶ 백제 금동 대향로

▲ 백제의 도공

▶ 백제의 전성기와 해외 진출

무령왕릉

무령왕릉은 우리나라 삼국 시대의 무덤 중 그 주인공을 알 수 있는 유일한 무덤이다. 1971년 6월, 송산리 6호분 내부에 많은 습기가 스며들어 보수 작업이 실시되었다. 그러던 중 7월 7일 또 다른 무덤을 발견하게 되었다.

백제사 연구에 한 획을 그은 무령왕릉은 아치형 천장에 벽돌로 만들어진 무덤으로 중국 남경의 양나라 무덤 양식과 비슷하다. 무덤 입구에 지석이 놓여 있었는데, 이를 통해 무덤의 주인이 무령왕임을 알 수 있었다.

무덤에 사용된 벽돌은 글씨나 문양이 새겨진 것도 있다. 좁은 길을 지나 무덤 안으로 들어가면 묘실이 있는데, 왕과 왕비의 관이 놓여 있었다. 왕과 왕비의 관은 일본에서 나는 최고급 나무인 금송으로 만들어졌다. 무덤 양식, 관의 재료, 출토 유물 등을 통해 백제의 해외 교류가 얼마나 활발했는지를 짐작할 수 있다.

이전의 왕릉이 대부분 도굴되었던 것에 반해 무령왕릉은 무덤이 만들어진 당시의 모습 그대로 발견되었기 때문에 많은 유물이 발견되었다. 유물은 모두 108종 2,906점으로 국보로 정해진 것만 총 12점이다. 또한 최근에 출토 유물 재정리를 하던 중 뼛조각 4점이 발견되었다.

연대가 확실한 무령왕릉의 유물은 백제를 이해하는 데 중요한 자료가 되고 있다. 오랜 시간 백제의 숨결을 간직하고 있던 무령왕릉은 약 1500년 만에 그 모습을 드러내어 백제의 찬란한 역사와 문화를 풀어내고 있다.

백제의 왕과 왕후의 복식

백제 왕 계보도

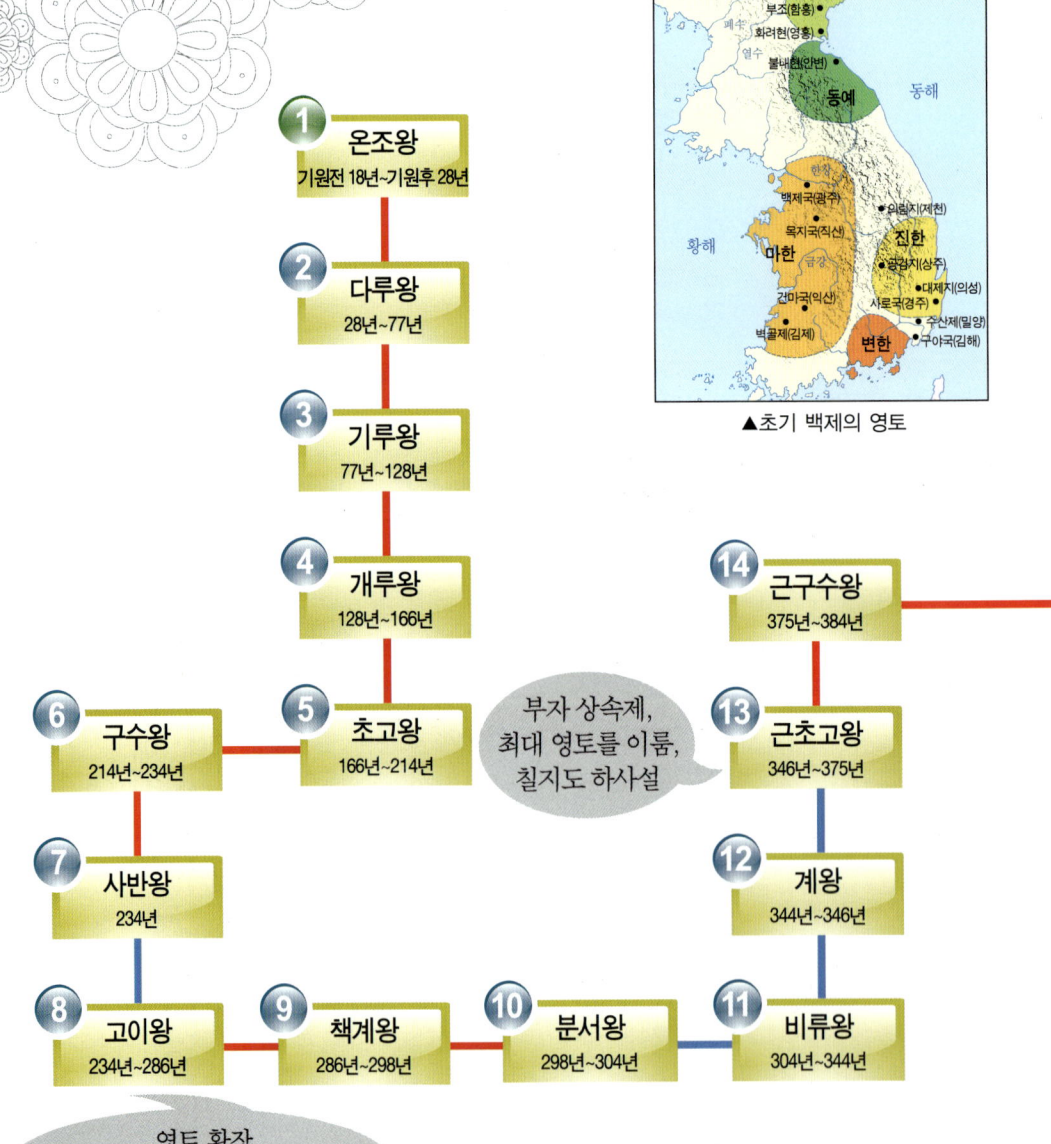

▲ 초기 백제의 영토

1. 온조왕 기원전 18년~기원후 28년
2. 다루왕 28년~77년
3. 기루왕 77년~128년
4. 개루왕 128년~166년
5. 초고왕 166년~214년
6. 구수왕 214년~234년
7. 사반왕 234년
8. 고이왕 234년~286년
9. 책계왕 286년~298년
10. 분서왕 298년~304년
11. 비류왕 304년~344년
12. 계왕 344년~346년
13. 근초고왕 346년~375년
14. 근구수왕 375년~384년

부자 상속제, 최대 영토를 이룸, 칠지도 하사설

영토 확장, 고대 국가 기틀 마련

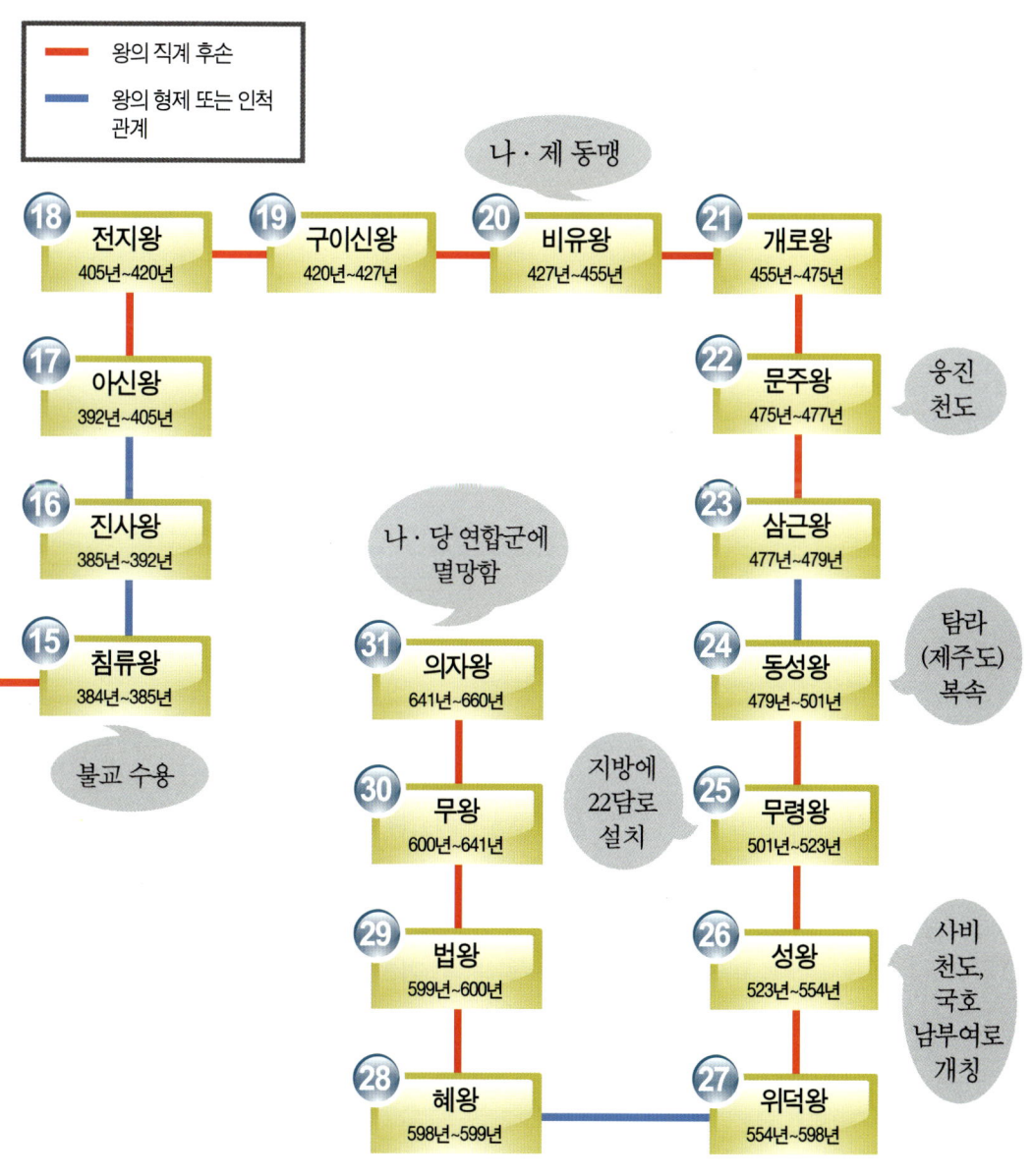

지도로 보는 삼국 시대

▶ 삼국의 성립

▶ 가야의 성립과 발전

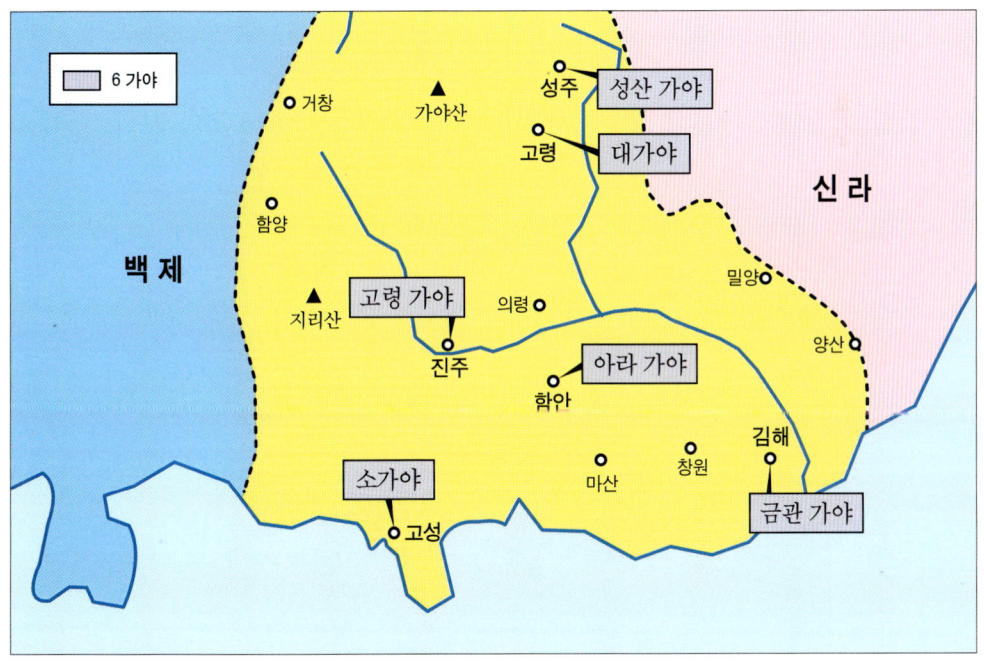

철의 왕국 가야

가야는 한반도 남부에 있었던 부족 국가 연맹체로 금관가야, 대가야, 성산가야, 아라가야, 고령가야, 소가야로 이루어져 있습니다. 동쪽에 신라, 서쪽에 백제 사이에서 두 나라의 압력을 받으며 성장했습니다.

가야는 비옥한 토지와 철 생산으로 교역의 중심에 있었습니다. 초기에는 금관가야가 중심이 되어 발전했으나 고구려의 공격으로 몰락하고 후기인 5세기부터는 대가야가 중심이 되었습니다. 기울어진 가야 연맹체를 살리기 위한 대가야의 노력에도 불구하고 백제와 신라의 계속된 압박과 공격에 힘을 잃어갔으며, 562년 이사부와 사다함이 이끄는 신라군에 패해 신라에 병합되었습니다.

지도로 보는 삼국 시대

▶ 삼국의 경제와 대외 무역

▶ 삼국의 사회

지도로 보는 삼국 시대

35 삼국을 통일한
김유신

본명 · 김유신
직업 · 신라의 장군
출생 · 595년
사망 · 673년

"내 생전에 반드시 삼국 통일을 이룩하리라! 그리하여 한반도에 통일 국가를 세워 민족 문화를 발전시키는 토대를 만들어 줄 것이다."

신라의 명장 김유신은 김수로왕의 12대 후손으로 삼국 통일을 이룩한 장군입니다. 진평왕 때 15세 소년으로 화랑이 되어 '용화향도'의 많은 낭도를 거느리고 이름난 곳을 찾아다니며 심신을 갈고 닦았습니다. 김유신은 김춘추가 왕이 되기 전부터 친구로서 함께 지냈고, 김유신의 누이동생 문희는 김춘추와 결혼하여 후에 왕비인 문명왕후가 되었습니다.

낭비성 싸움에 나아가 고구려 군사를 무찌른 그는, 선덕여왕 때에는 상장군에 올라 백제를 주로 공격하기 시작하였습니다. 선덕여왕 때인 647년에는 반역을 꾸미던 비담과 염종 등의 반란군을 토벌하고, 이어서 무산성 · 감물성을 공격해 오는 백제 군사들을 무찔렀습니다. 이듬해에는 백제의 대량주를 공격하여 크게 승리하며 12개 성을 빼앗는 공을 세웠습니다. 이런 공로로 이찬이 되고 상주행관대총관 벼슬에 올랐습니다.

654년에 진덕여왕이 후사 없이 세상을 떠나자 매제인 김춘추를 임금으로 천거하여 왕으로 삼으니, 그가 신라 제29대 태종무열왕입니다.

660년 태종무열왕 7년, 드디어 역사적인 삼국 통일의 길에 올랐습니다. 당나라와 연합군을 편성하고 5만 병사를 지휘하며 소정방의 10만 대군과 협동으로 백제를 공격하여 황산벌에서 계백 장군의 5000 결사대를 무찌르고 백제를 멸망시켰습니다. 다음 해에 태종무열왕이 죽고 태자가 문무왕으로 등극한 뒤에도 군사를 정비하여 663년에 백제 부흥군을 토벌하였고, 668년에는 고구려마저 멸망시키고 삼국 통일을 완수하였습니다.

세상을 떠난 뒤, 835년에 흥무대왕에 추존되었습니다.

삼국 통일을 이룩한 명장

김춘추(태종무열왕)와 함께 삼국 통일의 위업을 시작하였고 드디어 큰 일을 달성하였다. 세상을 떠난 뒤 흥무대왕으로 추존되었다.

◀ 김유신 영정

36 삼국 통일을 완성한
문무왕

본명 · 법민
직업 · 신라 제30대 왕
출생 · 연대 미상
사망 · 681년

661년 태종무열왕의 뒤를 이어 등극한 문무왕은 아버지가 못다한 삼국 통일의 유업을 이어받았습니다.

"부왕(아버지 ; 태종무열왕)의 유업을 기필코 이룩하겠습니다!"

문무왕은 등극하자마자 외삼촌 되는 김유신 장군 앞에서 결연한 의지를 보였습니다. 그도 660년 백제를 멸망시킬 때 태자의 몸으로 김유신과 함께 황산벌 전투에 참가하여 큰 전공을 세운 바 있었습니다. 그래서 황산벌 전투의 경험을 토대로 고구려도 반드시 무너뜨려서 삼국 통일을 이룩하고, 한반도에 통일국가를 세워 단일 국가 시대를 열어 가겠다는 결의를 이미 다졌던 것입니다.

그러나 고구려를 정벌하는 일은 만만치 않았습니다. 첫 번째 시도는 662년에 하였는데, 당나라 장군 방효태가 이끄는 군사들이 고구려 군사들에게 전멸을 당해 실패로 끝났습니다.

668년 두 번째 공격에는 동생 인문을 시켜 나 · 당 연합군과 함께 고구려를 정벌하여 승리를 거두고 드디어 삼국 통일을 달성하였습니다.

그 뒤 당나라 군사들이 물러가지 않고 버티고 있자, 676년에 사찬 시득이 기벌포에서 설인귀의 군대를 물리쳐 지배권을 장악했습니다.

삼국 통일을 이룬 뒤에는 당나라 문물을 받아들여 고구려 문화에 접목하여 발달시키는 등 문화 정책에 힘을 쏟았습니다.

그의 유해는 화장하였는데 능이 없어 장지를 몰랐으나, 경북 월성군 봉길리 앞바다에 있는 대왕암 바위에 특수 기법으로 수중 안장하였음이 1967년에 발견되었습니다.

한반도 단일 국가 시대 열어

아버지 태종무열왕의 유업을 받들어 외삼촌인 김유신 장군과 더불어 삼국 통일의 대업을 이룩하고 한반도 단일 국가 시대를 열었다.

◀ 문무왕의 수장릉

37 이두 문자를 집대성한

설 총

본명 · 설총
직업 · 신라의 문신, 학자
출생 · 연대 미상
사망 · 연대 미상

신라의 유명한 고승인 원효대사의 아들이자 경주 설(薛)씨의 시조입니다. 원효대사와 요석 공주의 하룻밤 사랑으로 태어난 설총은 유학을 깊이 연구하였고, 글을 잘 써서 강수와 함께 국학인 태학의 박사(교수)로 활약하였습니다. 이때 그는 매우 어려운 유교 경전을 이두 문자로 쉽게 풀어 써서 학생들을 가르쳤다고 합니다.

이두는 신라의 한자 사용 및 학문 발달에 큰 도움이 된 매우 특이한 문자였습니다. 한자를 우리 문법에 맞게 고쳐 쓴 것인데, 뜻 글자인 한자 하나 하나의 음(소리)과 훈만을 빌려 우리말을 적은 것이었습니다.

이두 문자를 설총이 처음 만들어 썼다고 하나, 그 이전부터 경전의 해석이나 유명한 사람의 이름 · 벼슬 등을 기록하기도 하였으며, <서동요> 나 <풍요> 등도 이미 이두로 기록되어 있고, 시나 가요를 짓는데도 사용하였다는 이야기가 전합니다. 다만, 설총이 이두 문자를 집대성하고 정리한 것입니다.

신라 10현의 한 사람인 설총은 벼슬이 한림에 이르렀으나, 주로 임금의 정치 자문을 맡았던 것으로 알려져 있습니다.

유학의 발전과 중국 한문의 이해에 큰 업적을 남긴 설총은 강수, 최치원과 함께 신라 3대 문장가로 명성을 떨쳤습니다.

<화왕계>를 지어 태종무열왕의 손자 신문왕이 바른 정치를 하도록 충고한 일화는 유명한 이야기입니다.

그가 세상을 떠난 뒤, 고려 현종 때인 1022년 홍유후라는 시호를 받았습니다.

이두 문자로 학생들 가르쳐

신라의 유명한 고승 원효대사와 태종무열왕의 딸 요석 공주 사이에 태어나 임금의 정치 자문 역할을 하였고 이두 문자를 사용해 학생들을 가르쳤다.

◀ 설총

38 《왕오천축국전》을 쓴
혜 초

본명 · 혜초
직업 · 신라의 스님
출생 · 704년
사망 · 787년

신라의 스님으로 중국 당나라와 인도에 유학하고 여러 곳을 둘러본 뒤 여행 기록을 묶어 《왕오천축국전》이라는 책을 썼습니다.

그는 어릴 때 부모를 떠나 절에서 공부하다가 719년 당나라의 광저우에서 인도 출신의 스님 금강지를 만나 그의 제자가 되면서 본격적인 불경을 공부하였습니다. 그 뒤 스승의 권유로 불교가 맨 처음 발생한 나라인 인도로 들어간 혜초는 그곳에서 공부하면서 여러 불교 성지들을 둘러보았습니다.

불교 성지를 순례하고 파미르 고원을 넘어 당나라로 되돌아온 그는, 당나라의 수도 장안에 있는 천복사에 머물면서 스승인 금강지 밑에서 밀교의 경전을 연구하여 스승과 함께 한문으로 번역하던 중 스승이 죽자 번역을 중단하였습니다. 혜초는 금강지의 법통을 이은 불공삼장의 6대 제자 중 한 사람으로 당나라에 이름을 떨쳤습니다.

노년에는 중국 오대산의 건원보리사에 머물면서 불교의 교리를 보급하였습니다.

그가 쓴 《왕오천축국전》은 8세기에 쓰여졌으며, 인도와 중앙아시아에 대한 기록으로는 가장 오래된 것으로 으뜸인데, 그의 이름이 알려진 것은 책이 발견된 1908년(1910년이라는 설도 있음)이었습니다. 프랑스의 동양학자 펠리오가 중국 간쑤성(감숙성 ; 중국에서 중앙아시아로 나가는 길목에 있음)에 있는 둔황(돈황)의 한 석굴에서 《왕오천축국전》 책을 발견하면서 이 책의 저자인 혜초라는 이름이 드디어 세상에 알려진 것입니다.

혜초가 남겨 놓은 기행문 《왕오천축국전》은 현재 프랑스 파리 국립박물관의 도서관에 소장되어 있는데, 매우 귀중한 문헌으로 꼽히고 있습니다.

당나라와 인도에서 불경 공부

신라의 스님으로 당나라에 유학한 뒤 인도로 들어가 불경을 공부하여 이름을 떨치고 여러 곳을 여행하며 기행문 《왕오천축국전》을 썼다.

◀ 《왕오천축국전》

39 가야금을 만든 우륵

본명 · 우륵
직업 · 신라의 음악가
출생 · 연대 미상
사망 · 연대 미상

감미로운 음악처럼 사람의 마음을 사로잡고 감동을 주는 것도 드물 것입니다. 우륵은 본래 가야의 성열현 사람인데, 가야국의 궁중 음악가로 있으면서 가실왕의 극진한 사랑을 받았습니다. 그때 궁중에서는 '쟁'이라고 하는 중국식 악기를 사용하고 있었는데, 따라서 이 악기에 사용하는 가락 또한 중국식이었습니다.

가실왕은 우륵에게 명하여 우리 정서와 감흥에 맞는 독창적인 악기를 만들어 보라고 하였습니다. 왕의 명에 따라서 우륵은 연구 끝에 12줄로 된 가야금을 만들고 이 악기로 연주할 수 있는 12곡도 새로 지었습니다. 그리고 가실왕 앞에서 연주하여 감동적인 칭찬을 받았습니다.

551년 신라가 가야를 점령하자 우륵은 신라에 항복하여 제자 이문과 함께 낭성에 살면서 가야금 연구에 매달렸습니다. 이후 그의 명성은 신라 궁궐 안으로 전해졌고, 진흥왕의 초대를 받게 되었습니다.

우륵이 이문과 함께 진흥왕 앞에서 12줄 가야금으로 열정적인 연주를 하자, 진흥왕은 처음 들어보는 감미로운 선율에 크게 감동되어 큰 상을 내리고, 그를 국원(지금의 충주)에 살게 하면서 음악 연구와 함께 후진들을 양성하도록 하였습니다.

다음 해부터 우륵은 국원에서 계고·법지·만덕 등에게 음악을 가르쳤는데, 각자의 소질과 특기에 맞추어 계고에게는 가야금, 법지에게는 노래, 만덕에게는 춤을 가르쳐 주었습니다.

우륵이 만든 12곡은 계고, 법지, 만덕에 의해 5곡으로 정리되어 신라의 대악이 되었습니다.

감동의 12줄 가야금 연주

우륵은 본래 가야 사람으로 신라에 망명한 음악가이다. 진흥왕 앞에서 가야금을 연주하여 찬사를 받고 후진 양성에 주력하였다.

◀ 우륵 영정

40 〈방아타령〉을 연주한 백결

본명 · 박문량
직업 · 신라의 음악가
출생 · 414년
사망 · 연대 미상

신라 자비왕(제20대 자비 마립간; 재위 기간 458년~479년) 때의 일입니다.

경주 남산 기슭에 가난한 음악가 백결 선생이 살고 있었습니다. 너무나 가난하여 단벌옷을 100군데나 기워 입었다 하여, 마을 사람들이 '백결 선생'이라고 불렀답니다.

한 해가 저물어 가는 어느 해 섣달 그믐날 저녁, 집집마다 새해맞이 떡방아를 찧는 소리가 넘쳐흘렀는데, 가난한 음악가의 집은 고요한 적막에 싸여 있었습니다.

백결의 부인은 참다 못해 남편에게 바가지를 긁었습니다.

"여보! 당신은 저 소리조차 들리지 않으시오?"

"왜 안 들리겠나! 내 귀는 너무나 예민하여 음악의 가락을 정확히 파악하는데······."

"또 그 소리······ 거문고 소리는 그림의 떡이에요!"

부인의 바가지 긁는 소리를 듣던 백결은 거문고를 뜯기 시작하였습니다.

"쿵 더덕 쿠웅… 쿵 더덕 쿠웅!"

백결이 거문고로 뜯는 <방아타령>이 집 밖으로 흘러 나갔습니다.

"아니? 저 가난뱅이 음악가 집에서 떡방아 찧는 소리가 들려오네 그려!"

"정말! 어찌 된 일인가?"

동네 사람들이 귀를 기울이며 백결의 집으로 모여들었습니다. 그들은 백결의 집 대문 밖에서 거문고 떡방아 타령에 맞춰 덩실덩실 춤을 추었답니다. 소문은 임금님 귀에까지 들어갔고, 사연을 들은 임금님은 후한 상을 내렸습니다. 사람들은 백결의 거문고 <방아타령>을 대악이라고 불렀답니다.

거문고로 <방아타령> 연주

옷을 누덕누덕 100군데나 기워 입어 '백결 선생'이라고 불릴 만큼 너무나 가난했던 음악가였으나 그의 연주는 임금도 감동시켰다.

◀ 백결

41 천재 문장가
최치원

본명 · 최치원
직업 · 신라의 문장가, 대학자
출생 · 857년
사망 · 연대 미상

통일신라 시대 후기 제48대 경문왕(재위 기간 861년~875년) 때, 12세 소년으로 홀로 압록강을 건너 당나라에 들어간 최치원은 중국 사람들이 모두 부러워한 천재였습니다. 말이 통하지 않는 중국 사회에서 공부한 그는 빈공과라는 과거 시험에 장원 급제하면서 당나라 왕실은 물론 장안을 발칵 뒤집어 놓았습니다.

"신라인 최치원, 장원 급제요!"

당나라에서 벼슬길에 오른 그는 계속 학문에 힘쓰면서 책을 저술하였는데, 글재주가 워낙 뛰어나서 많은 사람들에게 감동을 주었습니다.

879년 중국 산둥(산동) 지방에서 황소라는 사람이 중심이 되어 반란을 일으켰는데, 최치원은 종사관으로 반란군 토벌 작전을 수행하였습니다. 이때 황소의 반란을 평정하기 위해 작성한 '토황소격문'은 뛰어난 문장으로 높이 평가받았습니다.

885년 최치원은 당나라에서의 모든 영광을 뿌리치고 신라로 돌아왔습니다.

신라에서는 그를 한림학사로 임명하여 환대하였는데, 그때 신라의 운명은 이미 기울어 가고 있었습니다.

그는 중앙의 벼슬을 마다하고 지방 장관으로 내려가 정읍·함양·서산 등지에서 태수로 있으면서 백성들을 위한 정치에 힘썼습니다. 정치가 문란해지고 나라가 어지러운 가운데 백성들의 어려운 생활을 구제하고자 노력했으나 뜻을 이루지 못해 관직을 버리고 여러 절을 유랑하며 글을 쓰는 데 열중하였습니다. 이때 《계원필경》 등 여러 책을 저술하였습니다.

강수, 설총과 함께 신라의 3대 문장가로 꼽힙니다.

당나라 과거에 장원 급제한 천재

12세 소년으로 당나라에 혼자 들어가 공부하고 과거에 장원 급제한 천재 최치원. 당나라 사람들이 모두 부러워한 그는 신라 3대 문장가로 명성을 떨쳤다.

◀ 최치원 영정

42 바다의 제왕
장보고

이름 · 궁복, 궁파
직업 · 신라 말기의 장군
출생 · 연대 미상
별세 · 846년

통일신라 시대 후기 제42대 흥덕왕(재위 기간 826년~836년) 때, 장보고라고 하는 매우 특이한 인물이 있었습니다. 용맹함과 모험심이 강한 그는 소년의 몸으로 서해 바다를 건너 당나라 서주 땅으로 들어가 고생 끝에 무령군의 소장이라는 높은 자리까지 올랐습니다.

어느 날 당나라 해적들이 남해안 내륙까지 들어가 신라 사람들을 붙잡아 노예로 팔아넘긴다는 사실을 알고 화가 난 그는 무령군 소장 자리를 버리고 신라로 돌아와 임금에게 그런 사실을 보고하고, 당나라 해적들을 소탕하는 청해진 대사로 임명을 받았습니다.

그는 지방민으로 1만 명의 민군조직을 모아 청해진(지금의 전남 완도에 있었던 진)을 설치하고 당나라 해적들을 소탕하기 시작했습니다. 그가 해상권을 잡고 해적들을 완전 소탕하여 바다의 평화가 이룩될 무렵, 그때 신라 조정에서는 왕위 다툼으로 분쟁이 일어났습니다.

왕위를 노리던 김우징(뒷날 제45대 신무왕)이 경쟁에서 밀려나 청해진으로 도피하여 장보고에게 도움을 요청하였습니다.

의협심이 강한 장보고는 김우징을 도와 반란을 일으켜 민애왕을 죽이고 그를 임금으로 삼았습니다. 장보고는 그 공로로 감의군사에 올랐습니다.

신무왕에 이어 문성왕이 등극하자 진해 장군이 된 장보고는 일본과 중국 사이의 삼각무역을 크게 일으켰습니다.

문성왕은 신문왕과 약속한 대로 장보고의 딸을 두 번째 왕비로 삼으로 했으나, 장보고의 힘을 두려워한 대신들의 반대로 지켜지지 못했습니다. 장보고가 불만을 품고 기회를 엿보고 있을 때, 불안을 느낀 조정에서 자객 염장을 보내 장보고를 죽였습니다.

'청해진 대사'로 해상권 장악

당나라 무령군 소장을 지내다가 신라를 괴롭히는 해적 소탕을 위해 완도에 청해진을 설치한 장보고. 신라 조정에서 보낸 자객에게 살해되었다.

◀ 장보고 영정

43 고려에 옥새를 넘겨준
경순왕

본명 · 부
직업 · 신라의 마지막 왕
출생 · 연대 미상
사망 · 979년

박혁거세가 나라를 건국하고, 태종무열왕-문무왕이 삼국을 통일했던 신라, 찬란한 역사와 문화를 가꾸면서 천 년 사직을 이어 온 신라는 제56대 임금 경순왕을 마지막으로 문을 닫고 말았습니다. 새로 일어난 고려 왕건을 찾아가 옥새를 바치고 신라의 문을 닫은 경순왕은 문성왕의 6대손이었습니다.

그는 927년 후백제 견훤의 침공으로 경애왕이 죽자 임금이 되었습니다. 그러나 그때 신라는 이미 나라의 운명이 멸망의 깊은 수렁으로 빠져들고 있었습니다. 지방 장관들이 세력 다툼으로 치달으면서 제멋대로 영토를 자기 소유로 만들었으며, 중앙정부의 위상이 서지 않고 세수입도 날로 줄어들었습니다. 또 사방에서 도둑들이 떼를 지어 난동을 부렸습니다.

경순왕은 이런 상황에서는 더 이상 나라를 다스릴 수 없다고 생각하고 군신회의를 열었습니다.

"짐의 경륜이 부덕한 탓이오! 더 이상 나라를 지탱할 힘이 없소!"

경순왕은 비장한 각오로 말하고, 신라를 새로 일어난 고려 왕건에게 나라를 넘겨주자고 제안했습니다.

"황공하나이다!"

"망극하옵니다!"

경순왕의 의견을 군신들이 모두 통곡하면서 받아들였습니다. 이로써 56명의 임금이 992년 동안 다스려 온 신라는 최후의 전쟁도 하지 않고 스스로 문을 닫았습니다.

마의태자는 부왕의 결정에 반대하며 금강산으로, 범공은 승려가 되어 화엄사로 들어갔습니다.

천 년 사직을 스스로 문 닫아

고려와 전쟁도 하지 않고 삼국 통일의 찬란한 역사를 접고 왕건에게 옥새를 전달한 경순왕. 신라의 천 년 사직 역사를 끝냈다.

◀ 경순왕릉

통일신라 시대 147

44 금강산으로 들어간
마의태자

이름 · 김일
직업 · 신라의 마지막 태자
출생 · 연대 미상
별세 · 연대 미상

신라 제56대 임금 경순왕 9년, 서기 935년 10월 신라 대궐은 검은 먹구름에 휩싸였습니다. 나라의 운명을 결정하는 중대한 군신 회의가 열리고 있었기 때문입니다.

"우리가 고려 왕건에게 항복하지 않고 싸운다면 우리는 분명 패할 것이며, 우리 왕족과 군신들은 종멸할 것이고, 백성들은 모두 노예로 구차한 삶을 살게 될 것이오!"

경순왕의 목소리는 떨렸습니다.

군신들은 아무 말도 못 한 채 울음을 터뜨렸습니다. 그러나 오직 한 사람, 태자는 결연한 의지로 의사를 밝혔습니다.

"충신과 군신들이 앞장서서 민심을 수습하고, 나라를 지켜야 합니다. 천 년 사직을 일조일석에 버릴 수는 없나이다!"

그러나 경순왕은 끝내 고려에 항복을 했습니다. 이에 분통을 터뜨린 태자는 그 길로 왕실을 뛰쳐나와 개골산(금강산의 겨울 이름)으로 들어갔습니다.

왕실에서 부러움 없이 자라던 태자는 삼베옷을 걸치고 풀뿌리, 나무 열매와 껍질로 연명하다가 생을 마쳤다고 전합니다.

태자를 가리켜 마의태자라고 하는데, 이 말은 추운 겨울에 삼베옷으로 몸을 가린 채 여생을 보냈다는 데서 유래된 말입니다.

박혁거세가 나라를 건국한 이래 천 년 사직을 가꾸어 온 신라는 이렇게 슬픈 이야기를 남기면서 스스로 문을 닫았습니다.

"천 년 사직을 지켜야 하오"

신라의 운명을 결정하는 마지막 군신 회의에서 경순왕의 제의를 받고 군신들이 통곡하는데 의연히 일어나 반대 의사를 밝힌 태자는 금강산으로 들어가 초근목피로 살았다.

◀ 마의태자 영정

천혜의 역사 박물관 경주

　신라의 고도 경주는 도시 전체가 한국의 고대사와 근대사로 조화를 이루고 있는 천혜의 역사 박물관입니다. 천 년 사직을 가꾸어 온 신라는 같은 시대의 삼국이었던 고구려나 백제와는 달리 건국 이래 한번도 수도를 천도한 일이 없이, 경주를 중심으로 찬란한

역사와 문화의 꽃을 피워 왔기 때문입니다.

  기원전 57년에 건국한 신라가 고려에 합병될 때까지 992년 동안 신라의 왕도로 전통과 관록의 영욕을 모두 담아 온 경주에는 국보급 문화재는 물론 유네스코 세계문화유산들도 즐비한 세계적인 역사 문화의 공원이기도 합니다.

▼ 경주 왕릉

경주에 남아 있는 신라 천 년의 사적들 속에는 국보 26점, 보물 50여 점, 명승 사적 70여 곳, 천연기념물과 지방문화재 70여 점이 있습니다.

대표적인 문화유산으로는 불국사 다보탑, 3층 석탑, 연화교, 칠보교, 포석정지, 안압지, 계림, 천마총, 석굴암, 첨성대, 남산성, 나정 및 여러 왕릉 등입니다.

이처럼 방대한 문화유산이 한 도시 속에 담겨 있어 훌륭한 세계 역사의 공원이자 자연 박물관으로서 1979년에 유네스코에서 세계 10대 유적지의 하나로 선정되었습니다.

신라는 태종무열왕과 문무왕, 그리고 김유신 장군을 축으로 하여 삼국을 통일하고 한반도에서 최초로 단일 국가를 이룩하여, 단일 민족으로 문화의 꽃을 피울 수 있는

◀불국사 다보탑

불국사

포석정지

계림

분황사

천마총

석굴암

▶ 통일신라와 발해의 발전

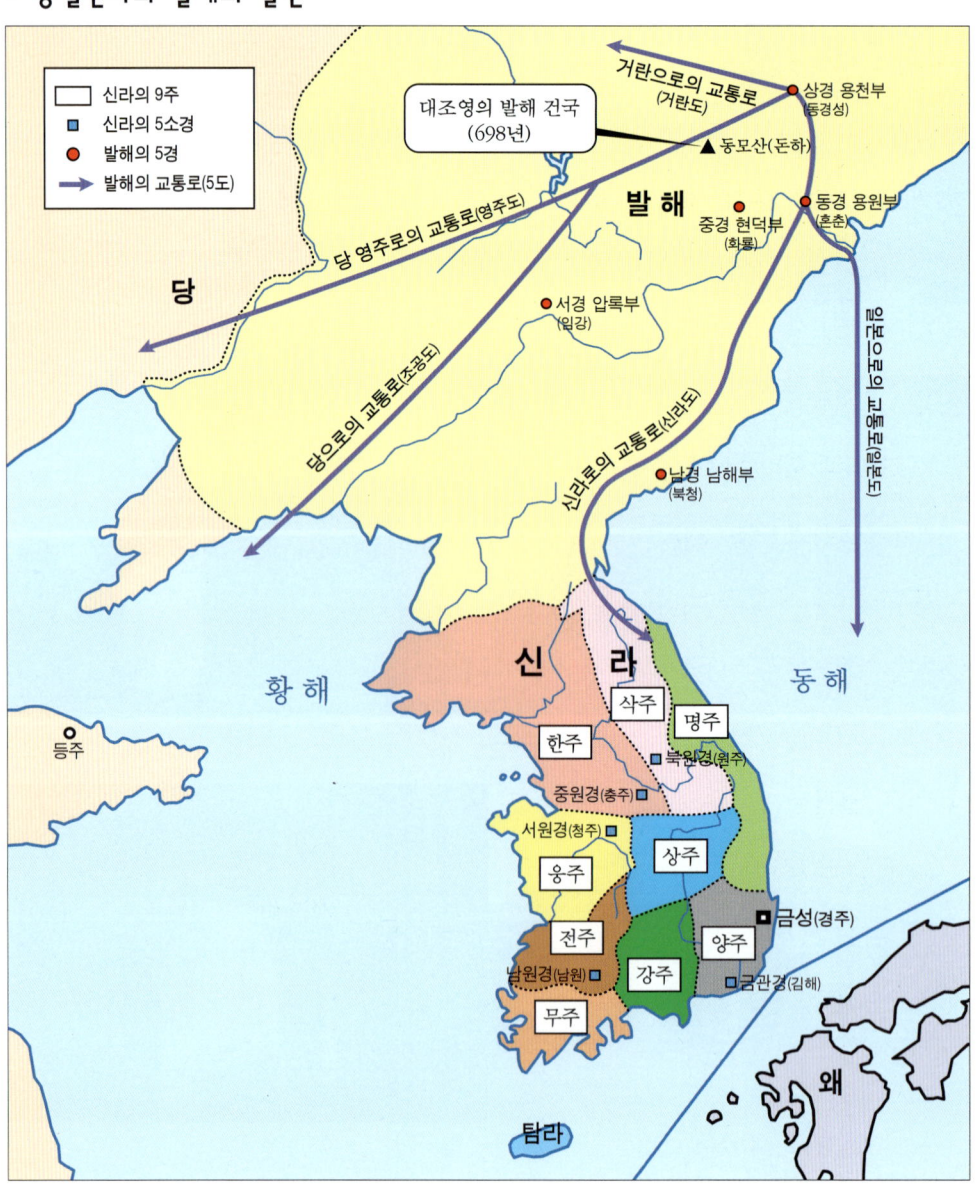

터전을 구축하였던 나라입니다.

　삼국 통일 이후 왕권의 전제화가 이루어지면서 전성기를 맞았던 신라는 화백제도에 의한 민주주의나 성골과 진골의 전통과 품계 유지, 화랑들의 애국·애족 정신, 화합과 협동의 국가관과 민족정기 등이 하나로 이어지고 조화를 이루었습니다. 이는 바로 신라 천 년 사직의 찬란한 역사와 빛나는 문화유산을 창조할 수 있었던 원동력이자 힘이었습니다.

　세계 고대 역사를 돌아볼 때 하나의 도시가 천 년 동안의 긴 세월을 내려오면서 한 나라의 왕도로 전통을 세운 곳은 드뭅니다. 서양사에서는 로마가 유일한데, 로마는 기원전 753년에 건국되어 여러 왕조에 의해 발전된 도시지만, 경주는 오로지 신라 한 나라의 천 년 도읍이었습니다.

　문화유산이 많은 로마나 경주는 모두 살아 있는 역사의 박물관 도시라고 일컫습니다.

▶ 무인석

신라 시대의 여왕

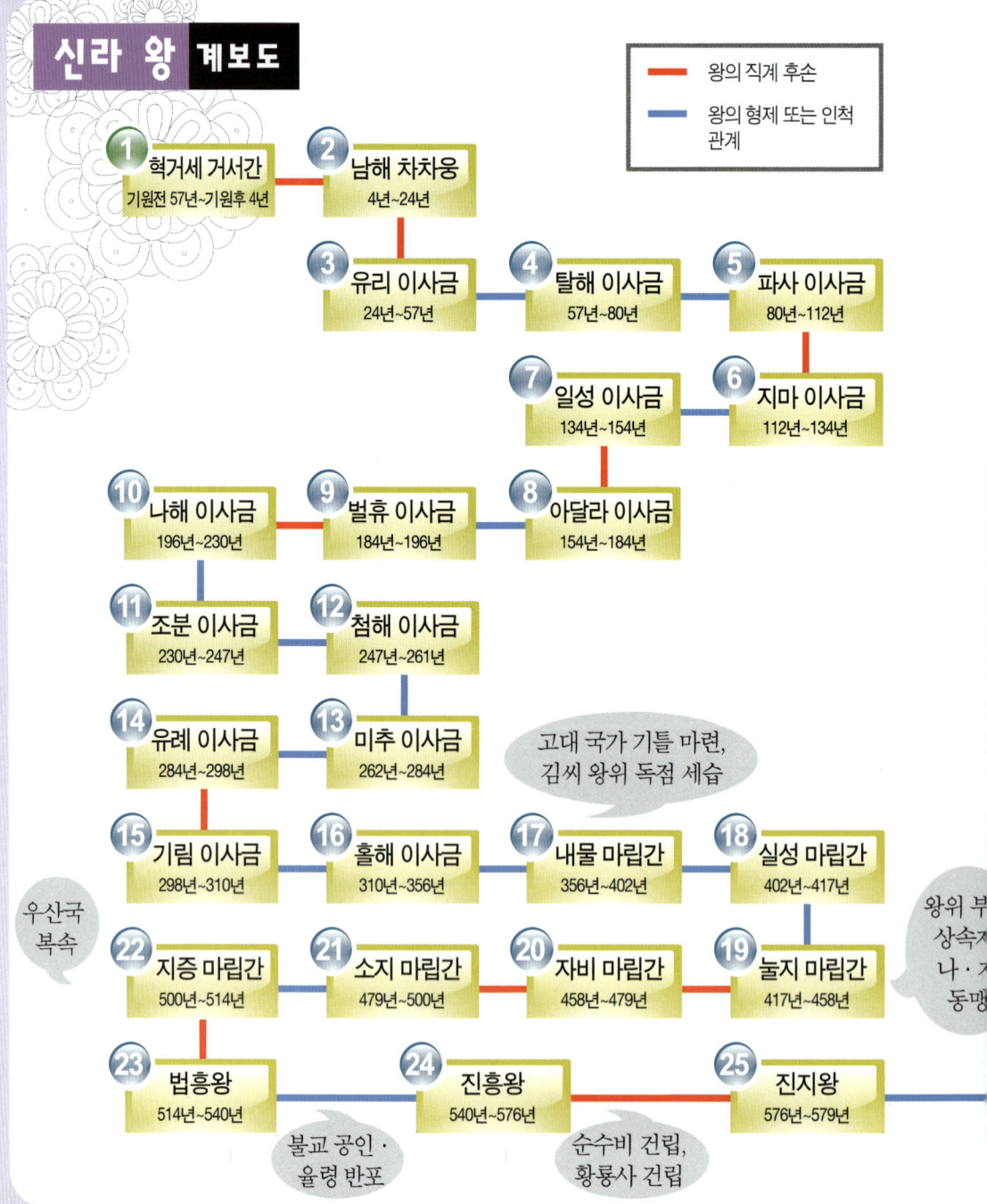

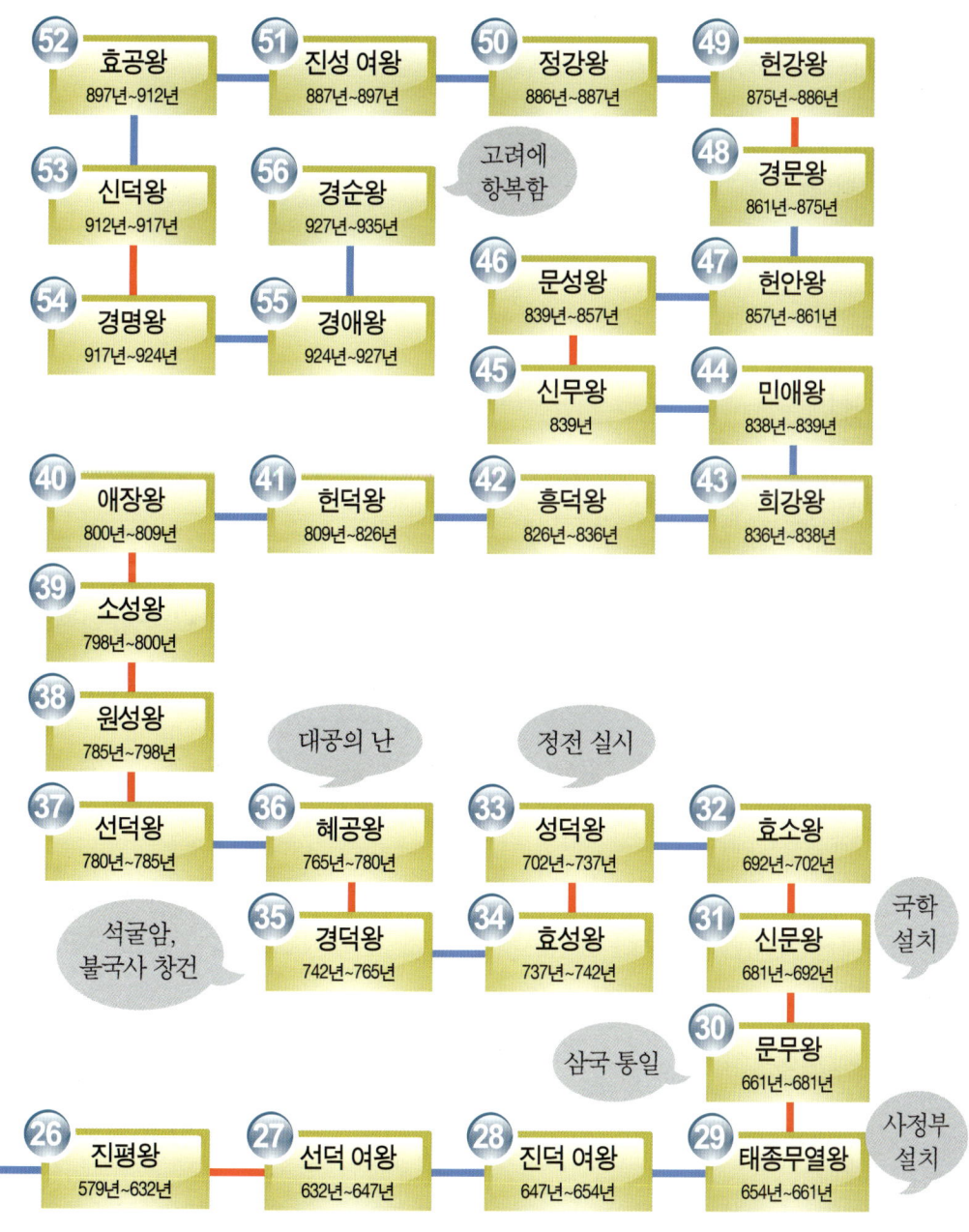

45 대제국을 세운 대조영

본명 · 대조영
직업 · 발해의 시조
출생 · 연대 미상
사망 · 719년

대조영은 고구려의 옛 땅을 회복하자며 고구려의 유민들을 모아 699년 발해를 건국하였습니다. 대중상의 아들로 태어난 그는 고구려가 멸망한 뒤, 당나라에서 고구려 사람들을 사방으로 흩어 놓으려는 분산 정책에 따라 랴오허(요하) 서쪽으로 이주하여 살았습니다. 그러나 당나라에서 고구려 유민들에 대한 억압 정책을 펴면서 지나치게 괴롭히자, 동지들을 모아 당나라에 대항하였습니다.

천문령(지금의 랴오닝 성과 지린 성의 경계에 있는 험준한 고개)에서 당나라 군사들을 크게 무찌른 뒤, 고구려 유민들과 말갈 사람들을 규합하여 698년, 지금의 중국 지린 성(길림성) 둔화(돈화) 지역 동모산 주변에 도읍을 정하고 나라를 세웠습니다. 새 나라의 이름은 처음에는 '진'이라 하고 연호를 '천통'으로 삼아 임금('가독부'라고 함)에 올랐습니다.

대조영은 임금(훗날 '고왕'이라고 불림)이 된 뒤, 당나라를 위협하던 돌궐과 손을 잡고 당나라에 대항하는 견제 세력을 형성하였습니다.

또한 한편으로는 고구려의 옛 영토인 만주 일대를 정벌하면서 영토를 넓혀 나갔습니다. 그러자 705년 당나라에서는 대조영에게 사신을 보내 친교를 맺자고 제의하면서 화해의 손길을 폈습니다. 이에 대조영도 아들 대무예를 사신으로 당나라로 보내 화친을 맺었습니다.

이렇게 대조영은 당나라와 겉으로는 친교를 나누면서, 속으로는 고구려가 다스리던 옛 영토를 되찾아야 한다는 생각을 굳혀 나갔습니다.

713년 당나라에서 대조영을 '발해군왕'으로 봉하자, 나라 이름을 '발해'라고 고치고 대제국을 향한 발판을 굳혔습니다.

이 시기 세계는

여황제가 통치한 중국
이 시기 중국은 당나라의 황후였던 무후가 대신들을 몰아내고 690년 스스로 황제 자리에 올라 10년 동안 여황제에 의해서 통치되었다. 유럽에서는 비잔티움 제국의 황제 레오 3세가 아르코리온 전투로 이슬람과의 오랜 싸움을 끝내고 광대한 영토를 지배하게 되었다.

46 번영의 기틀 다진 무왕

본명 · 대무예
직업 · 발해 제2대 왕
출생 · 연대 미상
사망 · 737년

무왕은 발해를 세운 대조영의 아들로, 719년에 등극하여 737년까지 18년 동안 나라를 다스렸습니다.

그는 아버지의 유업을 받들어 발해를 제2의 고구려로 일으키기 위해 노력하였습니다. 나라의 연호를 어진 정치로 편안한 생활을 추구하겠다며 '인안'으로 정하고 영토 확장에 힘을 모았습니다.

그가 임금에 올랐을 때 발해의 영토는 이미 중국의 랴오허(요하) 강과 동쪽의 시베리아 연해주 등 고구려의 옛 영토를 향해 힘차게 뻗어 가고 있었습니다. 사실상 고구려 전성기의 영토를 거의 회복해 가는 기세였습니다. 발해가 다스리는 영토나 나라의 위력이 옛날 고구려와 다를 바가 없었습니다. 그래서 당나라는 발해를 인정할 수밖에 없었습니다.

무왕은 발해의 이런 여건을 바탕으로 영토 확장과 친선 외교에 중심을 두고 일본과 문물을 교환하면서 나라를 발전시켰습니다. 그런 사실은 당시 일본에 보낸 친선 외교사절의 문서에 잘 나타나 있는데, 그 내용의 일부는 이렇습니다.

「우리 발해는 고려(고구려의 옛 이름)의 옛 땅을 회복하였고, 부여의 옛 풍속을 따르고 있다.」

이는 일본에 대해 발해가 고구려와 부여의 옛 전통을 이어받은 나라임을 분명히 밝혀 발해의 위상을 드높인 것입니다.

국력을 기른 무왕은 동생 문예를 시켜 흑수말갈을 공격하려 했으나 문예는 당나라가 강대하여 이길 수 없다 하며 오히려 당나라로 망명했습니다.

723년에 당나라 등주(덩저우 ; 산둥 반도에 있음)를 공격하여 당나라와의 분쟁이 시작되었습니다. 732년에 당나라는 신라와 다시 연합하여 발해를 공격하였으나 때마침 큰 눈이 내려 발해 공격은 실패로 끝났습니다.

발해의 번영과 발전에 주력

대조영의 아들로 왕위를 물려받아 '인안'이라는 연호를 사용하면서 발해의 번영과 발전을 다지고 일본과 문물을 교환하였다.

◀ 발해의 도자기

47 융성기를 맞은

문 왕

본명 · 대흠무
직업 · 발해 제3대 왕
출생 · 연대 미상
사망 · 794년

무왕의 아들로 737년 발해 제3대 왕으로 등극한 문왕은 794년까지 57년 동안 나라를 다스렸습니다.

그가 임금에 오를 때 발해는 북쪽으로 말갈, 서쪽으로 당나라, 남쪽으로는 한반도의 신라와 국경선을 맞대고 상당한 국력을 떨치고 있었습니다.

문왕은 당나라와 일본과의 외교에 힘쓰면서 번영을 누리는 방향으로 나라를 다스려 나갔습니다. 특히 당나라와의 친선 외교를 통해 문물 제도를 도입하여 제도를 개혁하고, 서적을 편찬하여 간행하였습니다. 발해의 특산품인 털가죽을 일본에 수출하고, 당나라에는 쌀 · 미역 · 소금 · 인삼 · 돼지 · 말 등을 수출하였습니다.

무역이 성행하면서 도로도 발달하였는데, 일본 · 중국 등으로 가기 위해 이어지는 큰길 다섯 개를 '5도'라고 불렀습니다.

한편으로는 국립대학 격인 주자감을 세워 학문과 교육을 장려하면서 나라

중흥에 힘을 쏟았습니다. 이로 인해 발해는 문왕이 등극한 이후 전성기를 이룩하면서 번영을 누렸습니다.

나라의 영토가 넓어지고 힘이 커지면서 안정기를 이룩하게 되자, 문왕은 도읍을 동모산에서 상경 용천부(지금의 흑룡강성 영안현 동경성)로 옮겼습니다.

문왕은 발해를 건국한 대조영과 제2대 무왕의 유업을 물려받아 나라의 기틀을 확고하게 다졌습니다. 군사 제도를 정비하여 남자는 누구나 군인이 되게 하여 군사의 숫자가 항상 10만 명을 유지하도록 하였고, 군사 조직을 10개 부대로 개편하였는데 각 부대의 단위는 '위'로, 이를 통틀어 '10위'라고 하였습니다.

이 시기 세계는

안녹산의 난 8년 만에 평정

이 시기 중국은 양귀비를 총애하는 당 현종에 맞서 지방 호인이자 절도사인 안녹산이 755년 반란을 일으켰지만 8년 만에 평정되었다. 유럽은 프랑크 왕국 제2대 국왕인 카롤루스 대제가 프랑크 왕국을 통일하고 771년부터 단독으로 통치함으로써 서유럽이 정치적으로 통일된다.

◀ 카롤루스 대제 동상

48 해동성국을 이룩한 선 왕

본명 · 대인수
직업 · 발해 제10대 왕
출생 · 연대 미상
사망 · 830년

선왕은 발해 제10대 임금으로 818년 등극하여 830년까지 나라를 다스렸습니다. 그는 대조영의 동생 대야발의 4세손으로, 임금에 오른 뒤 연호를 크게 일어나자는 뜻을 지닌 '건흥'으로 삼았습니다.

발해는 선왕 때에 이르러 크게 강성하여, 주변에 있는 여러 부족들을 차례로 정벌하면서 영토를 넓혀 나갔습니다. 동북쪽으로는 시베리아의 연해주, 북쪽으로는 헤이룽 강, 서쪽으로는 랴오허 강에 이르러 당나라와 국경을 맞대면서 만주 벌판을 다 차지하였으며, 남쪽으로는 신라의 북쪽 국경선과 경계를 이루었습니다. 이렇게 확장된 영토는 옛날 고구려 광개토대왕과 장수왕 때에 다스렸던 옛 영토를 모두 되찾은 것입니다.

영토를 넓히는 한편으로는 당나라의 문물을 받아들여 제도를 개선하였는데, 그 대표적인 경우는 전국을 5경 15부, 62개의 행정 구역으로 나눈 것입니다.

5경은 발해의 주요 대도시 다섯을 말하는데, 발해의 수도를 상경이라 하고,

처음 도읍지 동모산에서 가까운 화룡을 중경, 두만강의 유역의 훈춘을 동경, 함경도 북청을 남경, 옛 고구려의 국내성을 아우를 수 있는 임강을 서경이라고 했습니다.

15부는 지금의 각 시·도에 해당하고, 62주는 오늘날 지방의 읍·군에 해당하는 행정 단위였습니다. 각 부의 책임자는 '도독' 또는 '절도사', 각 주의 책임자는 '자사'라고 불렀습니다.

당나라와는 긴밀한 친선 관계를 유지하면서 나라를 발전시켜, 당나라로부터 동쪽에서는 가장 크고 강력한 나라라는 뜻인 '해동성국'이라는 칭송을 받았습니다.

해동성국을 이룩한 임금

대조영의 동생, 대야발의 4세손으로 왕위에 올라 연호를 '건흥'으로 정하고, 고구려의 옛 영토를 거의 회복하여 위대한 해동성국을 이룩하였다.

◀ 발해의 첫 도읍지였던 동모산

'해동성국' 발해의 번영

7세기 때 신라가 삼국을 통일한 뒤, 고구려의 장군 대조영은 고구려 유민들과 말갈족을 모아 길림성의 동모산에 도읍을 정하고 발해를 세웠습니다.

발해는 옛 고구려의 전통을 이어받는다는 기치 아래 만주 벌판에서 독자적인 세력을 구축하면서 강력한 나라로 발전하였습니다.

고구려-백제-신라가 한반도에서 삼국 시대를 이루었던 역사에 비추어 볼 때, 만주에서 일어난 발해의 등장으로 발해-신라의 남북국 시대가 열렸습니다.

8세기 초에 발해는 고구려의 옛 영토를 회복하여 드넓은 땅을 지녔고, 중국의 당나라와 마주할 만큼 강대국으로 번영하였습니다. 그때의 역사를 기록한 중국 역사책에는 '동북 지역의 여러 민족들이 모두 두려워 오금을 못 쓰면서 발해에 복종하였다'고 기술할 정도로 강력한 나라였습니다.

발해는 8세기에서 9세기에 걸치는 동안 동북아시아 지역을 다스렸던 강대국으로, 우리 민족으로서는 고구려에 이어 두 번째로 큰 나라로서 세력을 떨쳤습니다. 독자적인 연호를 사용하여 당나라와는 정치적으로 차별화를 분명히 하였고, 임금이 중심이 되어 통치하는 왕권의 전제화를 강화하여 영토 확장의 바탕을 마련하고, 친선 외교를 통하여 문화 교류를 하면서 나라를 번영으로 이끌었습니다.

10세기에 접어들어는 북쪽에서 일어난 강성한 나라 거란(몽골족의 일파)의 침략을 자주 받았으며 이때 발해는 이미 힘을 잃고 쇠약해져서 흔들리고 있던 때라 926년에 거란에게 수도를 빼앗기면서 무너지게 됩니다. 이로써 발해는 대조영이 건국한 뒤, 15명의 임금이 228년 동안 다스리다가 멸망하였습니다.

전국을 5경 15부, 62개 주의 행정 구역으로 나누어 다스릴 만큼 융성한 발해를 가리켜 당나라는 동쪽에서는 가장 강력한 큰 나라 '해동성국'이라고 찬사를 아끼지 않았습니다.

발해의 멸망은 역사적으로 볼 때 우리 민족이 만주 대륙을 잃어버리고 한반도에 한정되는 결과를 가져왔습니다.

거란은 발해의 땅에 동단국을 세웠는데, 그때 한반도 중앙에는 고려가 건국되어 있었으므로 발해의 귀족 유민들은 대부분 고려로 내려왔습니다.

▶ 발해의 석등

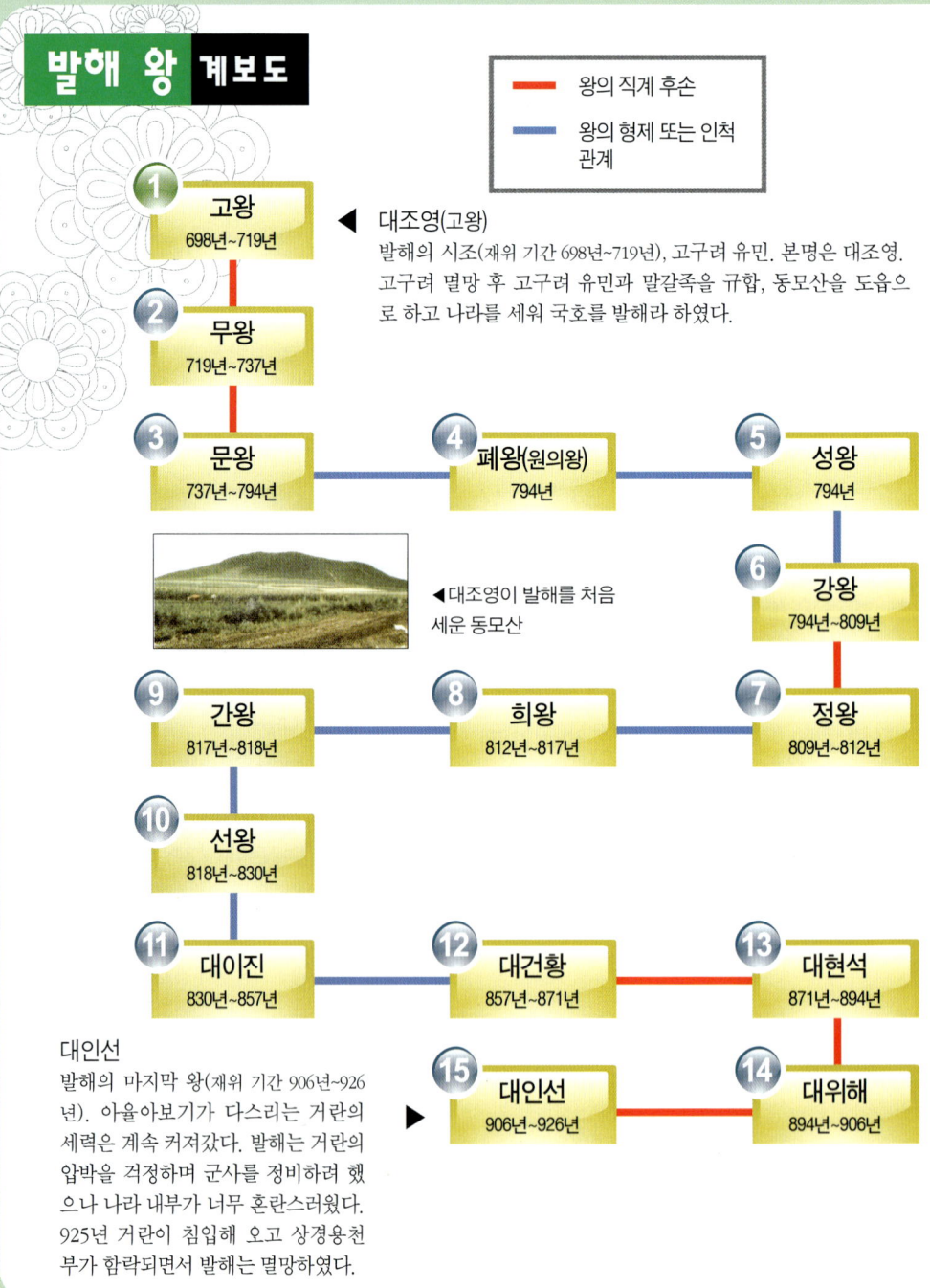

▲경주 분황사 석탑

▲ 발해 시대의 모전석탑(영광탑)

모전 석탑

돌을 벽돌처럼 만들어 쌓은 탑으로 신라 시대에 많이 나타나는데 분황사 석탑이나 안동의 모전 석탑과 발해의 영광탑의 방식이 매우 비슷합니다. 발해와 통일신라의 교류가 활발했음을 알 수 있습니다.

▶ 안동의 모전 석탑

지도로 보는 남북국 시대

▶ 나·당 전쟁과 신라의 삼국 통일

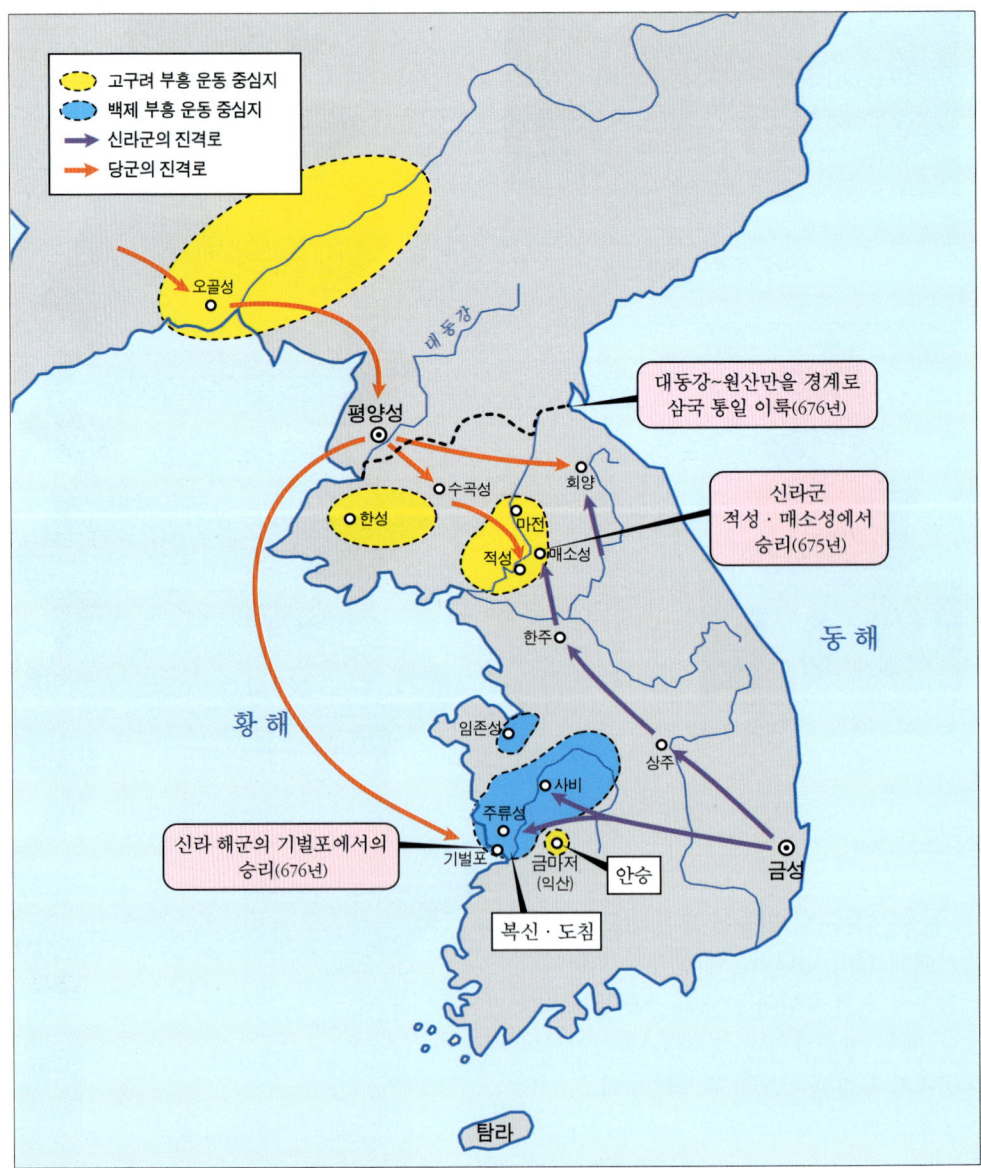

▶ 남북국의 대외 관계

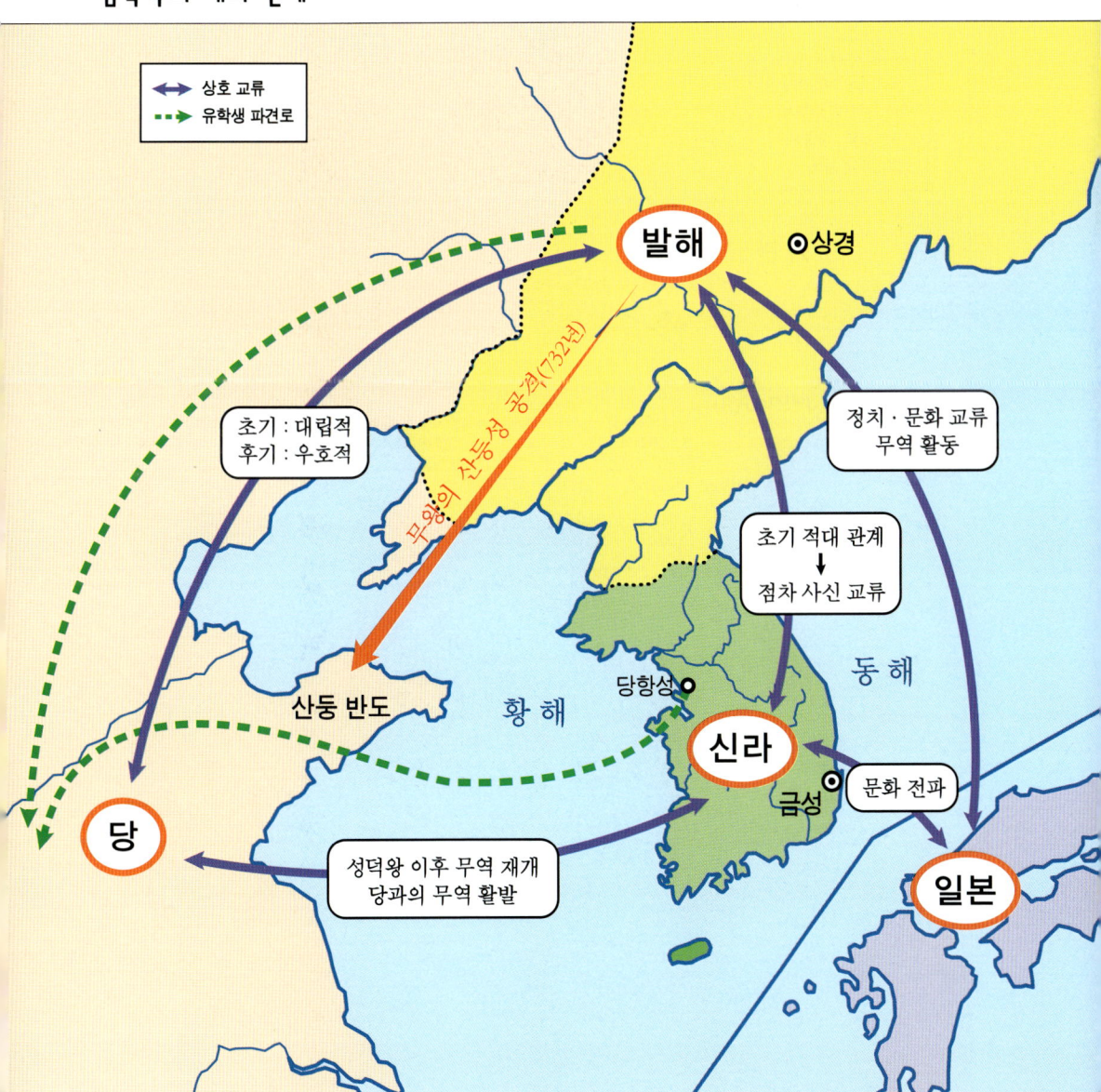

지도로 보는 남북국 시대

지도로 보는 남북국 시대

▶ 남북국의 무역

▶ 남북국 시대의 문화

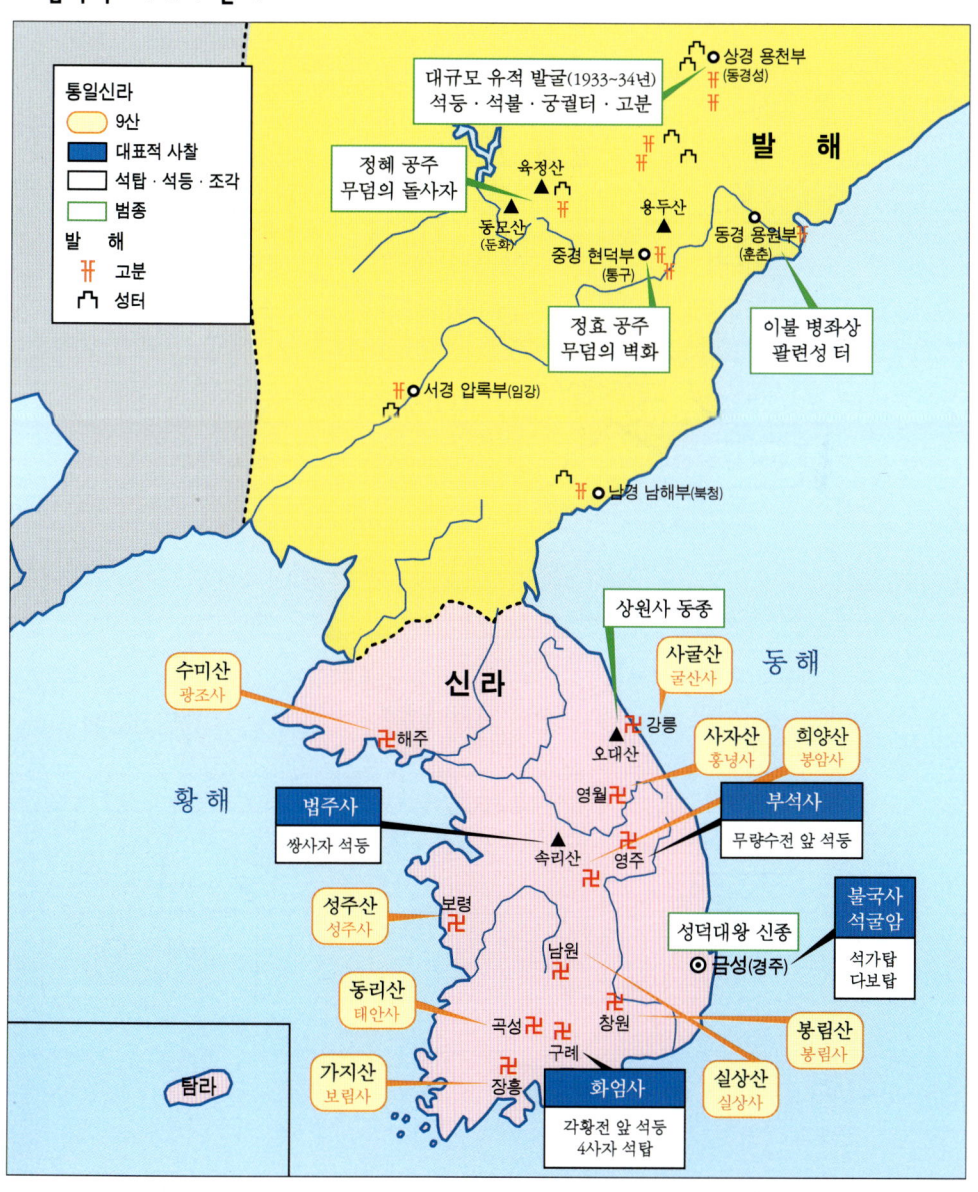

지도로 보는 후삼국 시대

▶ 후삼국의 성립

후삼국 시대의 나라들

후삼국 시대는 견훤이 세운 후백제, 궁예의 후고구려(태봉), 통일신라로 이루어져 있습니다.

후백제

후백제는 892년 견훤이 백제의 부흥이라는 뜻을 품고 세운 나라입니다. 당시 통일신라는 고구려와 백제 유민들을 제대로 통합하지 못하여 차별과 갈등이 있었고, 왕위 싸움까지 더해져 혼란을 겪고 있었습니다.

견훤은 상주 농민 출신의 신라 장수로 신라의 혼란을 틈타 세력을 키워 완산주(지금의 전주)에 도읍을 정하고 스스로 왕이 되어 나라를 세웠습니다. 후백제는 영토 확장에 힘쓰는 한편 중국, 일본과도 활발히 교류하며 나라의 기반을 닦았습니다. 궁예가 쫓겨나고 왕건이 고려를 세우자 고려와도 교류하고자 했습니다. 그러나 920년 견훤이 신라 대야성을 공격할 때 신라가 고려에 도움을 청하여 고려가 도움으로써 고려와 백제는 적대 관계가 되었습니다.

건국 초기 후고구려에 비해 세력이 약했으나, 궁예의 폭정으로 궁예가 쫓겨나고 왕건으로 왕이 교체되는 시기에 힘을 키워 강력해진 후백제는 신라를 침략하고 약탈을 일삼았습니다.

927년에는 신라를 더욱 압박하고자 수도 경주로 쳐들어가 경애왕을 죽이고 경순왕을 왕위에 올려놓았습니다.

고려의 왕건은 후백제가 수시로 신라를 침략하고 약탈하며, 심지어 왕을 죽이기에 이르자 이를 못마땅하게 여겨 군사를 이끌고 후백제를 공격하였습니다. 그러나 후백제의 군사가 너무 강해 패하고 말았습니다.

이후 후백제와 고려는 여러 차례 전쟁을 하게 되었는데, 처음에는 후백제가 고려와의 전쟁에서 우위에 있었습니다. 그러나 계속된 충돌로 후백제는 타격을 입어 열세에 놓이게 되었고, 934년 웅진 이북의 30여 개의 성을 함락당하게 되면서 국력이 급격히 쇠하기 시작했습니다.

▲금산사 : 신검이 부왕 견훤을 감금했던 곳

그러나 후백제가 흔들린 가장 큰 이유는 왕권 다툼으로 인한 내분이었습니다. 견훤은 자식들이 많았은데 그 중 특히 넷째 아들인 금강을 사랑하여 왕위를 물려주고자 했습니다. 그런데 첫째인 신검이 이를 알고 반란을 일으켜 금강을 죽이고 견훤을 금산사에 유폐하였습니다. 신검은 왕위를 찬탈하여 왕이 되었으나 나라는 혼란에 빠졌습니다. 견훤은 금산사에서 도망하여 고려에 귀순하여 고려와 힘을 합쳤습니다. 936년 신검이 이끈 후백제는 왕건과 견훤이 이끄는 대군에게 대패하면서 건국된 지 45년 만에 멸망하였습니다.

▲ 금산사 미륵전의 화려한 단청

후고구려

후고구려는 후삼국의 하나로 신라 말기인 901년 궁예에 의해 세워졌습니다. 궁예는 세달사의 스님으로 신라의 왕족이었던 것으로 알려져 있습니다. 신라 말기는 왕권이 약화되고 귀족들의 찬탈이 심해져 백성들은 굶주리고 국력은 쇠퇴해 갔습니다. 신라 왕실은 더 이상 힘을 발휘하지 못했으며, 백성들은 나라를 향한 신뢰를 잃었습니다. 이러한 때에 궁예는 고구려 부흥의 뜻을 가지고 세상에 나오게 됩니다.

궁예는 892년 북원(지금의 원주)의 양길의 부하로 들어가 세력을 키워 894년에는 자기 세력을 갖게 되었습니다. 또한 895년, 송악의 호족인 왕건 부자가 궁예의 부하가 되었습니다. 왕건은 궁예의 영토 확장에 큰 역할을 하여 많은 영토를 차지할 수 있었고, 900년에는 양길이 차지한 땅을 빼앗았습니다. 영토를 확장한 궁예는 901년 송악에 도읍을 정하고 후고구려를 세워 스스로 왕이 되었습니다.

▲국만봉 : 궁예가 왕건을 피해 넘었다는 산

고구려의 부흥을 내세운 궁예의 후고구려는 나라의 기반을 닦아 가며 904년 국호를 마진, 연호를 무태로 바꿉니다. 905년에는 도읍을 철원으로 옮기며 연호를 성책으로 바꾸고, 911년 연호를 다시 바꿔 수덕만세라 했으며, 국호는 태봉이라 했습니다. 이후 914년에는 연호를 정개라 했습니다.

▲궁예가 왕건을 피해 숨었던 포천의 연평천

같은 시대의 후백제나 신라에 비해 더욱 큰 세력을 형성하며 강원도, 경기도, 황해도의 대부분 지역과 평안도와 충청도 일부 지역의 넓은 영토를 차지하여 국가의 기반을 닦은 궁예는 점차 자기도취에 빠져 스스로를 미륵불이라 칭하며 마치 자신이 부처인 것처럼 행동했습니다.

또한 큰 궁궐을 지으며 백성들을 삶을 궁핍하게 만들었습니다. 궁예는 점차 폭군으로 변해 왕에게 간언하는 무고한 신하들을 죽였으며, 부인과 두 아들까지 죽이는 끔찍한 일들을 저질렀습니다.

궁예의 잔혹한 정치와 사치스런 생활로 인해 나라가 어려움에 빠지고 민심이 돌아서자 918년 신하들은 궁예를 몰아내고 백성들의 신망을 받는 왕건을 새로운 왕으로 세웠습니다.

고구려의 부흥이라는 큰 뜻을 갖고 901년에 세워진 후고구려는 궁예의 잔혹한 정치로 인해 18년 만에 멸망하였습니다. 궁예는 백성들에게 맞아 죽는 처참한 최후를 맞이했습니다.

49 민족의 재통일 이룬
왕 건

본명 · 왕건
직업 · 고려의 태조
출생 · 877년
사망 · 943년

고려 태조 왕건은 개성의 호족인 왕융의 아들로 태어나, 후삼국의 하나인 후고구려(뒷날 '태봉') 궁예의 부하로 있었습니다. 그러나 궁예가 나라를 잘못 다스리는데다 날로 사나워져 가자, 배현경, 복지겸, 신숭겸, 홍유 등 신하들이 쿠데타를 일으켜 왕건을 새로운 왕으로 추대했습니다.

918년 왕건은 고려를 건국하여 943년까지 25년 동안 나라를 다스리면서 500년 왕조의 초석을 닦았습니다.

왕건은 연호를 '천수'라 하고 수도를 철원에서 개성으로 옮기고, 관리 제도를 개선하면서 나라의 기틀을 닦았습니다. 융화 정책, 북진 정책, 숭불 정책을 건국 이념으로 삼아 나라를 다스려 나갔습니다. 재산이 많고 세력이 있는 지방의 호족들을 끌어들여 유대 관계를 돈독하게 하면서 통치권을 강화하고 세력을 키웠습니다.

대제국 고구려의 전통을 계승하자고 외친 그는 서경(평양)을 매우 중요하게 여겨 대도호부로 승격하고 사촌 동생을 책임자로 보내 개발하도록 하였습니다.

발해의 유민들을 받아들이는 한편, 여진을 공격하여 영토 확장에 힘을 기울였습니다. 935년에는 스스로 항복해 온 신라 경순왕을 맞아 평화적으로 합병하였으며, 또한 항복한 견훤에 이어 신검이 이끄는 후백제도 공격하여 멸망시켰습니다.

이로써 후삼국을 평정한 그는 나라를 안정시키면서 문화를 꽃피우는 데 힘썼습니다.

일찍이 불교를 국교로 허용하고 숭상해 온 그는, 개경에 법왕사·왕륜사 등을 비롯하여 여러 절을 세워 불교를 나라의 종교로서 분명히 하였습니다. 그리고 왕들이 나라를 다스리는 데 기본이 되는 '훈요 10조'를 교훈으로 남겼습니다.

능은 개성 현릉이며, 시호는 신성입니다.

"대제국 고구려를 계승하자!"

난폭한 태봉의 궁예를 몰아내고 고구려를 계승하자고 일어선 고려 태조 왕건. 신라를 평화적으로 합병하고 민족의 재통합을 이룩했다.

◀ 왕건 등신대 청동상

50 제도 개혁을 단행한
광종

본명 · 소
직업 · 고려 제4대 왕
출생 · 925년
사망 · 975년

고려 태조 왕건의 넷째 아들로 정종의 뒤를 이어 임금이 된 광종은 949년부터 975년까지 나라를 다스렸습니다.

고려는 태조가 세상을 떠난 뒤, 여러 왕자들 뒤에서 외척들이 외손자를 임금에 추대하려는 왕위 다툼을 매우 치열하게 펼쳐 조정 안팎이 무척 시끄러웠습니다. 그런 혼란 속에서 태조의 큰아들 혜종이 제2대 임금이 되었으나 시해 음모에 시달리다가 2년 만에 갑자기 죽고, 혜종의 이복동생 정종이 제3대 임금에 올랐으나 그도 4년 만에 죽고 말았습니다.

왕위 다툼 속에서 친형인 정종에 이어 임금에 오른 광종은 권력을 누리며 왕실을 문란케 만든 귀족과 호족·외척들을 억누르고, 백성들을 위한 정치를 폈습니다. 이로써 광종이 정종의 대를 이으면서 시끄럽던 왕위 다툼은 잠잠해졌습니다.

광종 7년인 956년 노비안검법을 만들어 노예와 종들을 해방시키고 그들의 권리를 보호해 주는 데 힘을 쏟았습니다.

958년에는 중국 주나라에서 귀화한 쌍기의 제안에 따라 과거 제도를 실시하여 능력 있는 인재들을 등용시키는 현명한 정치를 하였습니다. 그러나 과거 제도는 문신과 무신들을 차별하게 되는 모순을 일으키면서 고려 중기 이후 심각한 후유증을 안겨 주게 됩니다.

관복 복제를 새로 정하여 관리들의 위상을 드높였고, 개경의 이름을 황도라고 바꾸고 서경을 서도라고 고쳤으며, 또 동북 및 서북 지방을 개척했습니다.

제도 개혁으로 나라의 기틀을 잡은 광종은 말년에 가서 어진 신하들의 바른 말도 듣지 않고, 죄 없는 무고한 신하들을 죽이는 등의 폭력적인 정치로 나라에 혼란을 일으켰습니다.

이 시기 세계는

신성로마제국 출현

이 시기 중국은 송나라가 건국(960년)되었으며, 유럽에서는 교황 요한 12세가 962년 로마에서 오토 1세에게 황제의 제관을 씌워 신성로마제국이 출현하였으며, 이때부터 독일 국왕은 황제의 칭호를 얻게 되었다. 그러나 교황 요한 12세는 이듬해 오토 1세에게 파면당하여 황제에 의해 폐위된 최초의 교황이 되었다.

51 안정기를 이룩한 성종

본명 · 치
직업 · 고려 제6대 왕
출생 · 960년
사망 · 997년

고려 태조 왕건의 손자이자 대종 욱의 둘째 아들로 경종의 뒤를 이어 제6대 임금이 된 성종은 981년부터 997년까지 나라를 다스리면서 각종 제도 개혁을 단행하였습니다.

성종은 제5대 임금인 경종이 즉위 6년 만에 건강이 위독하자 등극한 왕으로, 고려 초기부터 부분적으로 단행되어 온 여러 가지 제도들을 정비하기 시작했습니다.

대신들에게 임금이 하는 정치의 옳고 그른 점을 글로 써서 올리게 하였는데, 최승로 등 유학자들의 건의로 제도 개혁의 새바람이 불게 되었습니다.

이때 이루어진 개혁의 특징은 중앙의 정치 기구로 내사성·문하성·상서성의 3성과, 이부·예부·호부·병부·형부·공부의 6부 및 도병마사 등을 설치한 것입니다. 이부는 종무, 예부는 예의와 외교, 호부는 인구와 경제, 병부는 군사, 형부는 법률과 형벌, 공부는 건설과 공예 등을 전담하는 중앙 관서입니다.

토지 제도를 개혁하여 토지를 나라에서 관리하는 공전, 개인들이 소유하는 사전으로 엄격하게 구분하였으며, 이들 토지에 대한 납세와 백성들의 세금 제도도 개정하였습니다. 농기구도 개량하여 농업을 장려했습니다.

교육 제도의 개혁으로는 학교를 세웠는데, 중앙에는 지금의 국립종합대학인 국자감을 설치하여 과거 시험에 응시할 지방 학생들이 개경으로 와서 공부하게 하였습니다.

국자감에서는 개인의 소질과 능력에 따라 국자학, 태학, 사문학, 율학, 서학, 산학을 가르쳤습니다.

이를 '경사 6학'이라고 하여 장래 높은 관직에 나아갈 사람들은 반드시 이 과정 중의 하나를 전문적으로 공부하게 하였습니다.

이 시기 세계는

▲ 키에프 전경

키에프공국 출현

이 시기 중국에서는 송 태종이 중국을 통일한다(979년). 유럽에서는 노르만 족인 노브고로트 공이 키에프를 점령, 키에프공국을 세워 10세기 말까지 오늘날 러시아 땅인 드네프르, 볼가 두 강의 유역을 중심으로 많은 나라를 지배하였다. 또 노르만 족의 일족인 바이킹은 983년 세계에서 가장 큰 섬인 그린란드로 가는 항로를 개척하였다.

52 거란을 물리친 장군
서 희

본명 · 서희
직업 · 고려의 장군, 외교가
출생 · 942년
사망 · 998년

고려 성종 12년 10월의 어느 날이었습니다.

"거란 군사들이 서북쪽 청천강으로 침략해 오고 있다."

고려 조정에서는 긴급 사태를 맞아 군신 회의를 열었습니다. 거란이 서경 부근까지 침략해 들어와 항복하라고 고려를 위협하자, 고려 조정에서는 서경 이북의 땅을 내주어 화해하자는 의견들이 쏟아졌습니다. 그때 서희는 거란 적장이 보낸 편지를 보았습니다.

「우리는 고구려의 옛 땅에 나라를 세우고 주변의 모든 나라들을 다 합병하였다. 이에 아직 복종하지 않은 나라는 기어이 소탕할 것이니 속히 항복하라!」

서희는 임금에게 홀로 반대를 아뢰고 어명을 받아 적진으로 혼자 들어가 적장 소손녕과 마주 섰습니다.

"당신의 나라 고려는 신라에서 일어났지만, 우리 거란은 고구려 땅에서 일어났다. 그러므로 고구려의 옛 영토는 우리 것이니 내놓아라!"

소손녕의 일방적인 요구에 서희는 반론을 제기하였습니다.

"그렇지 않다! 우리 고려는 바로 고구려의 후신으로 이름도 고려다. 우리는 고구려의 옛 땅을 지킬 뿐이며 결코 침략한 일이 없다. 우리가 거란과 화친하지 못하고 있는 것은 국경 지대에서 노략질하는 여진이 길목을 가로막고 있기 때문이다. 여진만 소탕하면 그대 나라와 교역할 것이다."

소손녕은 이 말에 수긍하고, 더 이상 말싸움이 필요 없다고 판단하여 군사를 되돌려 돌아갔습니다. 다음 해 청천강 이북의 여진족을 모두 몰아내고, 압록강 동쪽의 흥화진·용주·철주·통주·곽주·귀주를 개척하여 6성을 쌓았습니다('강동 6주' 획득).

이 시기 세계는

송나라의 건국
이 시기 중국은 신하들이 후주의 최고 사령관인 조광윤을 옹립하여 평화적으로 새로운 왕조인 송나라가 건국되었다. 한편 유럽에서 노르만 족의 일족인 데인인의 국왕 크누트가 잉글랜드를 침략했다. 데인인은 오늘날 덴마크인들로 잉글랜드 정복으로 덴마크는 노르웨이와 잉글랜드를 합친 대연합국을 건설하였다.

53 귀주 대첩의 명장
강감찬

본명 · 강감찬
직업 · 고려의 장군, 문신
출생 · 948년
사망 · 1031년

강감찬은 고려 성종 3년인 983년 갑과에 장원 급제하여 관직에 오른 뒤 예부시랑을 맡고 있었습니다.

1010년 11월, 거란 왕이 40만 대군을 동원하여 압록강을 건너 고려로 침략해 들어왔습니다. 고려 조정에서는 강조에게 30만 대군을 주어 거란군을 격퇴하라고 명하였는데, 강조는 거란군과 싸우다가 포로로 잡히는 등 크게 패하고 말았습니다. 위기에 빠진 고려 조정에서는 항복하자는 의견들이 많았으나, 강감찬은 홀로 항복을 반대하고 현종을 남쪽으로 급히 피신시킨 뒤, 하공진을 거란 진영으로 보내 화평을 하자고 제안하였습니다.

"고려 임금이 멀리 피신하였다 하니, 우리나라를 직접 찾아와 문안을 드린다는 조건으로 철군하겠소!"

거란 성종은 고려의 제의를 받아들이고 물러갔습니다. 나라를 위기에서 구한 강감찬은 그 뒤 한림학사, 승지, 이부상서 등의 높은 벼슬을 지냈습니다.

강감찬이 서경유수로 임명되자 거란은 또다시 트집을 잡고 고려의 강동 6주를 내놓으라고 요구하였는데, 강감찬은 이를 단호히 거절하였습니다. 그러자 거란은 1018년 소배압이 10만 군사를 몰아 고려를 침공하였고, 강감찬은 70세의 고령으로 군사를 이끌고 의주 흥화진으로 진군하였습니다. 그는 쇠가죽을 연결하여 삽교천을 임시로 막고 적군을 유도하여 삽교천을 건널 때 막았던 강둑을 터서 거란군을 거의 몰살시킨 뒤, 살아서 도망치던 거란 군사들을 귀주에서 완전 소탕하여 전멸시켰습니다.

강감찬이 개선할 때 현종은 친히 마중 나가 영접하며 공을 높이 치하하였습니다. 시호는 인헌입니다.

거란의 두 차례 침략 물리쳐

키가 작고 얼굴이 못생긴 강감찬은 적군 앞에서는 용맹함을 떨쳤다. 거란의 두 차례 침략을 격퇴하여 다시는 넘보지 못하게 기를 꺾어 버렸다.

◀ 강감찬 흉상

54 변방에 9성을 쌓은

윤 관

본명 · 윤관
직업 · 고려의 장군
출생 · 연대 미상
사망 · 1111년

윤관은 문종 때 문과에 급제한 뒤 벼슬길에 나가 선종 때 합문지후에 올라 여러 벼슬을 지내고, 숙종 때 외교사절로 요나라를 다녀왔으며, 1104년 추밀원사로서 여진족을 섬멸하는 행영병마도통에 임명되어 변방 지역에 파견되었습니다.

별무반을 조직하여 군대를 양성하고, 예종 2년인 1107년에 여진 정벌을 전담하는 원수가 되어, 부원수 오연총과 함께 17만 대군을 이끌고 함경도 동북 지방으로 나가 여진족과 싸웠습니다.

윤관은 이때 여진족을 내쫓으면서 함주, 영주, 웅주, 복주, 길주, 공험진, 숭녕, 통태, 진양 9곳에 차례로 성을 쌓으니, 이것이 동북 9성입니다.

두만강 건너로 도망쳤던 여진족이 다시 침범하여 윤관이 이들과 대결하였으나 싸움에 밀렸습니다. 이에 여진족이 9성을 내놓으라고 윽박지르자 조정에서는 이들을 물리칠 묘안이 없다며 화해 조정을 위한 협상을 하게 되었습니다.

이때 윤관은 모함을 받아 모든 벼슬은 물론 공신 칭호마저 박탈당하고 말았습니다.

그 뒤 예종 5년인 1110년에 왕은 다시 윤관에게 벼슬을 내렸습니다.

네 명의 임금을 모시며 변방을 지킨 윤관은 모함을 받아 삭탈관직 당했다가 복권되어 나라에 충성한 거인 명장이었습니다.

시호는 문숙이며, 예종의 묘정(사당)에 배향되었습니다.

여진족 정벌에 청춘을 보낸 장군

함경도 일대를 침범하던 여진족에 맞서 네 임금을 모시며 변방을 지킨 윤관. 모함을 받아 삭탈관직 당했다가 복권되어 나라에 충성한 거인 명장이었다.

◀ 윤관 동상

55 왕자로 스님이 된 의천

본명 · 왕후
직업 · 고려의 스님
출생 · 1055년
사망 · 1101년

어린 나이에 왕자의 길을 버리고 출가하여 스님이 된 의천은, 고려 제11대 임금 문종의 넷째 아들입니다. 11세 때 스님이 된 그는 영통사에서 난원의 가르침을 받았으며, 원융 · 선적 등 학식과 덕망이 높은 여러 스님들과 함께 불경을 연구하면서 불법을 강론하였습니다.

의천이 13살이 되자 그를 스님들을 다스리는 승통에 임명하면서 '우세'라는 법호를 내렸습니다. 그는 송나라로 유학을 떠나겠다고 아버지 문종에게 허락을 요청하였으나 거절당한 뒤, 선종 즉위 후 남루한 옷차림으로 변장하고 몰래 장삿배를 타고 송나라로 들어갔습니다.

그는 송나라 철종의 눈에 들어 환대를 받으면서 계성사에 들어가 당대 고승이었던 유성 법사에게서 화엄종 · 천태종의 진리를 배운 뒤, 상국사 · 흥국사 등 여러 절을 돌면서 정원 법사 · 자변 대사 등으로부터 불교 공부를 하였습니다.

송나라에서 '해동석가'라는 명성을 얻은 의천은 친형 선종과 어머니 인예왕후의 간절한 부름을 받고 불교 경전과 서적 4700여 권을 가지고 귀국하여 개경에 새로 세운 흥왕사 주지가 되었습니다.

그는 어머니의 원찰로 세운 국청사 주지로 있으면서 천태종을 강의하는 한편, 송나라에서 가져온 서적을 번역하여 《고려속장경》을 펴냈습니다.

1095년에 숙종에게 화폐 제도를 만들어 시행하도록 건의하여 경제 발전과 백성들의 생활에 큰 혜택을 주었습니다.

여러 갈래로 흩어져 있던 고려 불교와 신라 불교를 하나의 종파로 통일하여 한국 불교사상 획기적인 업적을 이룩하였습니다. 그는 '해동천태시조 대각국사'로 추앙받고 있습니다.

왕자로 출가, 천태종의 시조

문종의 넷째 아들로 태어난 의천은 11살의 나이로 출가하여 스님이 되고, 13살 때 스님을 다스리는 승통이 되었다. 송나라에 유학하고 돌아와 천태종을 일으켰다.

◀ 의천 영정

56 《삼국사기》를 쓴 김부식

본명 · 김부식
직업 · 고려의 학자, 문신
출생 · 1075년
사망 · 1151년

고려 숙종 1년인 1096년에 과거에 급제하여 사록 · 참군사 등의 벼슬을 거치면서 실력을 인정받은 김부식은, 예종 때 궁중 학문기관인 청연각에서 임금에게 주역과 상서를 강의하면서 통치의 올바른 길을 밝혀 주었습니다.

그러나 그가 고려 정치 무대에서 이름을 떨친 것은 1122년 인종 때부터였습니다. 인종이 즉위한 뒤 권신 이자겸이 자기의 셋째 딸과 넷째 딸을 인종의 왕비로 만들어 권력을 흔들기 시작하자, 김부식이 이를 강력하게 저지하면서 대신과 학자들에게 신망을 얻었습니다.

인종은 예종의 아들인데 어머니는 바로 이자겸의 딸이었습니다. 딸들이 두 임금의 왕비였으니 이자겸의 권세를 감히 나무랄 사람이 없었던 때에 김부식이 부당함을 지적하면서 가로막은 것이었습니다. 《예종실록》 편수관이 되고, 예부시랑 벼슬에 오른 김부식은 외손자를 손에 쥐고 왕위까지 넘보던 이자겸을 몰아내고 유능한 인재들을 천거하여 등용할 수 있게 이끌었습니다.

인종 12년 묘청이 도참설로 왕을 설득하면서 수도를 서경(평양)으로 옮기도록 간계를 꾸미다가 뜻을 이루지 못하자 반란을 일으켰는데, 이를 '묘청의 난'이라고 합니다.

김부식은 총사령관이 되어 정지상·백수한·김안 등을 반란군 가담자로 죽이고, 김부의·이주연 등과 함께 반란군을 토벌하여 1년 2개월 만에 묘청의 난을 평정하였습니다.

집현전 태학사 등을 지내다가 1145년 벼슬에서 물러나 지금까지 남아 있는 우리나라에서 가장 오래된 역사책인 《삼국사기》 편찬에 착수하여 전 50권의 대작업을 끝냈습니다.

《예종실록》, 《인종실록》 편찬도 지도한 김부식은 77세를 일기로 세상을 떠났습니다.

가장 오래된 한국 역사책 편찬

고려의 충신이자 학자인 김부식은 묘청의 난을 평정하여 정국공신이 되었고, 한국 최고의 역사책 《삼국사기》를 편찬하여 삼국 시대의 역사를 전해 주고 있다.

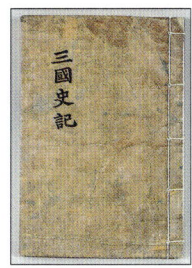

◀ 《삼국사기》

57 《삼국유사》를 쓴 일연

본명 · 김견명
직업 · 고려의 스님, 학자
출생 · 1206년
사망 · 1289년

일연은 경북 경산 사람으로 본 이름은 김견명이었습니다.

9세 때 해양(광주) 무량사로 들어가 공부하다가, 14세 때 설악산 진전사로 출가하여 스님이 된 뒤 불경을 공부하였으며, 1227년 22세 때 과거 시험 승과에 장원 급제하고 계속 수도에 정진하였습니다.

그 뒤 1246년에 선사가 되고, 1259년에 다시 대선사가 되었으며, 1261년(원종 2)에 임금의 부름을 받아 선월사 주지가 되어 고려의 보조국사였던 지눌(생몰년 ; 1158~1210)의 법통을 계승하였습니다.

1268년에는 왕의 명으로 해운사에서 당시의 고승 100여 명을 모아 놓고 대장경낙성 회향법회를 개최하여 이름을 떨쳤고, 충렬왕 3년에는 청도 운문사 주지로 왕에게 법문을 강설하기 시작하면서 국존으로 책봉되어 원경충조 칭호를 받았습니다. 그러나 1283년 어머니의 봉양을 위해 벼슬을 떠나 고향으로 내려가 늙은 어머니를 극진히 모셨습니다.

어머니가 세상을 뜨자 나라에서 경북 군위에 인각사 절을 지어 주고 토지를 내려 학문 연구에 힘쓰도록 배려하였습니다.

그는 이 절에서 100여 권의 서적을 편찬하였는데, 그 가운데서도 《삼국유사》는 우리나라의 고대 신화, 전설, 설화, 시가, 불교 관련 이야기 등을 다양하게 담아 한국 고대사 연구와 국문학 연구에서 최고의 문헌으로 꼽힙니다.

김부식의 《삼국사기》는 역사를 정리한 정사라 하고, 일연의 《삼국유사》는 신화와 전설·일화 등을 기록한 야사라고 표현합니다. 두 책은 한국 고대사 연구의 쌍벽을 이루는 서적으로 꼽습니다.

고대사 연구에 큰 업적 남겨

고려 말기의 종교학자. 스님 일연은 고대사를 정리한 《삼국유사》를 편찬해 김부식의 《삼국사기》와 함께 한국 고대사 연구에 쌍벽을 이뤘다.

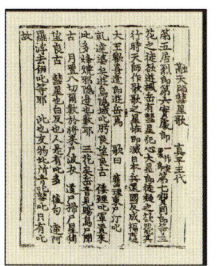

◀ 《삼국유사》

58 삼별초의 영웅
배중손

본명 · 배중손
직업 · 고려의 장군
출생 · 연대 미상
사망 · 1271년

"**몽**골의 침략 정책이 계속되는 한 개경으로 환도할 수 없다!"

고려 원종 11년 1270년, 강화도에서 개경으로 환도를 단행할 때 반대한 세력이 배중손이 이끄는 삼별초입니다.

삼별초는 본래 무신 최이(최우)의 사병을 말하는데, 처음에는 도둑을 잡기 위해 설치한 야별초에서 시작하였습니다. 날이 갈수록 그 숫자가 많아짐에 따라 좌별초 · 우별초로 나뉘고, 몽골에 포로가 되었다가 돌아온 병사들이 신의대를 편성하여 합쳐지면서 삼별초라고 부른 것입니다.

원종은 개경으로 환도하면서 몽골에 반대하는 세력을 없애기 위해 삼별초의 해산을 명령하였으나, 배중손은 노영희 등과 함께 왕족인 승화후 온을 왕으로 추대하며 강화도에서 왕의 명을 거역하였습니다.

그러나 개경으로부터 오는 집요한 해산 공세에 이탈자들이 생기고 해산 압력도 거세어지자, 배중손은 1000여 척의 배를 동원하여 삼별초를 전남 진도로 이

동시켜 궁궐을 짓고 근거지를 마련하면서 항몽 의지를 더욱 굳게 밝혔습니다.

　배중손은 나주·전주까지 진출하며 관군들과 싸워 승리를 거두고 항몽을 외치면서, 삼별초의 해상 왕국을 구축하였습니다.

　1271년 고려 왕실은 날로 세력을 떨치는 삼별초를 무너뜨리는 일이 급하여 상장군 김방경과 몽골의 홍다구가 이끄는 연합군을 편성하여 진도를 공격하였습니다.

　승화후 온은 홍다구에게 살해되고, 배중손은 전사하였습니다. 이후 삼별초 잔여 세력은 제주도로 옮겨 계속 항쟁하다가 1273년 모두 평정되었습니다.

고려 항몽 역사의 큰 업적 남겨

고려 고종 때는 몽골과의 40년 전쟁으로 나라와 백성들이 엄청난 수난 시대를 겪었다. 삼별초를 이끌고 강화에서 진도로 내려가며 몽골에 항쟁한 배중손은 당대의 영웅이었다.
(배중손의 사당 정충사는 진도군 임회면 굴포리 소재)

59 문신 우대에 항거한

정중부

본명 · 정중부
직업 · 고려 말기의 무신
출생 · 1106년
사망 · 1179년

정중부는 기골이 장대하여 인종(고려 제17대 임금) 때 견룡대정으로 발탁된 이래, 의종(고려 제18대 임금) 때 교위를 거쳐 상장군에까지 오른 인물이었습니다.

견룡대정은 임금의 친위부대인데, 어느 날 김부식의 아들 돈중이 촛불로 정중부의 수염을 태우자 그를 때려눕혔다가 김부식으로부터 노여움을 받았으나 임금의 만류로 화를 면하였습니다.

당시 문신과 무신 사이에는 갈등이 있었는데 크고 작은 잔치 때마다 문신들은 음식을 들면서 즐기는데, 무신들은 경비만 세우는 등의 차별 대우를 계속 받았기 때문입니다.

이런 일들로 불만을 품어 온 정중부는 드디어 무신들도 인간이라며 모의를 꾸미고 있었습니다. 마침 의종이 보현원으로 행차하여 연회를 베풀고 있을 때, 늙은 무신 이소응이 젊은 문신 한뢰에게 뺨을 맞는 모욕적인 장면을 보고, 이의방·이고 등과 함께 문신들을 죽이고 왕을 폐하고 왕의 동생인 호를 명종(고려 제19대 임금)으로 세우고 정권을 잡았습니다. 이것을 '정중부의 난'이라고 합니다.

정권을 잡은 정중부는 의종은 거제도로, 태자는 진도로 유배시키고 남은 문신들도 숙청한 뒤, 이의방·이고 등 무신들의 계급을 올려 주고 무단 정치를 펼쳤습니다. 고려는 이때부터 무신 정치가 시작되면서 문화의 암흑 시대로 접어들었습니다.

명종 4년 김보당·장순석 등이 무신정권 타도를 외치며 의종의 복위를 들고 나오자 이들을 반란자로 죽이고 의종도 살해하였습니다. 1175년 벼슬에서 물러난 그는 1179년에 젊은 무신인 경대승에게 일가족이 몰살되는 참사를 당하고 말았습니다.

무신 반란 일으켜 조정에 경고

문신 우대, 무신 천대의 골이 깊었던 고려. 물고 늘어지는 처절한 횡포가 이어지고 무신들의 반란으로 엄청난 피를 뿌렸다. 그 반란의 한복판에 섰던 장군 정중부.

◀ 고려 문인의 옷차림

60 화약을 만든 최무선

본명 · 최무선
직업 · 고려 말–조선 초기의 발명가
출생 · 1325년
사망 · 1395년

최무선은 어린 시절 나라의 경사가 있을 때 궁중의 화약 축포를 보면서 "저 불꽃을 내가 만들어야지!" 하는 마음을 가졌습니다. 그때 조정에서 사용하는 축포는 중국에서 수입해 왔기 때문에 무척 귀중한 물품으로 여겨졌습니다.

그가 축포를 만들겠다고 마음먹었던 그때는 고려 말기였는데, 조정에서는 날로 극성을 부리는 왜구들 때문에 골치를 앓고 있었습니다. 최무선은 개성으로 오는 중국 상인들을 만날 때마다 이 사람 저 사람을 붙들고 화약 만드는 방법을 물었습니다. 마침내 이원이라는 사람이 그 기술을 알고 있다는 말을 듣고, 그가 1376년에 중국에서 오자마자 그를 만나 집으로 초대하여 극진한 대접을 하면서 화약 만드는 기술을 가르쳐 달라고 애원하였습니다.

이원은 화약 만드는 기술을 가르쳐 주는 사람은 사형당한다며 모른다고 펄쩍 뛰었습니다. 그러나 최무선이 그를 며칠 동안이나 정성으로 대접하며 간곡하게 부탁하자, 중국으로 돌아가기 전날 밤에 화약 만드는 법을 몰래 가르쳐 주었습니다. 이리하여 최무선은 밤낮으로 화약 만드는 일에 매달려 새로운 제조법을 알아냈습니다.

고려 우왕 3년인 1377년 임금은 화통도감을 설치하게 한 뒤, 그의 연구를 적극 도와주었습니다. 여기서 화약은 물론 화통·신포 등 새로운 화약 무기들을 만들어 냈습니다.

1380년 진포로 왜구가 몰려 들어오자, 화통·화포들로 벌떼같이 달려들던 왜구들을 눈 깜짝할 사이에 섬멸시켰습니다.

1389년에는 《화약 수련법》,《화포법》 등을 저술하였고, 조선 건국 후에는 의정부 우정승·영성부원군으로 추증되었습니다.

화약 연구에 일생 바쳐

왜구들이 바다는 물론 육지까지 올라와 행패를 부리는 통에 조정에서 골치를 앓았던 그때 왜구를 화약 한 방으로 물리치자는 최무선의 한마디는 통쾌하게 들어맞았다.

◀ 최무선 영정

61 백전백승 끝에 무너진

최 영

본명 · 최영
직업 · 고려 말의 장군
출생 · 1316년
사망 · 1388년

최영은 나라의 운명이 기울어 꺼져 가는 고려의 마지막 촛불이었습니다.

16살 어린 나이에 "황금 보기를 돌같이 여겨라!"는 아버지 유언을 받아 평생 가슴에 안고 살아온 그는 백전백승의 명장이었으나, 이성계 일파에게 밀리면서 귀양을 갔다가 끝내 사형을 당하고 말았습니다.

그는 일찍이 양광도(지금의 경기도) 도문수사 밑에서 왜구를 막는 데 공을 세워 임금을 모시는 호위병으로 발탁되었습니다. 39세의 젊은 나이로 장군에 오른 그는, 오예포로 침범한 왜구를 무찌르고, 그 뒤 서경으로 난입한 홍건적 4만 명을 몰아냈습니다.

오직 나라를 지키는 일에만 전념한 최영은, 1361년에 개경까지 밀고 들어온 홍건적을 안우 등과 함께 물리침으로써 1등 공신의 칭호를 받았습니다.

그 뒤, 1376년에는 남쪽 지방으로 밀고 올라온 왜구들을 섬멸하여 왜구와 홍건적 사이에서는 고려의 호랑이로 알려졌습니다.

한때 요사스런 신돈의 모함으로 조정에서 쫓겨났다가 다시 돌아와 문하시중 벼슬을 지내면서 멸망해 가는 고려를 홀로 지켜 나갔습니다.

1388년 명나라에서 철령 이북의 땅을 탐내자 한 뼘의 땅도 내줄 수 없다며 73세의 고령으로 총사령관이 되어 요동 정벌에 나섰습니다. 그러나 우군도통사인 이성계가 요동 정벌은 불가하다며 위화도에서 회군을 단행하여 쿠데타를 일으켰을 때, 이성계 일파에 체포되어 죄인의 누명을 쓰고 고봉으로 유배되었다가 사형을 당하였습니다.

고려의 마지막 기둥이었던 그가 쓰러지자 고려는 멸망하고 말았습니다.

꺼져 가는 고려의 마지막 두 기둥 중 하나

"황금 보기를 돌같이 여겨라!" 소년 시절 아버지가 들려준 유언을 평생 가슴에 안고 살아온 최영. 백전백승의 명장이었으나 사형장의 이슬로 사라졌다.

◀ 최영 장군 영정

62 일편단심 충절의 명신

정몽주

본명 · 정몽주
직업 · 고려 말의 대학자, 충신
출생 · 1337년
사망 · 1392년

「이 몸이 죽고 죽어 일백 번 고쳐 죽어
백골이 진토되어 넋이라도 있고 없고
님 향한 일편단심이야 가실 줄이 있으랴.」

고려 말 충신 정몽주의 마지막 시조 '단심가' 입니다.

새 나라(조선) 건국에 반대한 정몽주는 이성계의 아들 방원의 초대를 받은 회식 자리에서 "이런들 어떠하리…"라는 '하여가' 시조에 대한 화답으로 이 '단심가' 를 읊었습니다.

정몽주는 이 단심가로 한 사람의 신하는 두 임금을 모시지 않는다는 '불사이군' 의 절개와 고려 임금을 향한 오직 한 마음의 충성심을 분명하게 보여 주었습니다. 그는 단심가로 자신의 뜻을 밝힌 뒤 귀가하던 중에 선죽교에서 이방원의 부하 자객에게 피살을 당한 고려의 마지막 큰 별이었습니다.

정몽주는 21세 때에 국자감 시험에 3등으로 합격한 뒤, 다시 과거 문과에 도전하여 장원 급제하고 예문관 검열로 벼슬길에 올랐습니다. 그는 당시의 젊은 장군으로 신망이 높았던 이성계와 더불어 왜구를 섬멸하고 토지 제도를 고쳤으며, 의창 제도를 만들어 곡식을 저장했다가 흉년에 백성들에게 대여해 주는 등 나라를 위해 힘썼습니다.

외교가로 명나라에 사신으로 다녀온 그는 고려 말기 야은 길재, 목은 이색과 더불어 삼은으로 칭송을 받았습니다. 또한 포은 정몽주는 만고의 충신이자 위대한 성리학자로 명성을 떨쳤습니다.

학당과 향교를 세워 유학을 장려하였고, 예문관 대제학을 지냈으며, 동방 이학의 원조로 일컫는 인물이었습니다.

꺼져 가는 고려를 밝힌 큰 별

이방원의 유혹을 단심가로 거절하고 '불사이군'의 정신을 실천한 정몽주. 선죽교에서 이방원이 보낸 자객에게 살해되었으나 충신의 핏자국은 오랜 세월이 흘렀어도 돌다리에 남아 있다.

◀ 정몽주 영정

고려의 흥망성쇠

고려는 태조 왕건이 918년에 건국한 이래 34명의 임금이 475년간 다스렸습니다. 비교적 주체성과 개성이 뚜렷하였던 귀족 중심의 나라였습니다.

처음 고려를 세울 때는 배현경, 신숭겸 등 30여 명으로 꼽히는 호족 세력이 중심이 되어 나라를 건국하였습니다. 이들 개국 공신들은 고대 사회의 모순을 극복하면서 온갖 비리 등을 청산하고 새로운 통치 국가를 건설한다는 정신과 이념에 따라 정치적 기반을 마련하고 백성들을 다스렸습니다.

한반도에서는 통일신라 이후 최초의 민족 통일 국가를 세운 고려는 대제국 고구려의 정신을 이어 간다는 기치 아래 나라의 제도를 개혁하고 바로잡으면서, 불교의 선종을 사상적 기반으로 삼았습니다.

고려 건국 이후 안으로는 사회가 안정되면서 중앙과 지방의 호족들이 중앙 정치에 참여하기 시작하여 점차 귀족 문벌 통치의 흐름을 띠게 되었습니

▲ 강감찬의 귀주대첩 장면

▲ 청자칠보투각향로 (국보 제95호)
: 상감청자의 일종으로 고려 청자로서는 희귀하게 장식이 조화롭고 기교가 넘친다.

고려 탑산사 동종 (보물 제88호)
: 신라 시대의 종 양식을 계승하면서도 고려 시대에 새로 나타난 특징들을 잘 보여 준다.

▲ 목화를 다듬고 있는 고려인의 모습(모형)

다. 이들 귀족과 호족들은 새로운 지배 계급을 이루면서 정치·경제·문화·사회 등 여러 계층에서 주체로 등장하였습니다. 조정에서는 이들 신흥 세력을 통합, 규합하여 중앙 집권 중심의 통치 국가로 힘을 모아 고려적인 독창성을 이룩하면서 보수적인 나라로 세력을 키워 나갔습니다.

　문신과 무신의 차별화에 반대하는 무신들의 반란으로 홍역을 치르고 끝내는 무신 정권이 탄생되는 비극을 당하기도 하였습니다.

고려의 흥망성쇠 213

▲ 개성에 있는 공민왕릉

▲ 개성에 있는 성균관 명륜당

또한 밖으로는 변방의 거란, 몽골, 여진 및 바다 건너 왜구 등 외세의 침범이 잦아 어려움을 당하였습니다. 더구나 수차례에 걸친 몽골의 침략으로 전국이 초토화되고 강화도로 천도하는 수모를 겪기도 하였습니다. 그런 가운데서도 불교문화가 찬란한 꽃을 피워 팔만대장경 간행, 고려자기 등 문화적으로 성숙한 모습을 보여 주면서 고려를 코리아로 세계에 알리는 역할도 하였습니다.

고려는 외세의 침공과 무신들의 반란 등 연속되는 국난의 위기 속에서도 새로운 생각을 가진 학자들이 유학의 성리학을 받아들여 현실의 모순을 극복하고자 노력을 기울여 나가는 등 몸부림을 쳤습니다.

고려 시대의 궁궐터, 만월대

만월대는 개성 송악산 남쪽에 있는 고려 시대의 궁궐터로 왕궁 건물은 현재 남아 있지 않습니다. 대개 바닥을 다져 왕궁을 세우는 것과 달리 산의 지세를 그대로 따라서 몇 개의 단지로 왕궁을 세웠습니다. 계단식으로 배치된 건물은 왕궁을 더욱 웅장하게 보이게 합니다. 또한 좌우에 구릉이 있어 용호지세를 갖추었습니다. 고려의 뛰어난 건축 기술로 지어진 고려의 왕궁은 현재 그 터만이 남아 고려의 위풍당당했던 모습의 자취를 남기고 있습니다.

수창궁터의 용머리 석상 (황제를 수호하는 용이라 함)

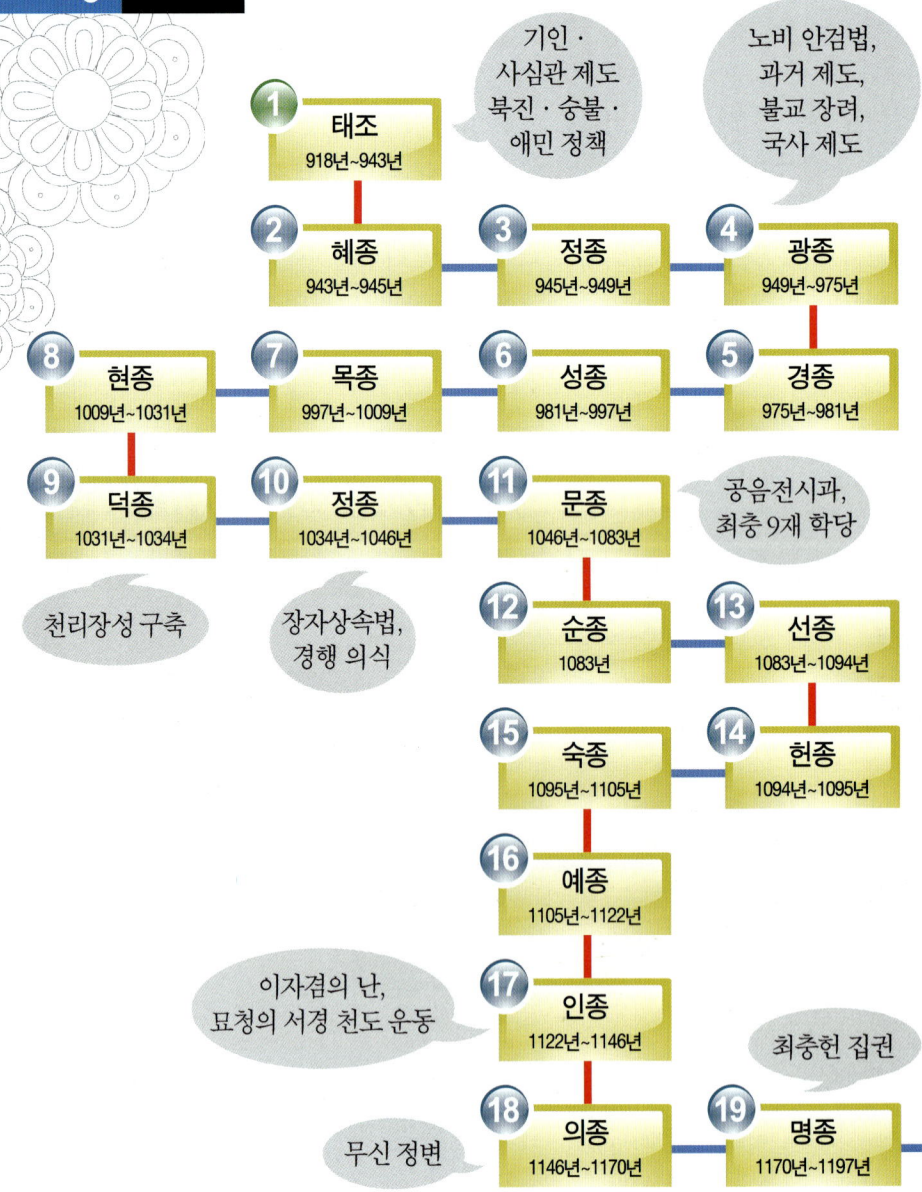

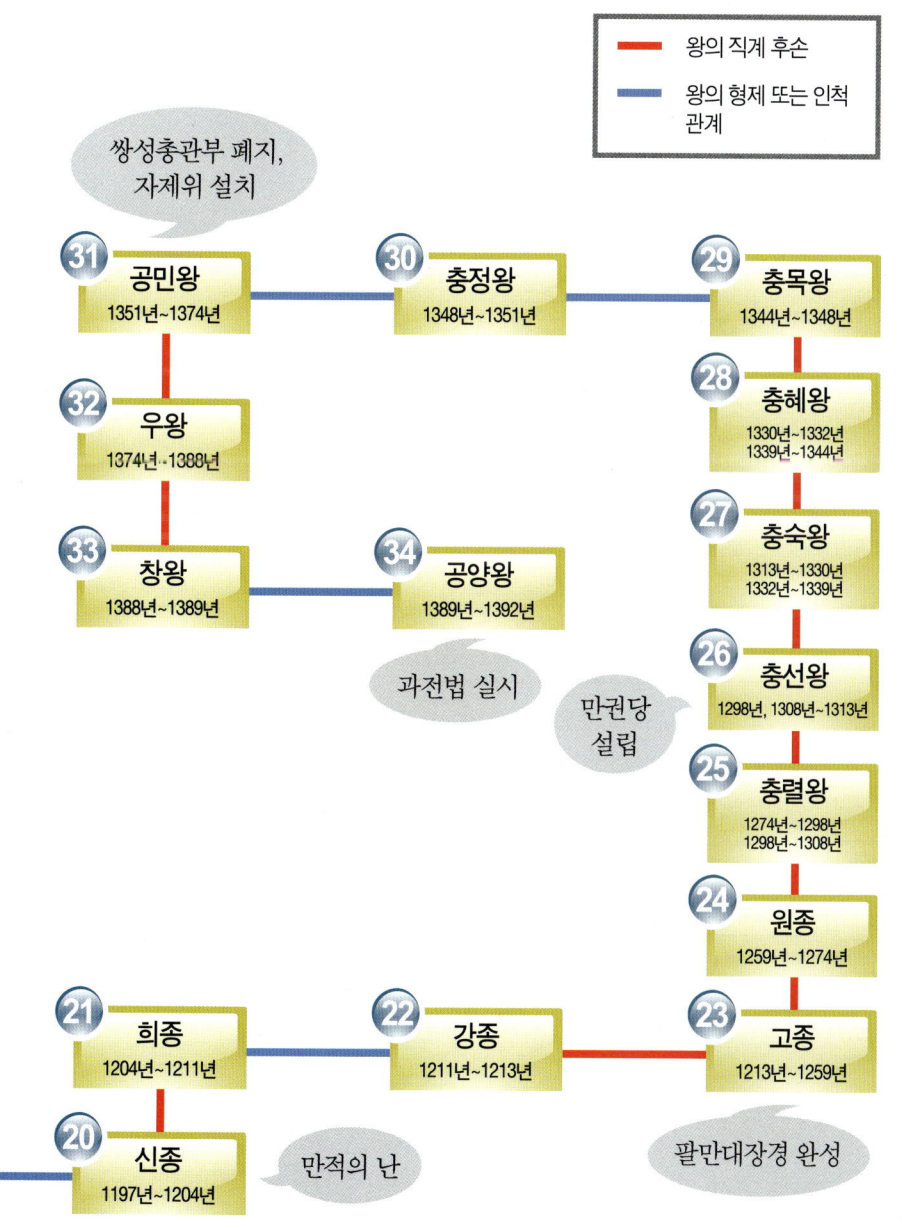

지도로 보는 고려 시대

▶ 고려의 민족 통일

▶ 고려의 행정 조직 5도 양계

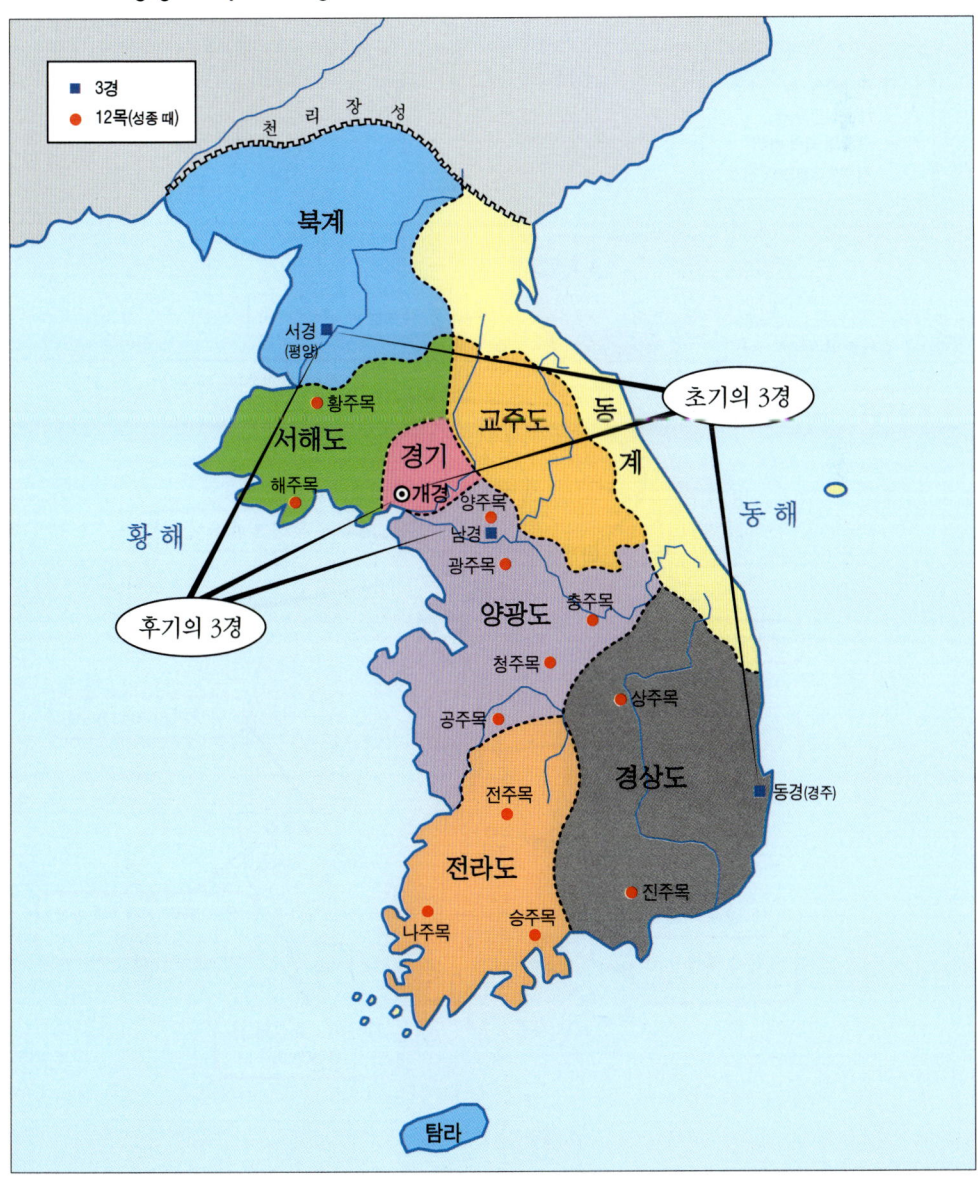

지도로 보는 고려 시대

▶ 귀족 지배 체제의 동요와 민란

▶ 몽고의 침입과 대몽 항쟁

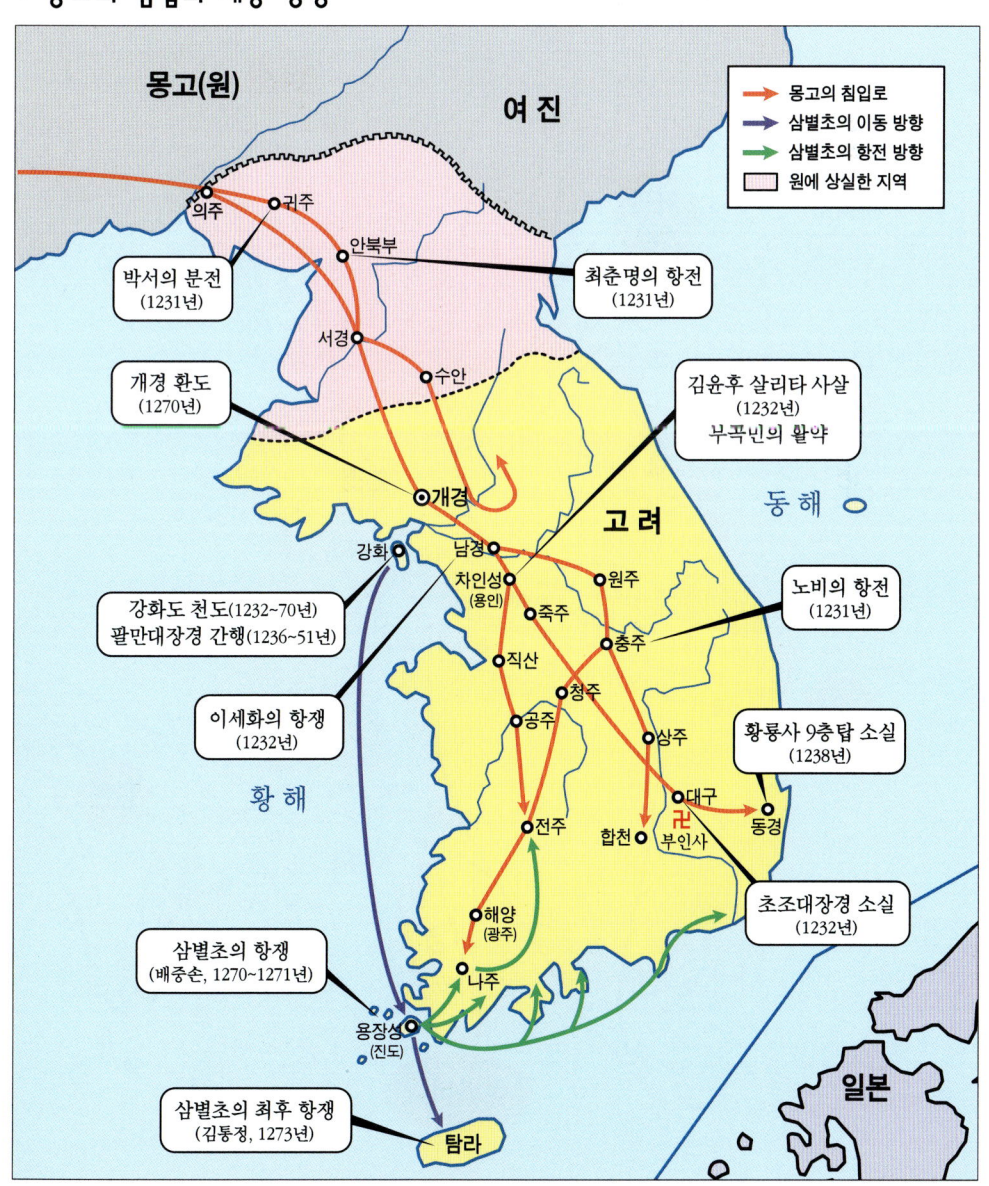

지도로 보는 고려 시대

▶ 고려의 대외 무역

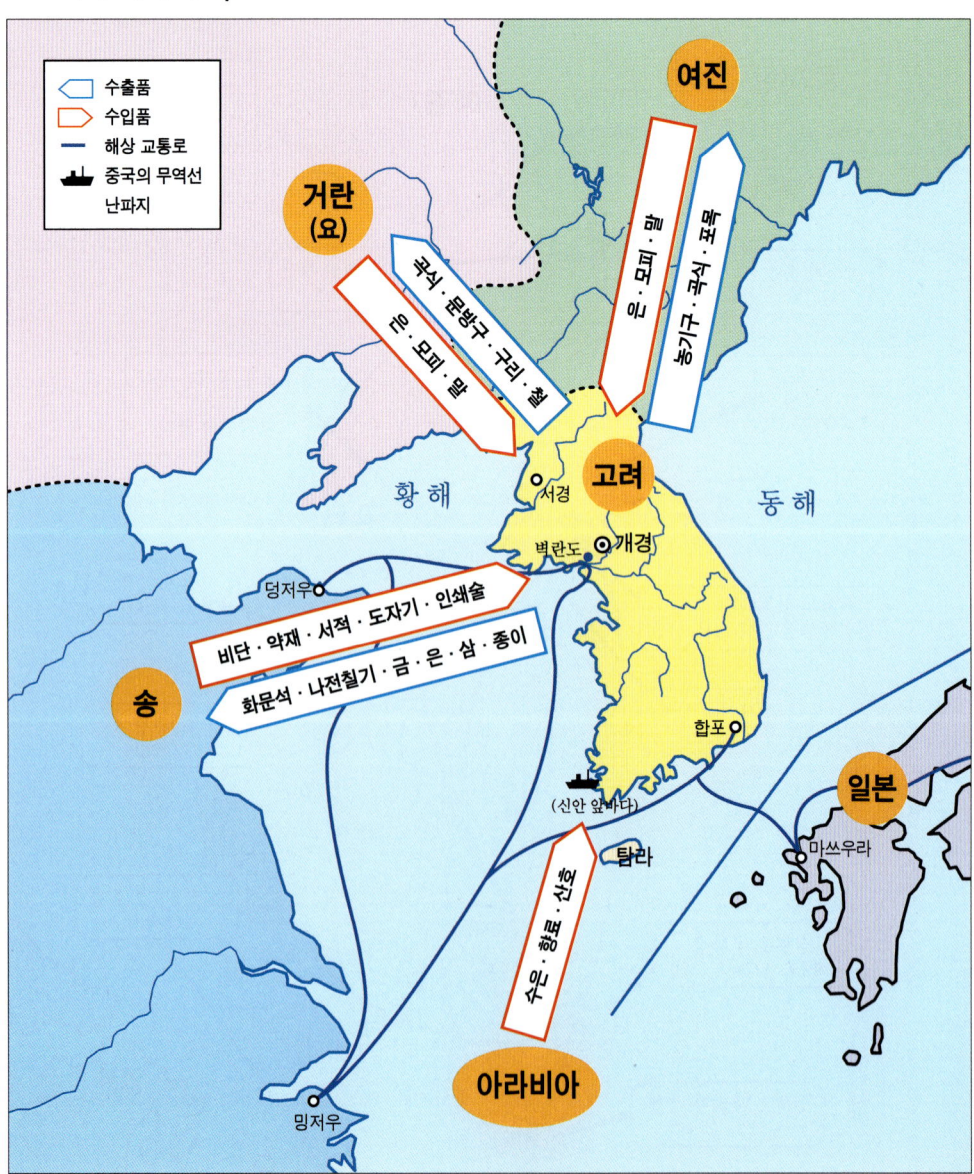

▶ 고려의 사회

지도로 보는 고려 시대 223

지도로 보는 고려 시대

▶ 고려의 문화

▶ 거란과 고려의 대외 정책

지도로 보는 고려 시대 225

63 조선 태조
이성계

본명 · 이성계
직업 · 고려 말의 장군이자 조선 태조
출생 · 1335년
사망 · 1408년

　함경도 산골, 동북면 출신의 무인 이성계는 일찍이 왜구나 홍건적과 싸우며 용맹을 크게 떨치고 있었습니다. 그때 조정에서는 중국 대륙에서 새로 일어난 명나라와 가까이 지내야 한다는 친명파의 신진 세력들이 있었는데, 이성계는 바로 친명파의 중심 인물이었습니다.

　그는 요동 정벌 도중 위화도에서 회군한 뒤 배극렴, 정도전, 조준 등의 신하들을 이끌고 1392년 7월 고려 공양왕을 내쫓고 개성 수창궁에서 새 나라 왕으로 등극하였습니다. 이로써 조선 왕조가 시작된 것입니다.

　이성계는 백성들을 자극하지 않고 민심을 달래기 위해 나라 이름을 바꾸지 않고 고려라는 국호와 고려 왕실의 모든 제도를 당분간 그대로 사용한다고 밝혔습니다. 하지만 정권을 잡은 후 나라의 기틀이 잡혀가자 얼마 안 가서 나라이름을 '조선'으로 바꾸고, 도읍을 '한양'으로 옮겼습니다.

　태조는 나라의 기본 정책을 불교를 멀리하고 유교를 받드는 숭유억불 정책,

농업을 중히 여기는 중농 정책, 명나라와 화친하고 여진족 등을 토벌하는 사대교린 정책의 세 가지로 정하였습니다.

그는 3대 정책을 나라의 기본 틀로 삼고 새 나라를 활기차게 열기 시작했습니다. 그러나 왕위 계승을 둘러싸고 왕자들의 싸움이 일어나기도 했습니다. 태조는 둘째 아들인 방과(정종)에게 왕위를 물려주었는데, 1400년 방원이 정권을 장악하고 왕위에 오르자 한탄하며 고향인 함흥으로 내려갔습니다.

아들들이 여러 차례 대궐로 돌아오기를 권유하며 사람을 보냈으나 거절하여 '함흥차사'라는 말을 남긴 뒤, 무학 대사가 직접 내려가 권유하자 대궐로 돌아와 염불만 외우다가 세상을 떠났습니다.

이 시기 세계는

교회의 분열

이 시기 중국은 몽고족이 세운 원나라가 멸망하고 한족이 세운 명나라의 건국으로 정치적으로 매우 혼란스러운 시기를 맞이하였다. 이 시기 유럽은 교회가 분열을 맞게 된다. 우르바노 6세가 교황에 선출되자 추기경단이 이를 무효로 하고 클레멘스 7세를 선출, 교회는 양파로 갈라지게 된다.

◀ 클레멘스 7세

64 청빈한 명재상

황 희

본명 · 황희
직업 · 조선 초기의 문신
출생 · 1363년
사망 · 1452년

황희 정승은 조선 왕조 역대 재상 중에서 가장 어질고 청빈한 재상으로 추앙을 받는 인물입니다.

낮에는 조정에 나가 일하고, 저녁에는 밭에서 농사일을 했던 그는 자신의 생각을 굽힌 적이 없고, 평생 재물에 욕심을 내지 않았습니다.

고려 우왕 때 과거에 급제하고 성균관 학관 벼슬을 지냈으며, 고려가 멸망하자 고려 선비들이 조선에 반대하며 두문동으로 들어갈 때 함께 들어갔지만, 이성계의 간곡한 권유를 뿌리치지 못하고 조선 조정에 참여했습니다.

그 뒤, 조선의 형조 · 예조 · 병조 · 이조 · 호조 · 공조 등 6부의 판서(장관)를 두루 거쳤으며, 69세 때에 최고 벼슬인 영의정에 올라 18년 동안이나 그 자리를 지켰는데도 계속 청빈한 생활을 하였기 때문에 가난하기는 마찬가지였습니다.

태종 때에는 왕의 처가인 민씨 집안에서 처남들이 권력에 기대 횡포를 부리자 이들을 척결하였고, 태종이 세자인 양녕대군을 폐하고 세종을 태자로 삼자 이를 정면에서 반대하다가 태종의 미움을 받아 귀양을 갔습니다.

그는 세종 4년인 1422년에 귀양에서 풀려나 의정부 좌참찬, 예조 판서 등을 거쳐 좌의정에 올랐습니다.

69세 때 영의정에 오른 그는, 70세가 되자 사임을 밝히는 상소문을 올렸으나 허락을 받지 못하고 18년간이나 영의정을 지냈습니다. 영의정으로 있으면서 농사의 개량, 예법의 제정, 천민 보호 등 훌륭한 업적을 많이 쌓았습니다.

"황소도 사람의 말을 듣는다!"는 유명한 말을 남겼습니다.

역대 재상 중 가장 청빈한 정승

조선 초기의 6조 판서를 두루 지낸 뒤 69세부터 18년간 영의정을 지냈건만 집안이 너무나 가난했던 청빈한 재상. 조선 초기 나라의 기틀을 세운 공신이다.

◀ 황희 영정

조선 시대 229

65 여진족 몰아낸 김종서

본명 · 김종서
직업 · 조선 초기의 장군, 문신
출생 · 1390년
사망 · 1453년

김종서는 함경도 일대에서 노략질을 계속하던 여진족을 두만강 밖으로 쫓아내고, 부령 · 회령 · 종성 · 온성 · 경원 · 경흥에 6진을 설치하였습니다. 이로써 우리나라가 압록강과 두만강을 국경선으로 확정하게 된 것입니다.

김종서는 태종 때 과거 문과에 급제한 뒤 상서원직장을 지냈고, 집의 · 우부대언 등의 벼슬을 거쳐 함길도 관찰사가 된 뒤 여진족들의 변경 침입을 막는 데 힘썼습니다.

예조 판서와 우참찬을 거쳐 우의정이 된 그는, 《고려사》가 공정하게 기술되지 못하였다는 지적에 따라 왕의 명으로 1451년에 《고려사》를 다시 고쳐 편찬하게 되었는데, 이때 지춘추관사로 총책임을 맡아 간행하였습니다. 1452년에는 《세종실록》의 감수를 맡아 간행하였고, 《고려사절요》도 편찬하는 등 역사 서적 편찬에 힘을 기울였습니다.

단종이 12살 어린 나이로 왕위에 오르자 좌의정이 되어, 황보인 · 정본 등과 함께 단종을 받들면서 조정의 일을 보살폈습니다. 이때 여러 재상들 가운데 일을 엄격하고도 분명하게 처리하는 지혜와 용맹이 가장 뛰어나 큰 호랑이라는 뜻의 '대호'라는 별명이 붙을 정도로 이름을 떨쳤습니다.

그러나 1453년에 수양대군이 왕위를 노려 어린 조카 단종을 내쫓을 때 제일 먼저 없애야 할 걸림돌로 김종서를 지목하고 그의 집을 찾아가 아들과 함께 대역죄로 몰아 죽였습니다. 이로써 김종서는 계유정난의 첫 번째 희생자가 되었습니다.

김종서가 살해됨으로써 끔찍한 단종애사의 비극이 전개되는 계유정난이 펼쳐진 것입니다. 1746년에 대역 죄인의 누명을 벗고 복관되었습니다.

이 시기 세계는

▲ 잔 다르크 동상

잔 다르크로 위기를 벗어난 프랑스

이 시기 중국은 명나라 3대 황제인 영락제가 즉위해 남양 방면으로 원정을 시작했다. 유럽에서는 영국과 프랑스 사이의 백년전쟁으로 프랑스가 위기에 처하지만, 잔 다르크의 출현으로 프랑스는 영국군을 격파하여 위기에서 벗어난다. 전쟁이 끝난 후 잔 다르크는 마녀로 몰려 화형에 처해졌다.

조선 시대 231

66 한글 만든 성군
세종대왕

본명 · 도
직업 · 조선 제4대 왕
출생 · 1397년
사망 · 1450년

태종의 셋째 아들인 세종의 이름은 도이며, 어릴 때의 이름은 원정이었습니다. 1418년에 태자로 있던 형 양녕대군이 밀려나면서 태자로 책봉된 세종은 그해 8월 22세의 젊은 나이로 임금에 오른 뒤, 나라가 발전되고 백성들의 삶이 편안해지려면 먼저 학문을 일으켜야 한다고 생각하고 궁중에 집현전을 설치하였습니다. 그곳에서 젊고 재능 있는 젊은 문신들로 하여금 학문을 연구하게 하는 한편, 관찰사를 통하여 지방의 숨은 인재들을 찾아내어 추천하도록 명을 내렸습니다.

활자를 개량하고 인쇄술을 다듬으면서 《고려사》, 《농사직설》, 《효행록》, 《8도 지리지》 등 여러 가지 서적들을 간행하였습니다. 그러나 우리의 글자가 없어 한문을 빌려 쓰기 때문에 불편함이 크고, 내용도 어려워서 백성들은 알 수가 없었습니다.

백성들이 쓰기 쉬운 우리 문자를 만들어야겠다고 생각한 세종은, 정인지 · 성

삼문·신숙주·이개·박팽년·최항 등 집현전의 유능한 학자들과 함께 글자를 만드는 일에 매달렸습니다.

드디어 세종 25년인 1443년, 꿈에 그리던 한글을 만들어 냈고, 다시 3년 동안 한글의 실제 사용에 대한 문제점을 검토한 끝에 1446년 음력 9월 29일 한글을 반포하니, 이것이 곧 '훈민정음'입니다. 훈민정음은 소리글이자 과학적인 글자로서 세계 언어학자들로부터 찬사와 함께 높은 평가를 받고 있습니다.

세종은 해시계·혼천의 등 과학 발명품을 비롯하여, 의학·농업 등 여러 분야에서 많은 발명품을 만들어 냈습니다.

우리 민족의 영원한 스승

세종은 32년 동안 나라를 통치하면서 한글을 창제하고 나라 발전과 백성을 위하는 일에만 전념한 조선 왕조 500년사에 가장 위대한 성군이다.

◀ 세종대왕 동상

67 노비 출신 발명가
장영실

본명 · 장영실
직업 · 조선 세종 때의 과학자
출생 · 연대 미상
사망 · 연대 미상

"이럴 수가 있담? 어가(임금님이 타는 가마)가 부서지다니!"

1442년 대궐에서 충격적인 사고가 벌어졌습니다. 세종대왕이 새로 만든 어가를 타고 궁궐을 나서려는 순간 어가를 받치고 있는 보가 무너져 내려앉았습니다. 어가를 만든 사람들이 호출되고, 어가 만드는 일을 감독한 장영실도 임금님 앞에 불려 나왔습니다. 장영실은 이 사건의 책임을 지고 벼슬에서 파면되어 궁궐에서 쫓겨나고 말았습니다.

본래 장영실은 부산 동래의 기생에게서 태어난 노비였습니다. 그는 어떤 물체를 유심히 뜯어보는 관찰력이 뛰어나 어떤 물건이든 만들어 내는 재주가 있었습니다. 그는 한번 본 물건들을 본떠 만들고 고장난 물건들을 고치는 솜씨가 훌륭하여 동래 지방에서는 소문이 자자하였습니다.

1423년 봄 어느 날, 세종은 그에 대한 소문을 듣고 그를 대궐로 불러들였습니다. 그가 물건을 고치고 만드는 솜씨를 본 세종은 크게 기뻐하면서 노비인 그에게 상의원별좌라는 벼슬을 내리고 노예 신분에서 벗어나 궁궐에서 고장 난 물건들을 고치고 또 새로운 것을 만들게 하였습니다.

천문 과학에 관심이 많은 그는 1434년 우리나라 최초로 물시계인 자격루를 만들었고, 1437년에 천문 관측기구인 대간의 · 소간의를 비롯하여 해시계인 현주일구, 우리나라 최초의 공중 시계인 앙부일구 등을 잇달아 만들어 냈습니다.

그 뒤에 세계 최초의 측우기와 수표를 발명하여 과학 문명 발전에 큰 공을 세웠습니다. 지금 해마다 기념하는 5월 21일 발명의 날은 장영실이 만든 측우기를 기념하여 제정한 날입니다.

세계 최초의 측우기 발명

동래 기생의 몸에서 태어난 노예의 신분이지만 세종으로부터 벼슬을 받고 궁중에 머물면서 측우기, 해시계 등 많은 발명품을 만든 장영실. 왕의 어가(가마)가 부서져 불경죄로 파면되었다.

◀ 자격루

68 위대한 철학자
이 황

본명 · 호는 퇴계
직업 · 조선 중기의 대학자, 문신
출생 · 1501년
사망 · 1570년

안동 도산면에서 태어난 이황은 7개월 만에 아버지를 여의고 편모슬하에서 공부를 하다가 12살 때부터 작은아버지에게서 학문을 배웠습니다.

이때 《논어》를 배우던 중에 이(理)의 이치를 깨달았을 만큼 글자의 깊은 뜻을 이해하고 있었습니다. 그는 19살 때 송나라 시대의 학문을 대표하는 '성리대전'이라는 책을 읽었는데, 이것이 계기가 되어 주자학에 발을 들여놓고 학문 연구를 통한 진리 탐구에 매달렸습니다.

1528년 진사시에 합격하여 성균관에서 공부하였고 1534년에 문과에 급제한 뒤, 벼슬길에 올라 여러 관직을 지냈습니다.

1545년 을사사화가 일어나면서 이기라는 사람의 모함으로 관직에서 쫓겨난 퇴계는 1547년 응교로 다시 관직에 나섰고, 다음 해 풍기 군수로 있다가 관직을 사퇴하고 고향으로 내려갔습니다.

한서암을 짓고 구도 생활을 하다 도산 서당을 세워 학문을 가르쳐 제자를 양성했습니다. 도산 서당은 이황이 죽은 후 도산 서원으로 바뀌었습니다.

선조의 끊임없는 간청에 대사성·부제학 등의 벼슬을 받아 관직을 맡은 이후 40년 동안 무려 4명의 왕을 섬기면서 왕으로서의 지켜야 할 올바른 도리를 적어 올리는 한편, 간신배·탐관오리 등을 없애도록 임금에게 건의하였습니다.

그는 벼슬에서 물러난 뒤 나라와 임금의 은혜에 보답하는 《성학십도》를 지었습니다. 그의 정신은 학문과 저술에서뿐만 아니라 높은 인격 속에서 더욱 빛나고 있습니다.

이 시기 세계는

르네상스 물결에 뒤덮인 유럽

중국은 내외적으로 문란한 정치와 혼란스러운 시기를 보내고 있는 반면, 유럽은 르네상스의 찬란한 물결과 종교개혁의 물결이 뒤덮고 있었다. 네덜란드에서 에라스뮈스는 《우신예찬》을 통해 당시의 종교계를 비판하였고, 독일과 프랑스에서 루터와 칼뱅이 종교개혁을 천명하였다.

◀ 루터 흉상

69 영원한 현모양처
신사임당

본명 · 미상, 호는 사임당
직업 · 조선 중기의
　　　여류 문인, 서화가
출생 · 1504년
사망 · 1551년

5만 원권 고액 지폐의 주인공이 된 신사임당은 강원도 강릉 출신으로 효성이 지극하고 지조가 높았으며, 시와 문장 및 그림 · 자수 · 바느질 등에 이르기까지 천재적인 소질과 재능을 보였던 여인이었습니다.

특히 시문과 그림에 뛰어난 솜씨를 보였는데, 안견의 영향을 받은 그림에서는 여성만이 지닌 독특한 섬세함과 정묘함이 더해져 조선 왕조 500년 역사 가운데 여류 인사로는 첫 손가락에 꼽히는 화가였습니다.

그 가운데서도 산수, 포도, 풀, 곤충 등을 매우 정교하게 잘 그렸습니다. 신사임당의 그림으로서 현재 전해 오는 작품으로는 '자리도', '산수도', '초충도' 등이 유명합니다.

중종 때 진사가 된 평산신씨 신명화의 딸이자 덕수이씨 이원수의 아내로, 4남 3녀의 자녀를 두었으며 교육에도 남다른 열정을 보였던 어머니였는데, 그 중 율곡은 과거에 아홉 차례나 장원 급제한 천재였습니다.

남편에 대한 내조의 공이 크고 자녀에 대한 교육열이 대단하여, 착한 아내, 어진 어머니의 본보기로서 흔히 '현모양처의 표상'이라고 부릅니다.

강릉 오죽헌은 조선 중기의 가옥인데, 신사임당이 1536년에 아들 율곡을 낳은 집으로 유서 깊은 역사의 집인 동시에 한국 주택 건축사에서도 현재 남아 있는 가장 오래된 목조 건축물 중의 하나로 꼽힙니다.

영원한 현모양처로 꼽히는 신사임당의 정신이 담겨 있는 오죽헌은 살아 있는 역사 교육의 현장으로 학생들을 비롯하여 관람객이 많이 찾아가는 곳이기도 합니다.

한국인의 어진 어머니 표상

시와 문장, 그림, 자수 등에 뛰어났고 효성이 지극하며 지조가 높았던 신사임당. 한국의 어진 어머니, 착한 아내의 거울이며 자녀 교육에도 남다른 여인이었다.

◀ 신사임당 동상

70 과거 시험 장원 9관왕

이 이

본명 · 호는 율곡
직업 · 조선 중기의 대학자, 문신
출생 · 1536년
사망 · 1584년

신사임당의 아들로 강릉 외가에서 태어난 율곡은 어머니에게서 글을 익혀 13세 때 진사 시험에 장원으로 합격하였고, 16살 때 어머니를 여의자 3년상을 치르고 금강산으로 들어가 불교를 공부하였고, 20살 때 하산하여 다시 성리학을 공부하여 문과시험에 장원 급제한 이래 과거 시험에서 무려 아홉 차례나 장원을 따내 '9도 장원공'이라고 불린 대천재였습니다. 이때부터 벼슬길에 올라 정치에 참여한 율곡은 여러 관직을 지냈으며, 왕이 올바른 정치를 하도록 돕는 대사간 직책을 9번이나 맡는 진기록을 세웠습니다.

《동호문답》, 《성학집요》 등을 지은 그는, 앞으로 10년 안에 큰 전쟁이 있을 것이라고 예언하며 10만 대군을 길러야 한다고 주장하였으나, 당파 싸움에 눈이 어두운 조정에서는 그의 예견을 한 귀로 듣고 흘려버렸습니다. 그러나 그의 예견이 있은 지 9년 만에 임진왜란이 일어났습니다.

34살 때 병이 생겨 관직을 사임하고 황해도 해주로 가서 제자들을 가르치며 학문 연구에 전념하다가 다시 관직을 받고 청주 목사로 나갔습니다.

뒤에 황해도 관찰사가 되고, 당파 싸움이 치열하자 화해를 시키려고 나섰으나 서인과 동인의 골이 너무 깊어 실패하고 다시 병을 얻어 벼슬에서 물러나 요양 중 49살의 나이로 세상을 떠났습니다.

선조는 그가 죽었다는 말을 듣고 3일간 나랏일을 멈춘 채 슬퍼하였습니다. 그가 죽었을 때 그의 집에는 돈이 한 푼도 없어서 장례 치를 돈을 친구와 제자들이 모았는데, 선조가 나중에 장례 치를 돈을 후히 내려주었습니다. 대표 저서로 《고산구곡가》, 《성학집요》, 《격몽요결》 등이 있습니다.

10만 대군 양병을 외쳤던 율곡

과거 시험 장원 9관왕의 천재 이이는 큰 전란을 예견하며 10만 대군 양병을 주장했으나, 나라에서는 한 귀로 흘려버렸다. 그는 무일푼 빈손으로 세상을 떠났다.

◀ 이이 동상

71 임진왜란의 성웅
이순신

본명 · 시호는 충무
직업 · 조선의 장군
출생 · 1545년
사망 · 1598년

임진왜란 때 왜병들을 무찌르고 나라와 민족을 구한 성웅 이순신 장군은 서울 건천동에서 태어났습니다. 말타기와 활쏘기 솜씨가 뛰어난 이순신은 1576년에 무과에 급제한 뒤, 북쪽 국경 지대에서 야인들의 침략을 방어하는 경비를 맡았습니다. 그러나 1586년 호연의 침략을 막지 못해 관직에서 쫓겨났다가 다시 등용되어 선전관 벼슬을 받았고, 그 뒤 전라도 정읍 현감, 진도 군수를 거쳐 전라좌도 수군절도사로 승진되었습니다.

임진왜란이 일어나자 거북선을 앞세워 백전백승으로 왜군들을 무찌르던 중 원균의 모함으로 체포되어 서울로 압송된 뒤 사형 선고를 받았습니다. 죽음의 위기에서 우의정 정탁의 변호로 풀려나, 권율 장군 밑에서 벼슬도 직책도 없이 왜병들을 상대로 싸우면서 백의종군하였습니다.

그 뒤 해전에서 원균이 왜병에게 참패를 당하자, 조정에서는 서둘러 이순신을 삼도수군통제사로 임명하여 싸움터인 남해로 급히 보냈습니다. 이 무렵 어머니가 세상을 떠났는데, 장례를 치를 겨를도 없이 남해로 내려간 이순신은 남은 거북선이 겨우 12척뿐인 것을 보고 하늘이 무너지는 아픔을 느끼면서 왜병을 추격하였습니다. 이순신은 12척의 거북선을 이끌고 133척의 왜병 선박이 몰려오는 노량 앞바다로 나아가 왜군들을 섬멸하였으나 격전이 끝날 즈음 날아오는 유탄에 맞아 숨졌습니다.

「한산섬 달 밝은 밤에 수루에 혼자 앉아
큰 칼 옆에 차고 깊은 시름 하는 적에
어디서 일성호가는 나의 애를 끊나니.」

나라와 민족의 앞날을 걱정하며 읊은 충무공의 시조는 많은 사람들이 애송하고 있습니다. 또한 그가 쓴 《난중일기》가 전해지고 있습니다.

사당은 충남 아산 현충사입니다.

거북선 만들어 왜병 물리쳐

임진왜란 때 왜병들이 한반도를 짓밟을 때 바다에서 백전백승을 거둔 이순신. 모함을 받아 사형당할 위기에서 풀려나 백의종군하며 승리를 거둔 민족의 성웅.

◀ 이순신 영정

72 《동의보감》을 지은
허 준

본명·호는 구암
직업·조선 중기의 명의
출생·1539년
사망·1615년

"아무리 훌륭한 의사라고 해도 목숨이 다해 죽어 가는 사람을 살릴 수는 없다!"

우리나라 최초의 한의학 종합 백과사전인 《동의보감》을 편찬한 허준은 조선 제14대 임금인 선조가 41년 동안 나라를 다스리고 수명이 다해 1608년 세상을 떠나자, 치료를 소홀히 하였다는 죄로 관직에서 쫓겨났습니다.

허준은 왕실의 의사로서 임진왜란 당시 선조가 의주로 피신을 갈 때도 수행하면서 왕의 건강을 보살폈습니다.

그런 공로로 호성 3등 공신이 되고 양평군에 봉해져서 숭록대부에 올랐으나, 의관에게는 당상관의 높은 벼슬을 줄 수 없다는 대신들의 반대로 벼슬이 취소되는 일을 겪었습니다.

그는 이런 수모 속에서도 한의학 연구에 몰두하면서 방대한 자료들을 모아 내과에 해당하는 '내경편', 외과에 해당하는 '외경편', 여러 가지 잡다한 질병을 다루는 '잡병편', 침구에 관한 '침구편', 약을 달이는 '탕액편' 등 분야별로 분리 정리하여 25권의 책으로 엮었습니다.

《동의보감》을 편찬하기까지 무려 10여 년 동안 노력과 열정을 쏟았습니다. 왕의 명으로 내의원 편찬국을 설치하고, 허준을 중심으로 양예수·이명원·정작·김응탁·정예남 등과 함께 작업을 시작하였으나, 정유재란 이후에는 왕의 명으로 홀로 작업했습니다.

그런 노력을 쏟아부어 만든 이 책은 중국은 물론, 일본에서도 널리 활용하는 한의학 전문 백과사전으로 인기를 끌었습니다.

그는 건강은 정신 수양과 양생(몸과 마음을 건강하게 하도록 노력하는 것)이 첫째이고, 약물 치료는 그 다음이라는 것을 강조하였습니다.

왕실 의사로 한의학 발전에 기여

방대한 분량의 한의학 관련 자료들을 전문 분야별로 모아 편찬한 《동의보감》은 최초의 한의학 종합 백과사전으로 중국, 일본 등에서도 큰 호평을 받았다.

◀ 허준 동상

73 《홍길동전》의 저자
허 균

본명 · 허균
직업 · 조선 중기의 문신, 소설가
출생 · 1569년
사망 · 1618년

허균은 조선 선조 27년인 1594년 정시문과에 급제하고, 3년 뒤에 문과 중시에 장원 급제하여 벼슬길에 올라 황해도 도사 · 좌참찬 등을 지냈습니다. 그는 어려서 서자(첩) 출신의 스승에게서 글을 배운 탓에 양반들이 서민 계급에 대하여 부당한 처사를 일삼는 사회적 모순을 많이 보고 느끼며 성장하였습니다.

초기 관직에 있는 3년 동안 품행이 바르지 못하다 하여 세 차례나 파직을 당하였지만, 뛰어난 문장 실력과 높은 학문을 인정받아 다시 벼슬을 받았습니다. 1606년 종사관 자격으로 명나라에서 온 사신을 맞이하였는데, 이때 명나라 사신들이 그의 뛰어난 문장에 감동하여 중국에까지 그의 이름이 알려졌습니다.

이런 일로 인해 명나라에 사신으로 다녀왔는데, 그때마다 천주교 기도문을 가지고 왔습니다. 스승의 영향을 받아 서자 출신의 문인들과 자주 어울려 급진적 개혁사상을 갖게 된 그는 봉건 제도의 모순, 신분 제도의 부당성, 양반들의 문란한 생활, 귀족들의 탈선 등을 꼬집는 한글 소설《홍길동전》을 지어 화제의 인물이 되었습니다.

이 소설은 홍 정승의 서자로 태어난 홍길동이 가정과 사회의 온갖 천대에 반항하며 도적의 집단으로 들어가 우두머리가 되고, 활빈당을 만들어 관리들이 백성들로부터 강탈한 양곡과 재물을 빼앗아 가난한 사람들에게 나눠 주면서 엄청난 파란을 일으키는 이야기입니다. 조정에서 체포 명령을 내렸지만, 홍길동은 남경으로 가서 율도국 왕이 됩니다.

《홍길동전》을 쓴 허균은 1617년에 폐모론을 주장하였으며, 하인준 등과 함께 반란을 도모했다는 혐의를 받고 처형을 당하였습니다. 당대의 여류 시인 허난설헌이 그의 누나입니다.

《홍길동전》은 최초의 한글 소설

일반 백성들이 귀족 양반들을 향한 불평불만과 신분 계급의 모순을 쏟아 놓아 남녀노소 모두에게 인기를 끈《홍길동전》은 흥미진진한 이야기로 큰 감동을 주었다.

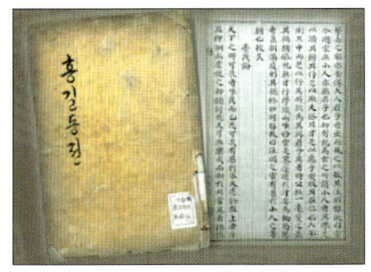

◀《홍길동전》

조선 시대

74 시조 문학의 큰 별
윤선도

본명 · 윤선도, 호는 고산
직업 · 조선 중기의 문신, 시조작가
출생 · 1587년
사망 · 1671년

고산 윤선도는 진사시험에 합격하고 1616년 성균관 유생으로 있을 때, 권신 · 이이첨 등이 임금을 제대로 모시지 않고 권세를 부리자 이들을 멀리해야 한다는 상소문을 올렸다가 함경도 경원으로 유배를 당하였습니다.

1623년 인조반정으로 광해군이 물러나고 인조가 등극하자 8년 만에 귀양에서 풀려난 윤선도는, 왕이 의금부 도사 · 병조 좌랑 등의 벼슬을 내렸으나 모두 사직하고 전남 해남으로 내려갔습니다. 여기서 학문을 닦은 윤선도는 1628년 다시 서울로 올라와 과거 문과에 장원 급제하고 왕자를 가르치는 사부로 임명되어 봉림대군과 인평대군에게 학문과 도덕을 가르쳤습니다.

그 뒤 정랑을 거쳐 시강원 문학 벼슬에 올랐으나 또다시 터무니없는 모함으로 벼슬자리에서 물러났습니다.

1636년 병자호란 때 왕을 모시러 배를 타고 강화로 가던 중 왕이 청나라에 항복했다는 소식을 듣고 남해로 내려가 보길도 주변의 아름다운 섬 풍경에 감탄하여 그곳에 낙서재를 짓고 바다 풍경을 관조하며 시를 지으면서 지냈습니다.

이후 왕에게 문안하지 않았다는 죄로 영덕으로 귀양을 갔으나 곧 풀려났습니다. 또 71세 때 동부승지에 임명되었으나 서원 철폐 문제로 탄핵을 받아 사직당했으며, 그 뒤에도 남인과 서인 간의 당파 싸움에 휘말려 귀양을 갔습니다. 그리고 7년 동안의 귀양살이 끝에 풀려나와 생애를 보내다가 85세를 일기로 세상을 떠났습니다.

《고산선생유고》,《산중신곡》등의 책을 펴냈는데,《산중신곡》에 들어 있는 '오우가'는 우리나라 시조 가운데 가장 뛰어난 작품으로 꼽힙니다.

조선 시대 최고의 시조 작가

간신들을 상소하였다가 유배당한 윤선도. 과거에 급제하고도 벼슬을 사양한 채 자연을 벗 삼아 시조를 읊은 그는 국문학사상 최고봉으로 우뚝 섰다.

◀ 윤선도 영정

75 《목민심서》를 쓴 정약용

본명 · 호는 다산
직업 · 조선의 대학자, 실학자
출생 · 1762년
사망 · 1836년

다산 정약용은 어려서부터 경사를 공부하여 정치와 경제를 주로 한 실학에 몰두하면서, 중국을 통해 들어온 서양의 여러 가지 문물과 천주교의 교리를 깊이 연구하였습니다.

22세 때에 과거 문과에 급제한 그는 다음 해부터 정조에게 《중용》을 강의하여 임금의 총애를 받았습니다.

1794년에는 경기도 암행어사가 되어 백성을 괴롭히는 연천 현감 서용보의 비리를 밝혀내 그를 파직시켰습니다.

다음 해에는 동부승지를 거쳐 병조 참의가 되었으나, 중국인 신부로 몰래 들어와 천주교를 전파하던 주문모를 도와준 사건에 연루되어 찰방 벼슬을 받고 충청도로 쫓겨났습니다.

정약용은 정치를 올바르게 하여 백성들을 평안하게 해 주어야 한다는 주장을 계속 펴면서 이에 관련한 글을 썼습니다.

정조의 부름을 다시 받고 규장각으로 올라왔으나 정조의 갑작스런 죽음으로 모함을 받아 투옥되었습니다.

이후 순조가 등극한 뒤 천주교인들을 대학살하는 신유박해 때 정약용도 붙잡혀 경상도 장기로 귀양을 갔습니다. 여기서 천주교 박해를 알리는 밀서 사건에 또 연루되어 다시 강진으로 유배를 당하였습니다. 그곳에서 18년 동안 경서학 연구에 전념하여 조선 근세 사상을 집대성하였습니다.

《경세유표》,《목민심서》,《정다산 전서》 등 대작을 남겼습니다.

정치를 바로잡는 데 힘쓴 실학자

정치를 바로잡고 백성들을 구하는 데 뜻을 두고 학문을 연구한 실학자 정약용. 천주교를 받아들여 교리를 연구하고 조선 근세 사상을 집대성한 대학자였다.

◀ 정약용 영정

76 서예 예술가
김정희

본명 · 호는 추사
직업 · 조선 후기의 문신, 서화가
출생 · 1786년
사망 · 1856년

추사 김정희는 독창적인 추사체를 이룩한 위대한 명필가로 한국 서예사상 독보적이고도 유일한 서예 예술가로 꼽히고 있습니다.

특히 그의 예서와 행서는 새로운 경지를 개척한 명필로서 당대의 으뜸이었는데, 그의 서예 글씨체는 오늘날까지도 높이 평가받을 정도로 뛰어나, 우리나라 서예사상 두 번 다시 찾아보기 어려운 명필이라는 찬사가 이어집니다.

1819년 문과에 급제하여 검열, 규장각 대교를 지냈고, 성균관대사성을 거쳐 이조 판서에 올랐습니다.

24세 때 아버지를 따라 동양에서 학문의 중심지를 이루고 있던 청나라 연경에 들어가 대학자들로부터 재능을 인정받고 경학을 연구하여 높은 수준에 이르러 '해동 제1의 유학자'라는 칭호를 받았습니다. 특히 쇠붙이나 돌에 새겨진 금석문 연구에 독보적인 존재가 되었는데, 북한산 진흥왕 순수비도 발견하여 고증학 연구에 큰 공적을 남겼습니다.

1840년 윤상도의 옥에 관련되어 제주도로 귀양을 간 그는 1851년 헌종의 묘를 옮기는 문제로 또다시 함경도 북청으로 유배되었습니다.

서예와 금석문 연구뿐만 아니라, 난초·대나무·산수화 등의 그림에도 뛰어난 솜씨를 지닌 화가로도 유명합니다. 제주도로, 함경도 북청으로, 한반도의 남북 끝으로 유배를 다녔던 그는 귀양살이를 하면서도 학문 연구와 예술 연마를 게을리하지 않았으며, 찾아오는 사람들에게 학문과 예술을 가르쳤습니다.

시문집으로 《완당집》, 작품으로는 《묵죽도》, 《묵란도》 등이 유명합니다.

추사체를 이룩한 서예 대가

서예에서 독창적인 추사체를 이룩하고 예서와 행서의 새로운 경지를 개척한 한국 서예 사상 독보적인 명필가 추사 김정희. 금석문 연구로 고증학 연구에도 큰 공적을 남겼다.

◀ 김정희 영정

새로운 변혁의 시대

조선 왕조 500년은 정치 · 경제 · 사회 · 문화 등 여러 분야에서 새로운 변혁의 시대였습니다.

이러한 변혁은 고려 시대의 귀족 · 호족 중심 사회로부터 조선의 재상 중심의 양반 관료 체제 사회로 넘어오는, 단순한 왕권에 의한 정권 교체에 그친 것이 아니라 제도적인 대변혁의 새로운 전진을 보여 준 것이었습니다.

이성계가 고려를 멸망시키고 조선을 건국한 15세기에는 조선 왕조의 새로운 왕권이 강화되고 양반 관료와 재상들이 정치의 중심이 되면서 통치 지배 구조가 바뀌었고, 제도가 고쳐지면서 나라의 재정도 달라지는 변화가 있었습니다.

이런 바탕 위에서 나라는 안정을 찾았고, 백성들을 위한 정책이 세워지고 실행되는 모습을 보여 주었습니다.

▲ 이성계 영정

외교적으로도 중국을 비롯하여, 일본 등과의 빈번한 교류가 이루어지고 문물의 교류를 통한 국력의 신장과 문화의 발전으로 실용적인 발전을 가져오게 되었습니다.

16세기로 접어들어서는 농업, 상공업, 수산업 등의 발전이 이어지면서 성리학이 사회와

▲ 조선 시대 임금이 업무를 보던 옥좌

생활을 지배하는 새로운 모습을 보이기 시작하였습니다.

그러다가 재상 중심의 정치가 이어지면서 세력 간의 파벌과 당쟁이 깊어지고, 국력이 소모되고 민생이 외면되는 모순도 불거졌습니다. 나라 안에서는 당파 싸움이 계속되고, 바다 건너 일본에서는 대륙 진출을 핑계로 한반도를 넘보다가 임진왜란을 일으켜 삼천리강산을 쑥대밭으로 만들었습니다.

17세기에는 청나라가 침략하여 병자호란으로 난리를 겪는 등, 외세의 침략이 잇달아 나라와 백성들이 곤경에 빠졌습니다.

18세기에는 실학이 발전되기는 하였으나, 쇄국 정책으로 빠르게 발전하는 외

▲ 경복궁 내의 향원정

국의 정세에 눈을 감아 버렸습니다.

  19세기에는 대한제국이 새로운 전진을 내세웠으나 나라의 기운이 이미 쇠퇴하여 힘을 내기에 어려움이 많았습니다. 그런 국내 현실을 꿰뚫어 본 일본은 대륙 진출을 위해 제국주의 식민 정책을 교묘하게 세워 한반도를 침공하였고 조선 왕조의 실권을 빼앗아 갔습니다. 결국 조선 왕조는 500년 역사의 종말을 맞이했습니다.

▲ 세종대왕 동상

《훈민정음》

우리나라 말이 중국과 달라
한자와는 서로 잘 통하지 아니한다.
이런 까닭으로 어리석은 백성들이
말하고자 하는 바 있어도 마침내
제 뜻을 펴지 못하는 사람이 많다.
내가 이것을 가엾게 생각하여
새로 스물여덟 글자를 만드니
모든 사람으로 하여금 쉬이 익혀서
날마다 쓰는 데 편하게 하고자
할 따름이니라.

《훈민정음》 반포도(세종대왕 기념관 소장)

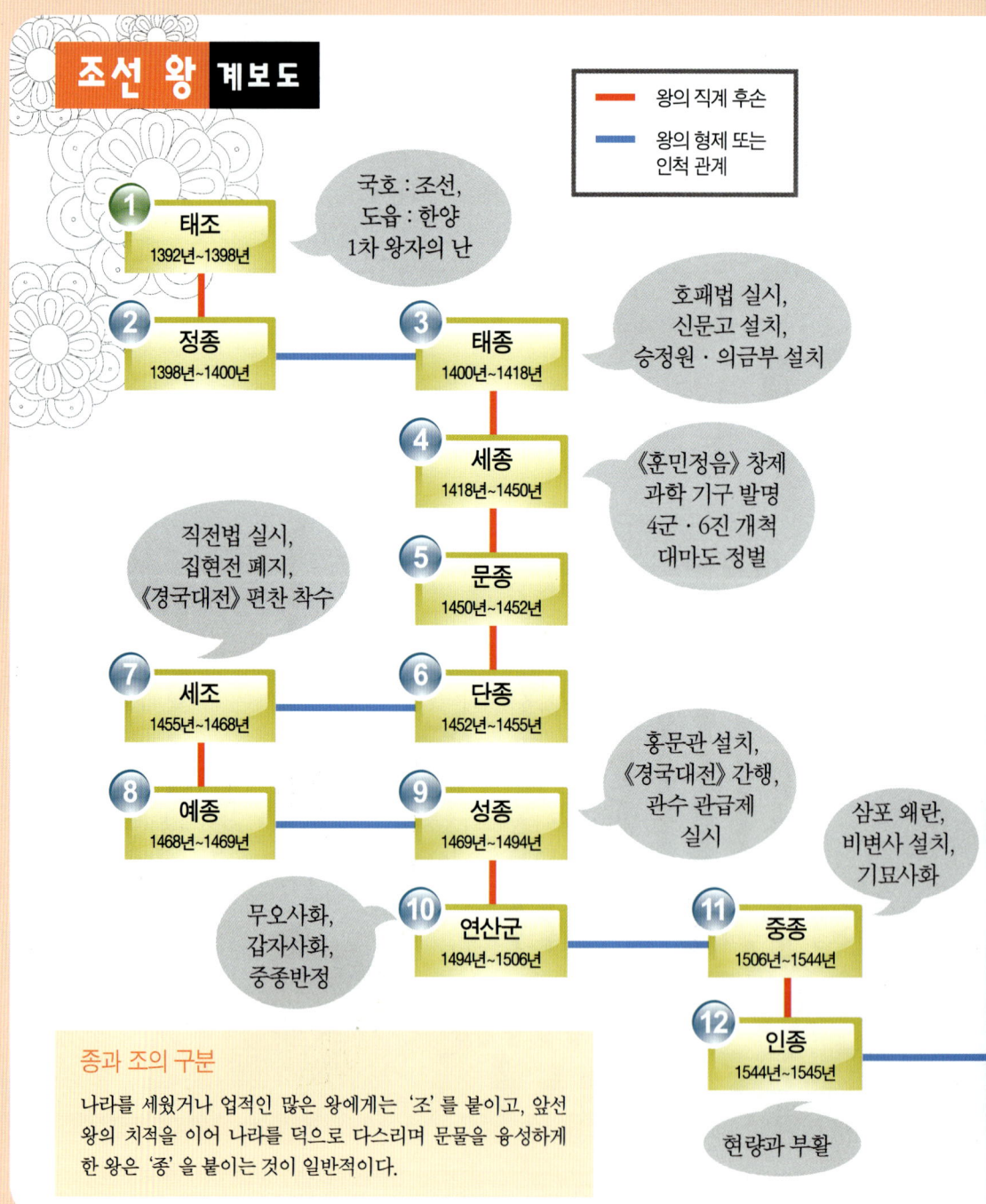

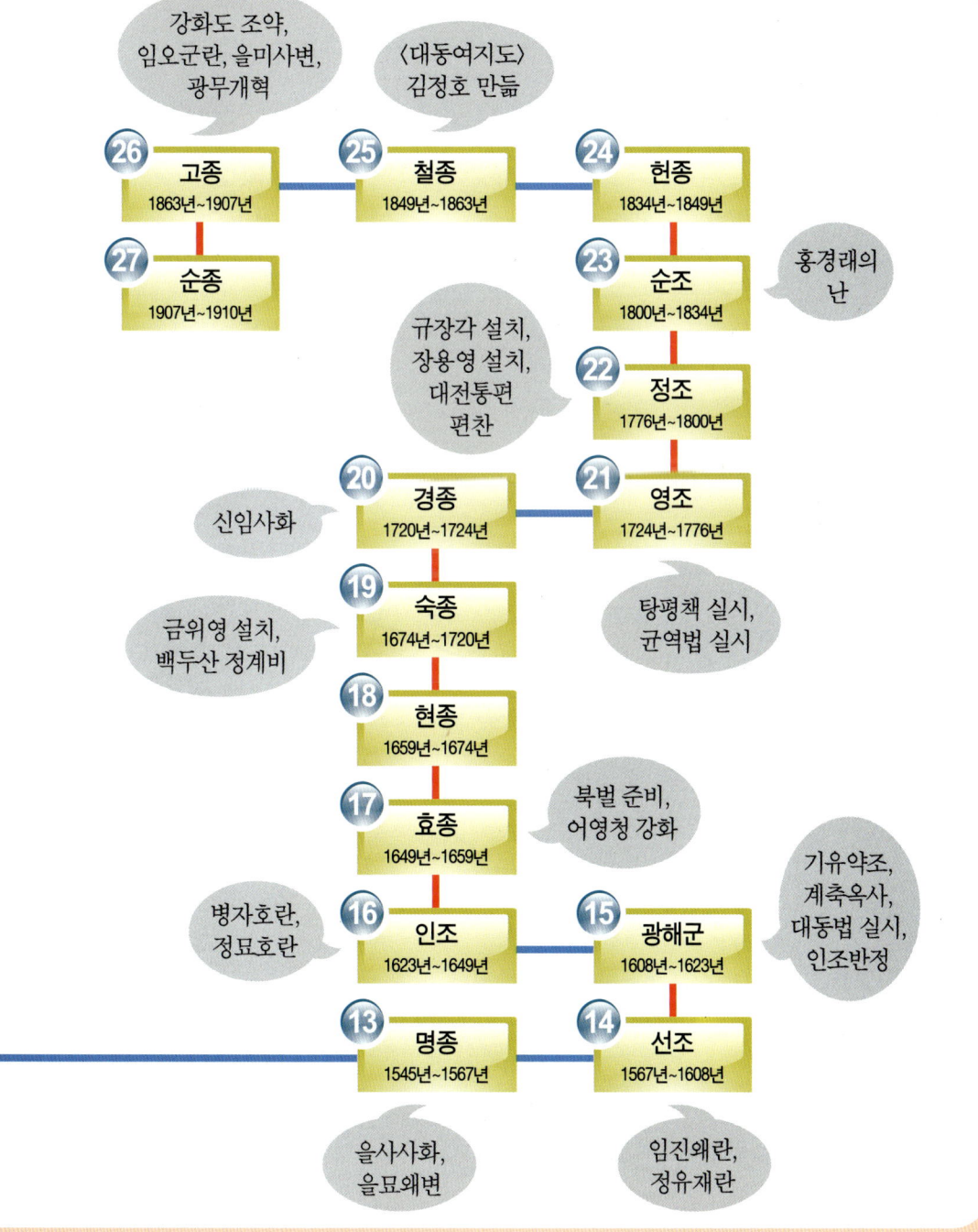

지도로 보는 조선 시대

▶ 조선의 성립과 발전

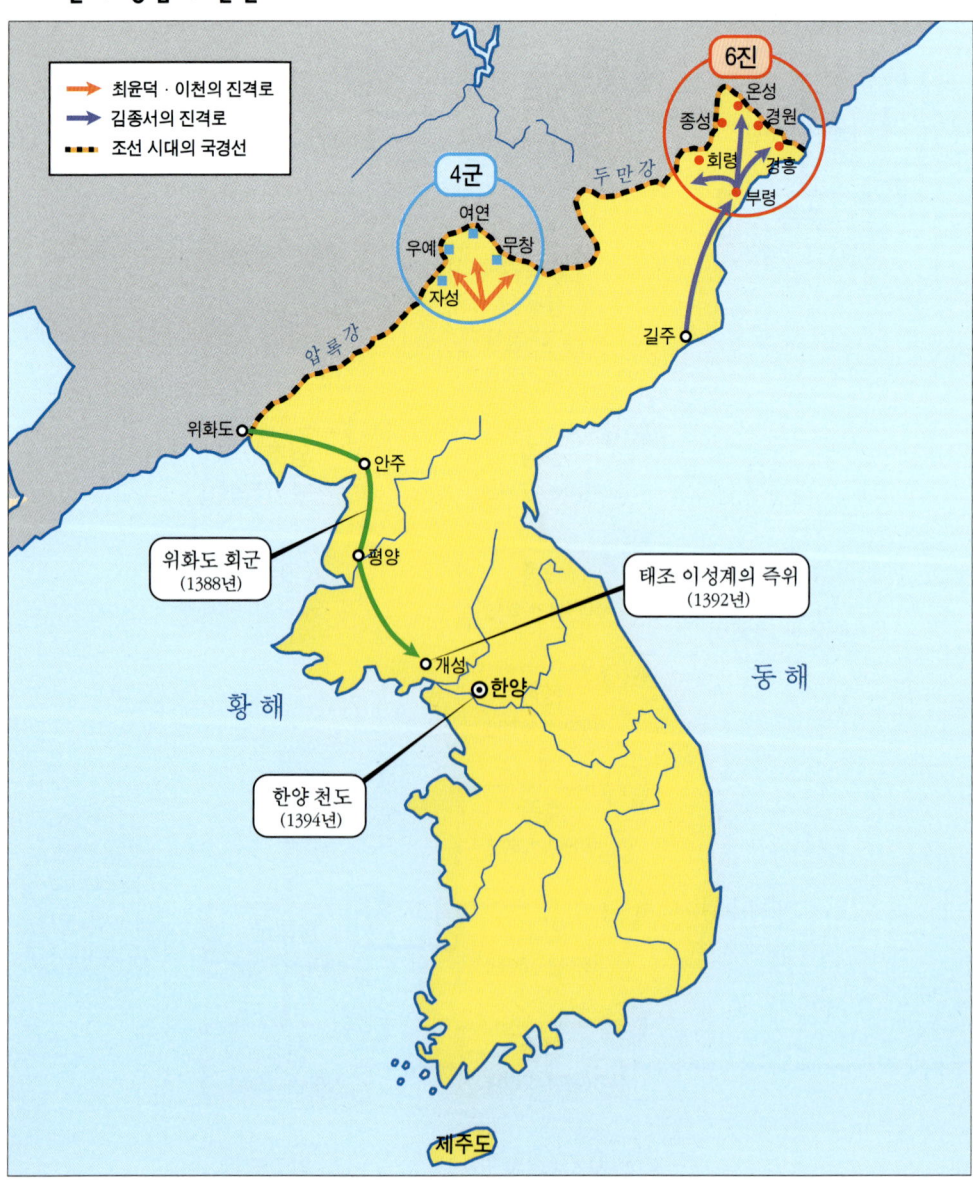

▶ 조선의 지방 행정 조직

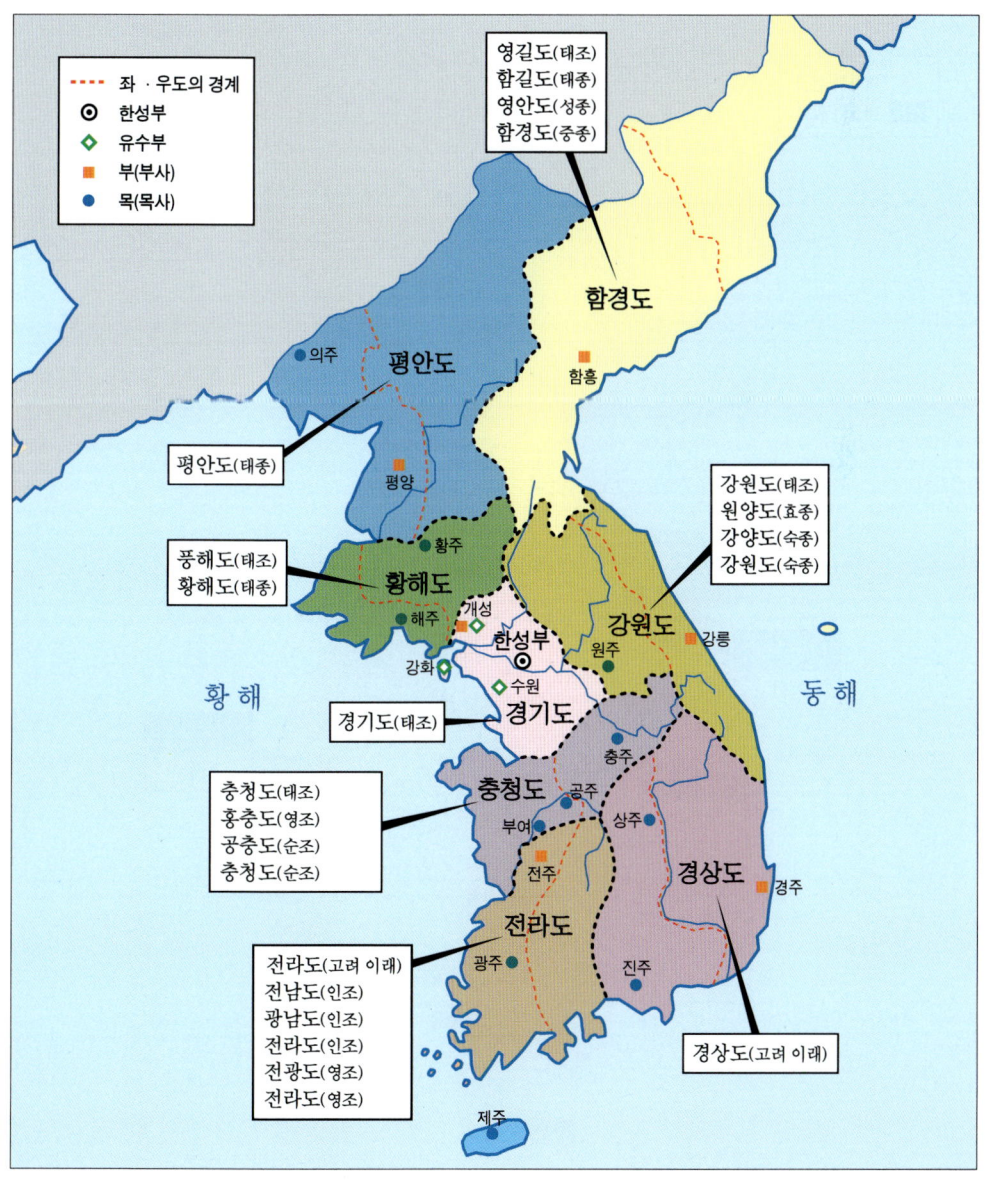

지도로 보는 조선 시대

▶ 사림의 출현과 성장

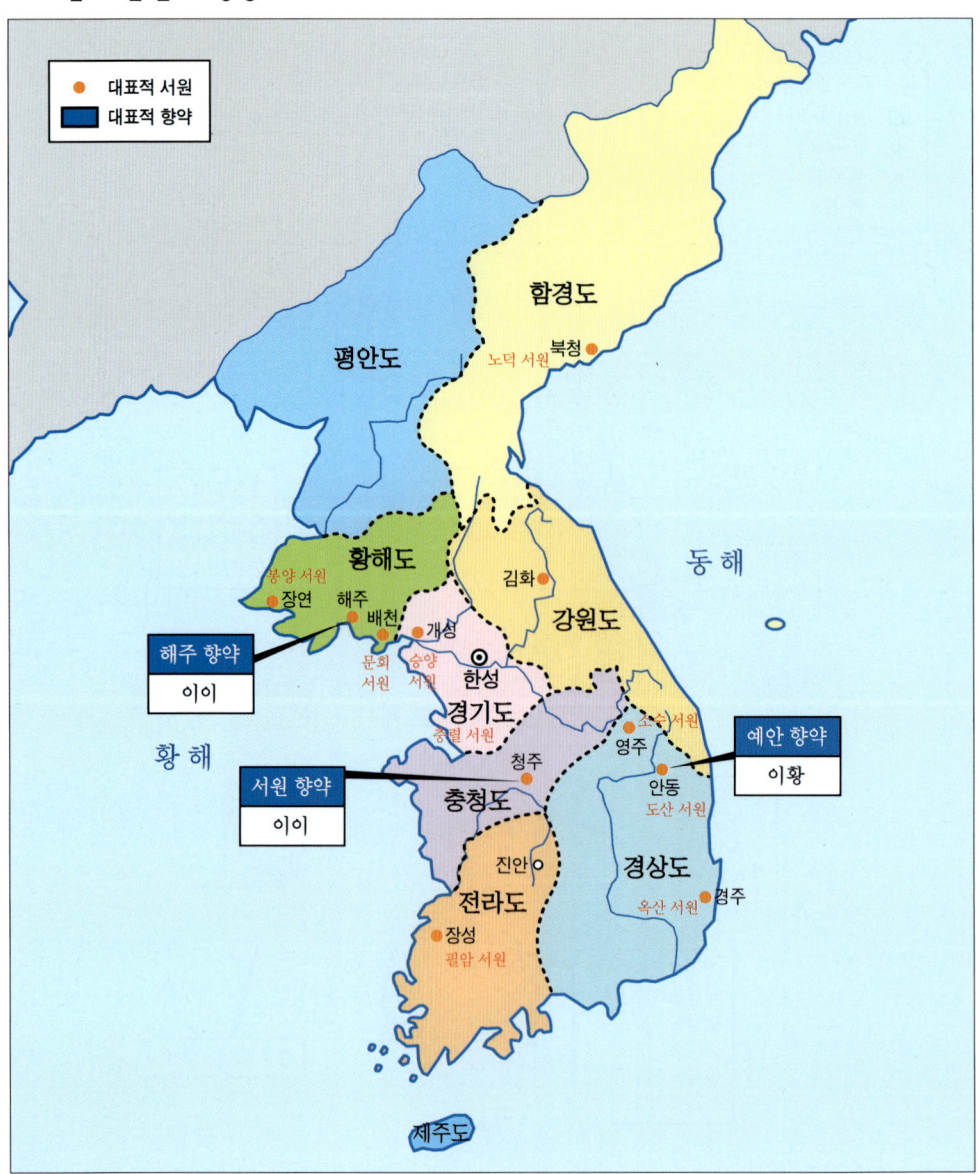

▶ 왜란과 우리 민족의 대응

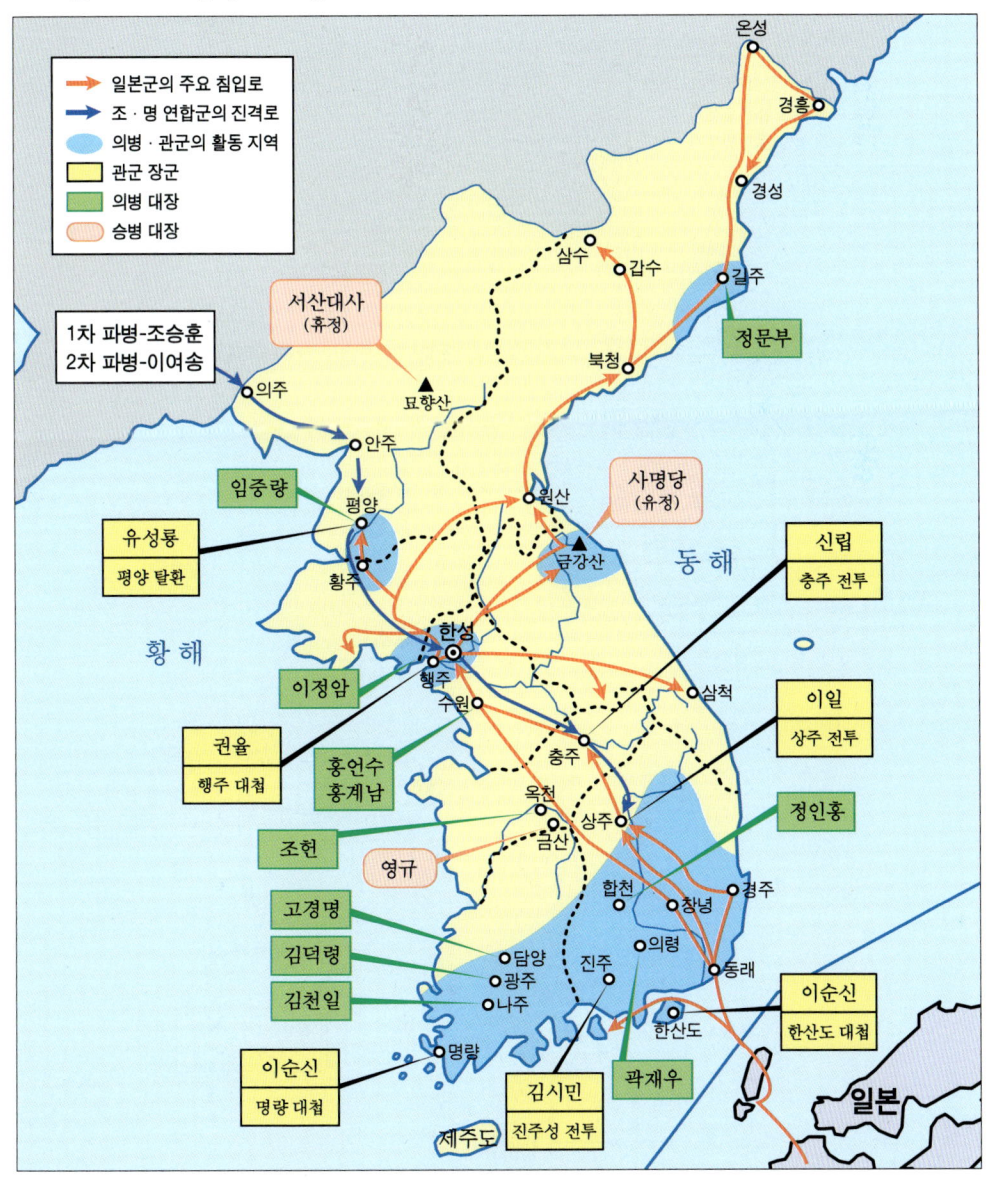

지도로 보는 조선 시대

▶ 조선 후기의 농민 항쟁

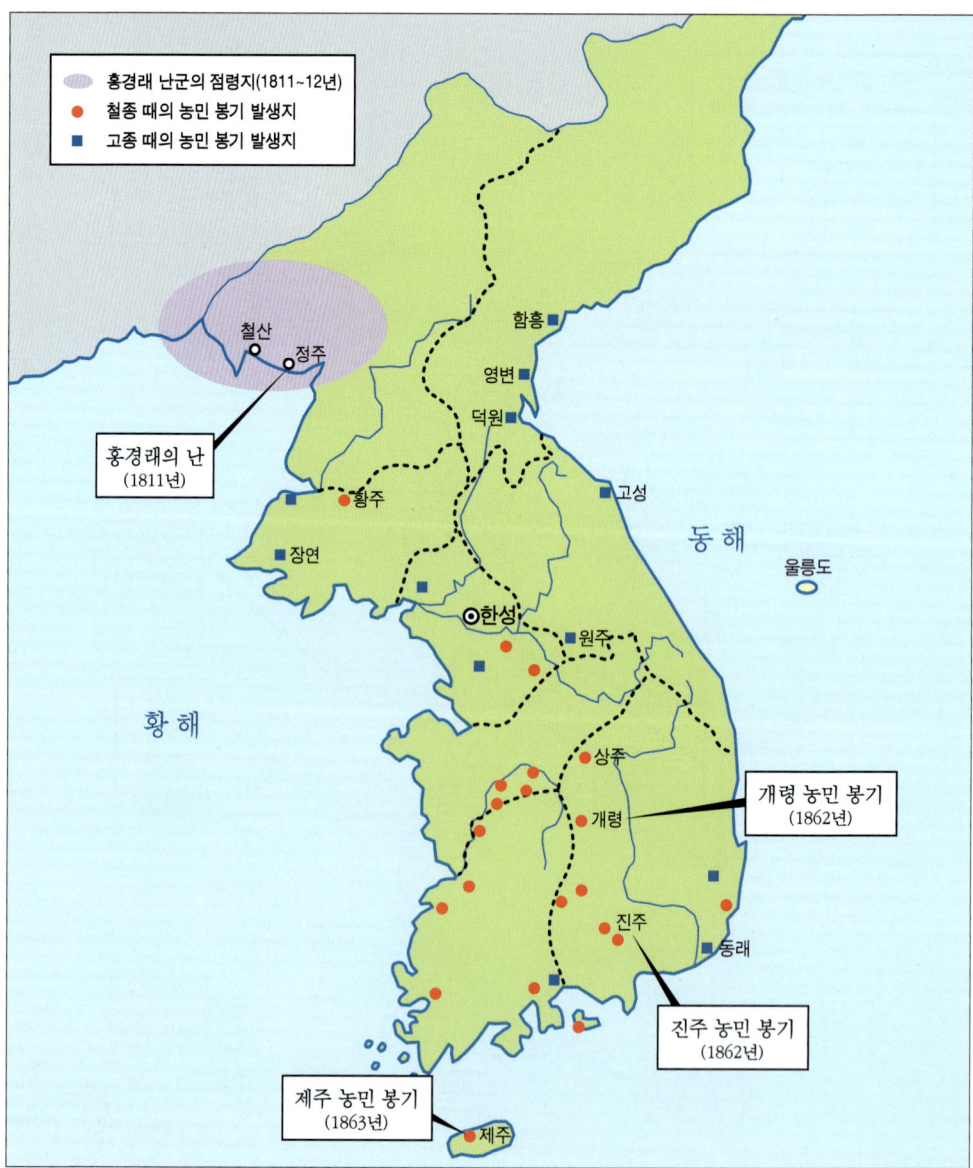

▶ 열강의 침탈과 통상 수교 거부 정책

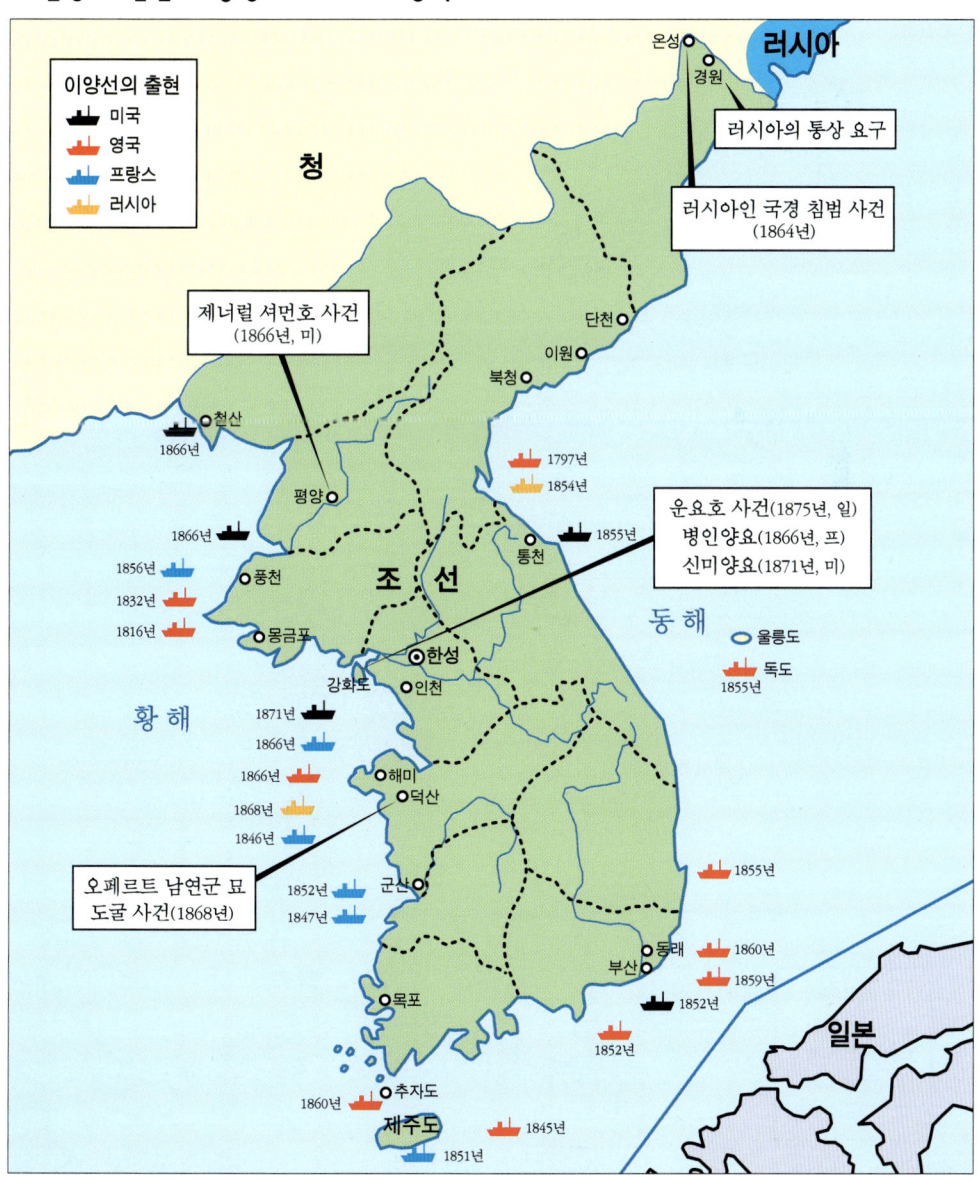

지도로 보는 조선 시대

▶ 조선 후기 상업과 무역 활동

▶ 조선 후기의 수공업과 광업

77 쇄국을 고집한
흥선대원군

본명 · 이하응
직업 · 조선 말기의 왕족, 정치가
출생 · 1820년
사망 · 1898년

개방을 거부하고 쇄국에 매달렸던 흥선대원군, 그는 조선 왕조 500년사를 서둘러 단축시킨 정치가가 되고 말았습니다.

고종(조선 제26대 왕)의 아버지 흥선대원군은 영조(조선 제21대 왕)의 현손 남연군의 아들인데, 글씨와 그림에 남다른 재능을 갖고 있었습니다. 그는 헌종(조선 제24대 왕) 9년인 1843년에 흥선군에 봉해진 뒤, 도총관 등 별로 할 일이 없는 직책에 머물러 있었습니다.

철종(조선 제25대 왕)의 뒤를 이을 왕자가 없자, 대왕대비 신정왕후에게 가까이하여 자기의 둘째 아들 고종을 후계자로 삼는 데 성공하였습니다. 철종이 죽자 고종이 등극하고 자신은 대원군이 되어 실권을 잡았습니다. 권력을 행사하던 안동 김씨 축출, 부패관리 추방, 인재 등용, 사원 정비, 행정과 군사권 분리, 사치와 낭비 억제, 세금제도 개선 등 의욕적인 개혁도 서둘렀습니다.

한편으로는 임진왜란 때 불탄 경복궁을 고쳐 짓기 위해 원납전을 강제로 거뒤들이고, 대동강으로 들어온 미국 상선을 불태웠으며 강화도 해안으로 들어온 프랑스 군함을 내쫓고, 천주교를 탄압하며 쇄국 정책을 강화하였습니다.

대원군의 쇄국 정책은 외국 문물의 흡수가 늦어지고 조선의 발전을 가로막는 결과가 되고 말았습니다. 대원군은 며느리인 명성황후(민비)와 치열한 정치적 대결을 벌였으며, 명성황후를 일본 자객들에게 죽게 만드는 시해 사건을 불러들였고, 자신도 대권을 잡는 데 실패하고 밀려났습니다. 아들인 고종이 그의 장례식에도 나가지 않을 만큼 사이가 나빴습니다.

대원군의 쇄국 정책은 근대화 발전에 크나큰 지장을 가져왔고, 일본에게 나라를 빼앗기는 원인을 제공한 셈입니다.

나라의 문을 걸어 잠근 쇄국 정책

서양 나라들은 교역을 통해 날로 발전하는데 외국으로 통하는 한반도의 문을 걸어 잠근 채 쇄국 정치로 옹고집을 부리는 대원군. 그러나 그도 백성들의 눈과 귀를 막는 데는 실패하였다.

◀ 흥선대원군 영정

78 한국 최초의 신부
김대건

본명 · 김대건
세례명 · 안드레아
직업 · 천주교 신부
출생 · 1822년
사망 · 1846년

한국 천주교 최초의 신부로 순교한 김대건은 한국에 천주교의 뿌리를 내린 성인으로, 한국 천주교 창설 200주년을 맞은 1984년 로마 교황 바오로 2세에 의해 시성됨으로서 성인품(聖人品)에 올라 있습니다.

1836년 프랑스 신부 모방에게 영세를 받고 예비 신학생으로 선발되어 마카오에 있는 파리외방전교회 동양경리부로 가서 책임자인 리부아 신부로부터 신학과 프랑스 어, 라틴 어를 배우는 동시에 중등 과정의 교육을 받았습니다.

그 뒤 르그레즈 신부의 문하생으로 신학, 신철학을 연구한 김대건은 1842년 프랑스 함대의 제독 세실의 통역으로 있다가 귀국하려는데 천주교를 박해하는 '기해년 박해 사건'이 일어나 천주교인에 대한 감시가 심하여 귀국하는 데 실패하고 몽골 바쯔자 지방으로 들어갔습니다.

그곳에서 메스트르 신부 문하생으로 신학 과정 공부를 마치고 부제품 품계를 받은 뒤, 네 차례에 걸친 귀국 노력 끝에 홀로 들어와 서울에 잠입하여 천주교 박해와 관련된 사항과 어려움을 겪고 있는 천주교 교세를 늘리는 데 힘을 쏟았습니다.

프랑스 외방전교교회의 지원을 받기 위해 쪽배를 타고 중국 상해로 건너가 금가향신학교에서 사제 서품을 받고, 한국 최초의 신부가 되어 만성성당에서 처음으로 미사 집례를 하였습니다.

1846년, 선교사들이 입국할 수 있는 비밀 항로를 답사하던 중 등산진에서 체포되고 서울로 압송되어 심문과 고문 끝에 그해 9월 16일 새남터(노량진)로 끌려가 사형을 당하여, 25세의 젊은 나이로 순교하였습니다.

그의 유해는 새남터에서 미리내→용산신학교→혜화동 대신학교 성당으로 이전되었습니다.

천주교 신부로 순교

이 땅에 천주교 복음을 전파하다가 체포되어 모진 고문을 받다 새남터(서울 노량진)에서 순교한 김대건. 그는 한국의 첫 번째 천주교 신부였다.

◀ 김대건 신부 영정

79 동학의 창시자
최제우

본명 · 최제우
직업 · 조선 말기 동학 운동가
출생 · 1824년
사망 · 1864년

유교, 불교, 선교의 교리를 종합하여 동학 운동을 처음 시작한 최제우는 몰락한 경주 양반의 서자로 태어났습니다.

일찍 부모를 여의고 인간의 생사에 의문을 품고 전국의 아름다운 산과 절을 찾아다니며 인생의 진리를 배우려고 하였습니다. 그 무렵 우리나라는 당파 싸움과 양반 계급들의 횡포가 심한 가운데, 서양의 문물과 세력이 들어오면서 백성들은 새로운 사상에 눈을 뜨기 시작했습니다.

그는 1855년 어느 날 금강산 유점사에서 왔다는 한 스님으로부터 《을묘천서》를 받아 읽고 그로부터 49일간의 기도에 들어갔는데, 49일간의 기도는 절을 옮겨 다니면서 여러 차례 계속되었습니다.

고향으로 돌아온 그는 용담정에서 출입을 금한 채 다시 수도생활을 계속하였고, 1860년 4월 5일 신비스러운 깨달음을 체험하게 되었습니다. 무릎을 꿇고 앉아 기도를 올리고 있었는데 신비한 경지로 빠져 들어가는 것이었습니다.

그때 그는 "내가 바로 한울님이다! 내가 너를 세상에 내보내어 새 법을 가르치게 하겠다!"라는 진리의 말을 들었습니다. 이를 가리켜 한울님(하느님)과의 대화 즉, '천사문답'이라고 합니다. 도를 깨달은 그는 서학에 맞선다는 뜻의 동학을 세웠는데, 동학의 근본 사상은 '인내천' 즉 '사람은 곧 한울님이다!' 입니다.

그는 동학의 근본 사상을 담은 포덕문을 만들어 포교를 시작하였는데, 그때 조정에서는 동학이 나쁜 종교라며 그를 체포하여 모진 고문 끝에 처형하였습니다. 그러나 동학 세력은 더욱 확대되어 동학 혁명과 3·1 독립운동으로 이어졌습니다.

"사람은 곧 한울님이다."

유교, 불교, 선교의 교리를 종합하여 서학에 맞선다며 동학을 세운 최제우. 체포되어 모진 고문 끝에 처형되었고, 이를 계기로 동학 혁명이 일어났다. 천도교 교조 최제우가 남긴 시에 자주 나오는 '봉황'이라는 낱말을 딴 봉황각이 1912년에 손병희에 의해 세워져 천도교의 신앙생활을 심어주는 한편 지도자들에게 역사의식을 심어 주는 수련장으로 사용, 1919년 3·1운동의 구상을 이룬 곳이다.

80 민중 일깨운 '녹두장군'

전봉준

본명 · 전봉준
직업 · 조선 말기 동학운동 지도자
출생 · 1855년
사망 · 1895년

전봉준은 부패한 지방 군수의 횡포를 보고 농민들을 이끌어 동학 혁명을 일으킨 '녹두장군' 입니다. 그는 어린 시절, 아버지가 포악한 군수에게 항의하다가 잡혀 죽임을 당하는 끔찍한 사건을 보았습니다. 그때 어린 전봉준은 "모든 사람은 평등하다."와 "나랏일을 바로잡고 백성들을 편안하게 하자!"는 동학사상에 마음이 끌렸습니다.

그 뒤 1892년 고부 군수로 부임한 조병갑이 가난한 농민들의 양곡과 재물을 강탈하자, 이번에는 전봉준이 일어섰습니다. 농민 대표들과 함께 군수를 찾아가 바른 정치를 해 달라고 요청하였는데, 군수는 그 자리에서 거부하고 더욱 포악한 정치를 일삼으면서 전봉준을 감시하는 것이었습니다. 참다못한 전봉준은 1894년 1월, 농민들을 이끌고 군청을 습격하여 부패한 관리를 붙잡아 가두고, 창고에 쌓아 둔 양곡을 풀어 농민들에게 나눠 주었습니다.

전봉준은 조정에서 보낸 이용태로부터 "다시는 그런 일이 없도록 하겠다."

는 약속을 듣고 관리들을 풀어 주고 농민들을 해산시켰습니다. 그러나 이용태 또한 횡포가 심하여 전봉준은 다시 농민군을 조직하고 '서양과 왜적 배척, 부패한 관리 추방, 정치의 개혁, 노예 해방' 등을 외치면서 혁명을 일으켜 부안·전주·정읍 등을 점령하였습니다.

조정에서 관군과 일본군으로 동학 토벌군을 편성하자, 전봉준은 손병희의 10만 동학군(농민군)과 힘을 합해 서울로 진격하였고, 이를 본 경상도와 함경도에서도 동학 지원군이 일어났습니다. 그러나 조직적인 일본군에게 패배하면서 동학 혁명은 뜻을 이루지 못하였고, 순창으로 피신했던 전봉준은 배신자의 고발로 체포되어 사형을 당하였습니다.

관가에 대항하여 투쟁한 '녹두장군'

군수의 횡포에 항의하던 아버지의 죽음을 보고 농민들을 이끌고 동학 혁명을 주도한 전봉준. 손병희와 손잡고 관군과 일본군에 대항하였으나 배신자의 고발로 체포되어 처형당했다.

◀ 전봉준 생가

81 개화 운동의 선구자
유길준

본명 · 유길준
직업 · 조선 말기의 개화사상가
출생 · 1856년
사망 · 1914년

지금은 너도나도 미국 유학을 다녀오지만, 19세기 초만 해도 미국 유학은 꿈 같은 일이었습니다. 그 시절 미국에 가서 공부하고 유럽 여러 나라를 둘러본 청년이 큰 꿈을 안고 인천항에 도착하여 배에서 내려 땅을 밟는 순간 체포를 당하였습니다.

"서양물을 먹고 온 개화파로 체포한다!"

하늘이 무너지는 것 같은 청천벽력을 당한 청년은 바로 미국 유학생 유길준이었습니다. 서울 출신인 그는, 1881년 조선 왕조가 기울어져 가던 때에 일본 도쿄 유학을 다녀와 1883년에 외무 낭관에 임명되었으나 곧 사직하고 전권 대사로 미국을 방문하는 민영익을 따라 미국 유학길에 올라, 1885년 유학을 마치고 유럽 여러 나라를 견학하고 돌아오자마자 체포된 것입니다. 사형은 면했으나 포도대장 감시 아래 연금을 당해 7년 동안 갇혀 있는 생활을 하면서 한국 최초의 유럽 여행기 《서유견문》을 썼습니다.

1894년 외무 낭관에 임명되고, 갑오개혁 때 외무 참의에 오른 뒤 형조 참의, 예조 참의를 거쳐 의정부 도헌을 지냈습니다. 고종 황제가 러시아 공관으로 피신한 아관파천 때 구속되었으나 일본군에 의해 구출, 일본으로 망명을 떠난 그는 순종 황제 때 사면을 받고 귀국하여, 흥사단을 조직하고 교육과 저술에 힘을 기울이면서 개화운동을 펴는 한편, 한국 최초의 국어 문법책《대한문전》을 편찬하였습니다.

일본이 한일병합으로 나라를 빼앗은 뒤 일본이 남작 작위를 주었으나 받지 않았습니다.

연금 생활하며《서유견문》저술

미국 유학을 마치고 유럽을 여행한 뒤 인천항으로 귀국하자 개화파로 몰려 체포, 연금당해 갇혀 있는 동안에 유럽 여행기《서유견문》을 펴낸 유길준.

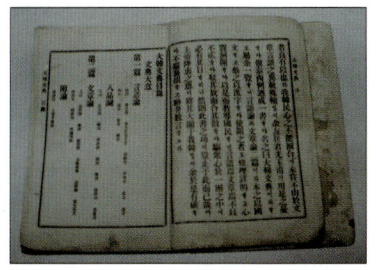

◀《서유견문기》

82 청년 애국 운동가
이상재

본명 · 이상재, 호는 월남
직업 · 민족운동가
출생 · 1850년
사망 · 1927년

국민들이 일제 식민통치로 억압받던 시절, 서재필 등과 독립협회를 만들고 독립운동에 앞장섰던 월남 이상재. 그는 잔혹한 일제에 맨손으로 항거하며 애국운동에 몸 바친 거룩한 삶을 살았던 인물입니다.

교육, 종교, 언론, 사회운동으로 민중들을 계도하다가 세상을 떠나자 한국 최초의 사회장으로 장례를 치렀는데, 10만 군중이 모여 그의 죽음을 슬퍼하였습니다.

고종 황제 4년인 1867년 과거 시험에 응시하려고 서울로 올라온 이상재는 당시 승지였던 박정양을 만나 그의 집에 머물면서 나라 안팎의 흐름을 배웠습니다. 박정양 · 김옥균 등이 신사유람단으로 일본을 시찰할 때 수행원으로 따라갔고, 우정국 주사로 있을 때 갑신정변이 일어나 개화파가 세력을 잃자 사직하고 고향인 충남 서천으로 내려갔습니다.

고종 24년 박정양이 초대 주미 공사로 임명되자 공사관 서기로 그를 수행하여 미국으로 건너갔으나 청나라의 압력으로 이듬해 귀국하였습니다.

갑오개혁이 일어나고 정부 기구가 개편되면서 우부승지를 거쳐 학무국장을 맡아 신교육령을 반포하여 소학교·중학교·사범학교·외국어학교 등을 설립하였으며, 외국어학교 교장을 지냈습니다. 만민공동회의 사회를 맡아 정부에 보내는 결의 사항을 채택하였는데, 이때 우리나라에서는 처음으로 다수결의 의결 방법을 채택하였습니다.

YMCA 종교부 총무 겸 교육부장, 보이스카우트 초대 총재, 신간회 초대 회장, <조선일보> 사장 등을 지내며 사회운동과 독립운동에 일생을 바쳤습니다.

1962년 대한민국 건국훈장 대통령장이 추서되었습니다.

일제에 항거한 거룩한 일생

서재필 등과 독립협회를 만들고 일제에 항거하며 애국운동에 몸 바친 이상재. 교육·종교·언론·사회운동으로 민중들을 계도. 사망 후 한국 최초로 사회장으로 장례.

◀ 이상재 동상

83 우두법을 보급한
지석영

본명 · 지석영
직업 · 조선 말기의 의사, 국어학자
출생 · 1855년
사망 · 1935년

19세기 초 우리나라에서는 천연두를 '마마' 또는 '손님'이라 하여 매우 무서운 전염병으로 여겼습니다. 천연두를 앓고 나면 얼굴 피부가 흉측하게 망가져 곰보가 되는 사람들이 상당히 많았기 때문이었습니다.

이를 예방할 수 있는 종두법을 실학파의 정약용이 중국 청나라에서 도입하였으나, 그때는 서양의 것이라면 모두 천주교와 관련이 있다고 여겨 무조건 박해하던 때라 보급할 수가 없었습니다. 이런 시절 지석영은, 반세기 전에 영국의 제너가 종두법을 발견한 것을 무척 신기하게 여기고 관심을 가졌습니다.

그는 1879년에 부산에 있는 일본인 병원 제생의원에서 종두법을 배워 충주 덕산면에서 종두를 실험하여 성공을 거두었습니다. 이것이 우리나라에서 실시한 종두법의 시초입니다.

지석영은 1880년 수신사 김홍집의 수행원으로 일본으로 건너가 종두법과 약품 제조법을 더 배우고 귀국하였는데, 임오군란이 일어나 일본에서 종두법을 배워온 일로 체포령이 내려졌으나 몸을 피신하여 겨우 목숨을 건졌습니다.

그는 사건이 수습된 뒤 전라도 어사 박영교의 요청으로 전주 우두국에서 종두법에 대한 교육과 천연두 예방접종 실시를 맡았고, 다시 공주에서도 종두법을 가르치면서 천연두 예방에 힘을 쏟았습니다.

한때 조정의 미움을 받아 귀양살이를 한 그는 경성의학교의 교장으로 있으면서 국문연구소를 만들어 국어 연구에도 정성을 기울여《신정국문》,《자전석요》등을 엮어, 한문의 해석과 한글 보급으로 국어 연구에도 큰 공을 세웠습니다.

서양 의술을 도입, 곰보 해방

천연두를 앓고 평생을 곰보로 살아가야 하는 사람들이 더 이상 생기지 않게 한 지석영. 우리나라 최초로 종두법을 실시한 의학자이며, 국문 연구에도 큰 업적을 남긴 국어학자였다.

◀ 지석영 동상

84 일본의 식민 정책 폭로한
이준

본명 · 이준
직업 · 조선 말기의 순국열사
출생 · 1859년
사망 · 1907년

1907년 1월, 일본은 서울에 통감부를 설치하고 미국 · 영국 · 러시아 · 프랑스 · 독일 등 여러 나라의 공사관을 다 폐쇄시켰습니다.

대외적으로 조선을 대표하는 것은 일본 통감부이므로 외국 공사관을 서울에 둘 필요가 없다는 강제 조치였습니다. 이때 조선은 이미 일본의 식민지가 된 것이나 다름없습니다.

고종 황제는 국가의 위기를 서양 국가들에 호소하고 도움을 요청하였으나, 당시의 열강들은 고종 황제의 이런 요청을 들어주지 않았습니다. 그래서 1907년 4월, 네덜란드의 헤이그에서 열리는 만국평화회의에 밀사로 이준 등을 파견한 것입니다. 이준은 서울에서 출발하여 블라디보스토크에서 이상설, 페테르부르크에서 이위종과 합류하여 헤이그로 갔습니다.

만국평화회의 개최 날, 이준 일행은 의장을 맡은 러시아 대표 넬리도프를 방문하고 고종의 친서와 신임장을 전하였는데, 회의 참가 자격이 없다는 일본의 방해로 회의장에 들어가지 못하였습니다. 겨우 그곳의 만국평화회의를 취재하려고 몰려든 기자들에게 조선의 억울한 실정을 호소할 수밖에 없었습니다. 이에 울분을 참지 못한 이준은 순국하고 말았습니다.

고종 24년 초시에 합격한 이준은, 함흥 순릉참봉·한성재판소 검사보를 지내다가, 서재필이 만든 독립협회에 가담하여 초대 평의장을 지내며 <독립신문> 발행에 참여하였습니다.

그는 일본 와세다대학 법학과를 졸업하고 독립운동에 뛰어들었습니다. 1962년 건국훈장 대한민국장이 추서되었고, 다음 해 유해를 서울 수유리 묘지로 이장하였습니다.

헤이그 만국평화회의에서 순국

네덜란드 헤이그에서 열린 만국평화회의에 고종 황제의 밀사로 나가 이상설, 이위종과 합류하여 일본의 식민 정책을 폭로하려고 하였으나 일본의 방해로 회의에 참석하지 못하고 순국한 이준.

◀ 이준 열사의 묘(헤이그, 1963년 이후 한국으로 이전)

85 3·1 독립운동의 지도자
손병희

본명 · 호는 의암
직업 · 독립운동가,
　　　천도교 지도자
출생 · 1861년
사망 · 1922년

　1882년 동학에 들어간 그는 3년 뒤 동학의 지도자 최시형을 만나 수제자가 되었으며, 1894년 동학혁명 때 통령으로 북쪽에서 혁명군을 이끌며 남쪽의 전봉준과 합세하여 정부군 및 일본군과 싸웠습니다. 그러나 동학혁명에 실패한 뒤 원산 · 강계 등지로 피신생활을 한 그는, 1897년 최시형의 후임으로 지하에서 천도교 교세 확장에 힘쓰다가 일본으로 망명했습니다.

　방정환을 사위로 삼고 어린이 운동도 적극 지원한 손병희는 '이상헌'이라는 가명으로 일본에 가서 오세창 · 박영효 등과 독립운동을 펴면서 교세를 확충하고 교육에도 힘썼습니다.

　1904년 진보회를 조직하여 이용구를 통해 동학 조직을 발판으로 16만 명의 회원을 확보하게 하였으나, 그는 손병희를 배신하고 친일 단체인 일진회를 만들었습니다.

　손병희는 귀국하여 일진회를 비판하고 친일 분자들을 동학에서 내쫓은 뒤,

동학을 천도교로 개칭하고 제3대 교주로 활동하면서, 보성·동덕 등 학교를 인수하여 교육 사업을 하는 한편, 보성출판사를 창립하여 출판 사업도 시작했습니다.

그는 대한제국이 일본의 감시를 받아 운명이 이미 기울어진 1919년에 불교, 천도교, 기독교 대표들과 3·1 독립운동을 일으켰습니다.

의암 손병희, 그는 3·1 독립운동 민족 대표 33인의 대표자로 대한독립을 선언하고 일본 경찰에 체포되었습니다. 모진 고문 끝에 1920년 10월 3년형을 선고받고 감옥에 들어갔으나, 병보석으로 나와 치료를 받다가 세상을 떠났습니다. 1962년 건국훈장 대통령장이 추서되었습니다.

3·1 독립운동을 이끈 민족 대표

동학의 명칭을 천도교로 바꾸고 일본에 항거하였으며(이상헌이라는 가명을 사용) 불교·기독교 대표들과 3·1 운동을 일으킨 민족 대표. 방정환의 어린이 문화운동을 적극 지원하고 교육·출판 등에 힘쓰면서 독립운동을 지도했다.

◀ 손병희 동상

86 한글 보급 운동가
주시경

본명 · 주시경
직업 · 한글학자
출생 · 1876년
사망 · 1914년

황해도 봉산에서 태어난 주시경은 어린 시절 서당에서 공부하다가 배재 학당으로 들어가 한글, 국어문법, 산술, 지리, 영어 등을 배웠습니다.

그는 서재필의 애국적인 연설을 듣고 큰 감동을 받은 뒤 독립협회 회원이 되고, 독립협회가 발행하는 〈독립신문〉의 교정원으로 일하면서 국민들을 계몽시키는 데 힘을 기울였습니다.

그는 일본의 탄압에 굴복하지 않고 1905년에 국어 연구와 사전 편찬에 관한 일을 정부에 건의하고, 국어연구소를 세워 연구위원의 한 사람으로 국어 연구에 전념하면서 국민들에게 한글을 일깨워 주는 한편, 여러 학교와 강습소의 국어 강사로 한글을 가르치는 일에도 열성을 다하였습니다.

1910년 최남선이 광문회를 조직하자 여기서 간행되는 국어 관련 옛날 책의 교정을 보는 한편, 《국어문법》 편찬도 맡아 펴냈으며 '한글맞춤법 통일안'의 골격도 세워 놓았습니다.

그는 한글과 한문으로 된《국어문전음학》, 한글로만 서술한《말의 소리》를 편찬하였으며,《국문초학》,《한문초습》등도 펴냈습니다.

그러던 중 1911년에 일본 데라우치 총독 암살을 획책한 '105인 사건'으로 독립운동에 앞장섰던 인사들이 모두 체포될 때 해외 망명을 준비하다가 세상을 떠났습니다.

그의 제자들인 최현배, 장지영, 이병기 등이 주시경의 이론과 정신을 바탕으로 조선어학회를 창립하고 한글맞춤법 통일안을 제정하여 한글맞춤법의 과학적 토대를 구축하였습니다.

1980년 대한민국 건국훈장 대통령장이 추서되었습니다.

한글 보급과 독립운동에 몸 바쳐

독립협회 회원으로 〈독립신문〉 교정원으로 일했으며, 국어연구소에서 활동하며 한글 보급에 힘쓴 주시경. 한글 연구에 몰두하여 국어학 발달을 이끈 선구자로 한글맞춤법 통일안의 주춧돌을 놓았다.

◀ 주시경 영정

87 어린이의 영원한 벗

방정환

본명 · 방정환, 호는 소파
직업 · 아동문학가, 사회사업가
출생 · 1899년
사망 · 1931년

서울에서 태어난 소파 방정환은 미동보통학교를 졸업하고 선린상업학교를 다니다 중퇴한 뒤, 총독부 토지조사국에서 일하던 중 천도교에 들어가 손병희의 눈에 들어 그의 사위가 된 뒤, 1918년 보성전문학교(고려대학교의 전신)에 입학하였습니다.

1919년 3·1운동 때 몰래 등사판으로 〈독립선언문〉을 찍어 배포하다가 체포되기도 하였습니다.

그 뒤 일본 도요대학 철학과를 다니며 아동문학과 아동심리학을 공부한 소파는 동경 유학생인 손진태·윤극영·마해송·조재호·정인섭 등과 어린이 사랑운동 단체인 색동회를 창립하고 '어린이날'을 만들었으며, '어린이'라는 말과 함께 어린이에 대한 존댓말을 쓰기 시작했습니다.

천도교를 중심으로 《어린이》 잡지를 발행하면서 어린이 문화운동을 헌신적으로 폈으며, 천도교에서 발행하는 《신청년》, 《신여자》, 《녹성》 등의 편집도 맡았습니다.

그는 일본의 탄압 속에서도 어린이를 위한 창작동화, 번안동요 발표, 강연회, 동화구연대회, 라디오 방송 등으로 어린이 문화운동을 즐기차게 펼쳤습니다. 또한 세계 아동예술 전람회를 성공적으로 개최하였으며, 최초의 어린이 동화집 《사랑의 선물》을 발간하였습니다.

몸을 돌보지 않고 어린이 문화운동가로 활동하던 그는 피로가 겹쳐 경성제국대학 병원(현재 서울대학 병원)에 입원하였으나 회복하지 못하고 33세 젊은 나이로 세상을 떠났습니다.

유고집으로 《소파아동문학전집》 등이 있고, 망우리에 안장되었으며, 어린이대공원에 소파 동상이 서 있습니다. 금관문화훈장이 추서되었습니다.

어린이 사랑에 헌신, 색동회 창립

나라의 미래는 어린이에게 달려 있다고 강조하며 색동회를 창립하고 어린이 사랑에 앞장섰던 소파 방정환. 우리나라 최초의 아동문학가, 어린이 문화운동가로 영원한 '어린이의 벗'이자 '어린이의 아버지'로 살아 있다.

◀ 방정환 동상

88 의사 독립운동가
서재필

본명 · 서재필
직업 · 독립운동가, 의사
출생 · 1864년
사망 · 1951년

전남 보성에서 태어난 서재필은 7세 때 서울 외삼촌인 판서 김성근 집으로 올라와 한학을 공부하다가 13세 때 별시문과에 급제하였습니다.

그는 일본 육군학교를 졸업한 뒤, 왕에게 사관학교의 설립을 건의하여 조련국 사관장이 되었습니다. 그 뒤 김옥균 등과 함께 갑신정변을 일으켜 병조참판 겸 정령관이 되었으나, 정변에 실패하여 일본을 거쳐 미국으로 망명하여 조지 워싱턴 의과대학에 들어가 세균학을 공부하고 한국인 최초로 서양 의사 자격을 따내고 의학박사 학위도 받았습니다.

대한제국 때 권세를 잡았던 민씨 일파가 몰락하자 귀국한 그는 중추원 고문이 되고, 이상재 · 이승만 · 윤치호 등과 독립협회를 창립하고 <독립신문>을 발행하였습니다.

중국 사신들을 영접하던 영은문을 헐고 그 자리에 독립문을 세웠는데, 수구파와 일부 외국인의 모함으로 출국을 강요받고 미국으로 떠났습니다. 미국 펜실베이니아에서 병원을 개업하고 의사로 활동하다가 3·1 독립운동 소식을 듣고 한국 문제를 세계에 호소하는 한편, 상해 임시정부 미국위원회 위원장을 맡아 미국 교포들을 모아 조국 독립운동을 전개하였습니다. 워싱턴 군축회의에 한국 독립 청원서를 제출하고, 하와이 범태평양 회의에 한국 대표로 참석하여 일본의 식민 만행을 폭로하면서 독립운동에 몸바쳤습니다.

해방된 뒤 1947년에 미군정 장관인 하지 중장의 초청으로 귀국한 그는 과도정부 최고 정무관을 지냈고, 대한민국 정부 수립 때 초대 대통령에 출마하였으나 이승만에게 밀려 낙방하고 다시 미국으로 건너가 여생을 마쳤습니다.

1977년 건국훈장 대한민국장이 추서되었습니다.

〈독립신문〉 발간, 국민 계몽운동 헌신

우리나라 최초의 서양 의사 자격을 따낸 서재필. 독립협회를 창립하고 〈독립신문〉을 발간하면서 환자를 돌보는 일보다 나라의 독립에 앞장섰고, 초대 대통령에 출마했던 정치인이기도 하다.

◀ 서재필 동상

대한제국과 일본의 식민 정책

조선 왕조 끝 무렵인 19세기 말에 대한제국이 들어섰습니다. 부패한 조선 왕조를 청산하고 새로운 활력으로 다시 일어나 나라를 발전시키려는 몸부림이었습니다. 그러나 근대화 후 제국주의 야망을 바탕으로 삼고 침략 수법으로 무장된 일본의 간악한 흉계에 빠져 나라를 빼앗기는 비운에 당면하고 말았습니다.

고종 황제가 세운 대한제국은 국내외의 여론과 독립국가의 건설을 갈망하는 국민들의 열망을 안고 출발하였습니다. 통수권, 입법권, 행정권, 사법권, 외교권 등 국가의 모든 권력을 황제의 대권으로 규정하는 전제정치 국가로 새로 세워진 것이었습니다.

그러나 침략주의 일제는 우리의 대한제국을 자신들의 식민지로 만들기 위한 온갖 계획들을 철저하게 진행시켜 나갔습니다. 일제는 을사조약으로 대한제국의 외교권을 강탈하고 서울에 와 있던 주한 외국 공관들을 추방시키면서 대한제국을 국제적으로 고립 상태로 만들었습니다.

여기서 우리의 선각자들은 국민 계몽운동에 나서는 한편, 일제에 항거하는 독립운동을 전개하기에 이르렀습니다.

▼ 동학 농민군과 일본군의 전투 모습(모형)

89 이토 히로부미를 죽인 안중근

본명 · 안중근
직업 · 항일 독립투사
출생 · 1879년
사망 · 1910년

황해도 해주에서 진사 안태훈의 아들로 태어난 안중근은 한학을 공부하였고 승마와 사격술이 뛰어난 문무를 갖춘 청년이었습니다.

1895년 아버지를 따라 천주교인이 된 그는 신학문을 접하고 프랑스 신부에게 프랑스 어를 배웠습니다. 그 뒤 1905년 을사조약이 체결되자, 평양에서 운영하던 석탄상회를 팔아 남포에 돈의학교를 설립하고 인재 양성에 힘쓰면서, 기울어져 가는 나라의 미래를 걱정하였습니다. 1907년 만주를 거쳐 블라디보스토크로 망명하여 의병운동에 참가하여 대한의군 참모중장이 되었고, 1908년에는 특파 독립대장 겸 아령지구 사령관도 맡았습니다.

의병들을 이끌고 함경도 경흥 · 회령 지역에서 왜군들과 격전을 벌였습니다. 그때 침략의 원흉인 이토 히로부미(이등박문)가 1909년 10월에 러시아 재무장관과 회담하기 만주 하얼빈으로 온다는 소식을 듣고 그를 죽이겠다는 결심을 하고 준비에 들어갔습니다.

이토 히로부미를 사살하는 계획에 대해 우덕순에게 설명하고, 동지인 조도선, 통역인 유동하와 함께 일본인으로 가장한 뒤 이토가 오는 때를 기다려 하얼빈 기차역으로 들어가 숨었습니다.

드디어 열차가 도착하고 이토 히로부미가 내리자 열 걸음 앞에서 눈 깜짝할 사이에 권총 3발을 발사, 정확하게 명중시키며 그 자리에서 사살하는 데 성공하고, 하얼빈 일본 총영사, 궁내 대신 비서관 등에게도 중상을 입혔습니다. 안중근은 현장에서 체포되어 재판을 받고 1910년 3월 26일 여순(뤼순) 감옥에서 사형당하였습니다.

옥중에서 《동양 평화론》을 썼으며, 1962년 건국훈장 대한민국장이 추서되었습니다.

이토 히로부미를 죽인 영웅, 순국 투사

한국 침략의 원흉인 이토 히로부미(이등박문)를 하얼빈 역에서 권총으로 저격한 영웅 안중근 의사. 일제 식민 정책을 세계 만방에 폭로하고 동양 평화를 외치다가 순국한 그의 애국심은 영원히 살아 있다.

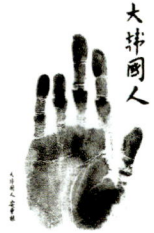

◀ 안중근 의사의 대한국인 손도장

90 3·1운동의 애국소녀
유관순

본명 · 유관순
직업 · 독립운동가
출생 · 1902년
사망 · 1920년

충남 천안에서 태어난 유관순은 미국인 선교사의 소개로 이화학당 보통과를 졸업하고, 1918년 서울 이화학당 교비생(장학생)으로 고등과에 입학하였습니다.

다음 해 3·1 독립운동이 일어나자 학생들과 함께 만세 시위에 참가하면서 애국운동의 길로 접어들었습니다.

총독부에서 휴교령을 내리자 고향으로 내려가 천안, 연기, 진천, 조치원, 청주 등의 여러 학교를 찾아다니며 만세 시위 운동을 협의하였으며, 3·1운동 한 달 뒤인 음력 3월 1일 아우내 장터에서 시위 행렬을 지휘하며 평화적인 독립만세 시위 운동을 이끌었습니다. 이때 성난 이리 떼 같은 일본 관헌들이 총칼을 휘두르며 달려들어 수많은 동포들이 학살당하는 끔찍한 일이 벌어졌습니다.

일본 관헌들은 그날 유관순을 현장에서 체포하고, 아버지와 어머니를 총살시켰으며, 집도 불살라 버리는 만행을 저질렀습니다.

유관순은 공주 검사국으로 끌려가 그곳에서 영명학교의 만세 시위 운동을 주도하다가 붙잡혀온 오빠 관옥을 만났습니다. 독립만세 시위 운동을 이끌던 남매는 모진 고문을 다 받았습니다.

유관순은 3년 형을 선고받고 서울로 이송되어 법정에서 또 재판을 받았는데, 그때 검사에게 "당신은 나를 심문할 자격이 없다"면서 의자를 집어던졌습니다. 이로써 법정 모독죄가 더 붙어 7년 형이 선고되었습니다.

서대문 형무소에서 복역 중에 독립만세를 외치며 동료들을 격려하다가 갖은 형벌을 받고 옥사하였습니다. 1962년 건국훈장 독립장이 추서되었습니다.

감옥에서도 독립운동을 이끈 순국 소녀

법정에서 일본 검사에게 의자를 던지며 항거하였고, 감옥에서도 대한 독립 만세를 외치며 동료들을 격려하여 온갖 고문 끝에 17세 소녀로 옥사한 독립투사 유관순, 항일 독립투사의 기백과 정신은 영원히 살아 있다.

◀ 유관순 영정

91 도시락 폭탄

윤봉길

본명 · 우의, 호는 매헌
직업 · 독립운동가
출생 · 1908년
사망 · 1932년

충남 예산에서 태어난 매헌 윤봉길 의사는 일제 때 덕산보통학교에 입학하였으나 식민지 교육을 거부하며 중퇴하고, 한학을 공부하다가 독립운동가로 나섰습니다.

1930년 중국으로 건너간 그는 세탁소, 모직 공장 직공 등으로 일했으며, 1931년 상해로 건너가 김구가 중심이 되어 조직한 한인애국단에 들어갔습니다.

1932년 4월 29일, 일본 천황의 생일인 천장절 기념식 겸 상하이 사변 전승 기념식이 열리는 상해 홍구(홍커우)공원을 쑥대밭으로 만들어 세계의 이목을 끌었던 애국 청년이 바로 윤봉길입니다. 그는 김구와 함께 아침 식사를 하고 자기의 새 시계를 김구의 헌 시계와 바꾼 뒤, 폭탄을 담은 도시락을 들고 경비가 삼엄한 공원으로 들어가는 데 성공하고, 기념식이 열리자마자 경축단 위로 폭탄을 던졌습니다.

폭탄은 요란한 소리를 내면서 폭발하여, 상해 파견 일본군 사령관 시라카와

대장과 일본인 거류민단 가와바다 단장이 그 자리에서 즉사하고, 제3함대 사령관·제9사단장 등이 중상을 입었으며, 그 밖에도 여러 명의 일본 사람이 다쳤습니다.

경축단이 난장판이 된 그 순간, 윤봉길은 소리 높여 대한민국 만세를 외치다가 체포되어 일본의 오사카로 끌려가 모진 고문을 당하였습니다. 그러면서도 끝내 배후자를 밝히지 않고 대한민국 국민 모두가 배후자라는 말만 되풀이하다가 군법회의에서 사형 선고를 언도받고 그해 12월 19일 일본 가나자와 형무소에서 사형을 당하였습니다.

홍구공원 폭탄 사건은 우리 민족 독립운동사에서 세계를 놀라게 한 큰 사건의 하나로 꼽힙니다.

홍구공원의 영웅, 순국 열사

일본 천장절 겸 상하이 사변 전승 기념식장에 폭탄을 던지고 대한 독립 만세를 외친 인간 폭탄 윤봉길. 세계만방에 일제의 잔악함을 몸으로 웅변하고 순국한 그의 정신은 영원히 살아 있다.

◀ 윤봉길 흉상

92 청산리 전투의 영웅
김좌진

본명 · 김좌진
직업 · 항일 독립운동가
출생 · 1889년
사망 · 1930년

충남 홍성의 부유한 가정에서 태어난 김좌진은 15세 때 집안에서 거느리던 종들을 모두 해방시키고 토지도 나눠 주는 근대적 운동을 몸소 실천하였습니다.

1907년 호명학교를 세워 배움의 길을 열어 준 그는, 1905년 육군사관학교에 입학하였고, 대한협회 · 기호학회 · 청년학우회 등의 간부로 활동하였습니다.

1911년 독립운동 자금을 모으다가 일본 경찰에 체포되어 2년 6개월간 감옥살이를 한 뒤, 1916년 광복단에 들어가 항일투쟁을 하였습니다. 이후 만주로 망명하여 '북로군정서'라는 독립군을 조직하고 총사령관이 되어 러시아에서 무기를 사들여 군사들을 훈련시켰습니다.

1920년 그는 청산리에서 이범석 장군과 함께 독립군을 이끌며 숫자도 많고 무기도 앞선 일본군과 격투를 벌였습니다.

이때 기습공격 작전을 전개하여 일본군을 죽이고 도망가는 패잔병들도 무찔러 큰 승리를 거두었습니다. 이 전투를 가리켜 청사에 빛나는 '청산리 전투'라고 합니다.

그는 다시 독립군을 지휘하여 갑산으로 진격하여 그곳에 진을 치고 있던 일본 기병대도 섬멸하여 승리하면서 '청산리 호랑이'로 명성을 떨쳤습니다.

그 뒤 대한독립군단을 조직하여 부총재가 된 그는 성동사관학교를 세워 군사들을 양성하는 한편, 한국총연합회 주석으로 나라를 잃고 만주에서 어려움을 겪는 동포들을 단결시키는 데 정성을 기울이다가 공산주의자 박상실에게 암살당하였습니다.

1962년 건국훈장 대한민국장이 추서되었습니다.

만주 청산리의 호랑이 장군

만주 북로군정서를 조직하고 총사령관으로 왜군들과 싸우면서 독립군 간부를 양성하고 전력이 우세한 왜군을 청산리 전투에서 격퇴한 호랑이 장군 김좌진은 독립군의 표상이었다.

◀ 김좌진 동상

93 최초의 비행사
안창남

본명 · 안창남
직업 · 비행사
출생 · 1900년
사망 · 1930년

서울에서 목사 겸 의관(의술에 종사하는 벼슬)의 아들로 태어난 안창남은 휘문보고를 중퇴하고 일본으로 건너가 먼저 아카바네 비행기 제작소에서 비행기 제조법을 배운 후 오쿠리 비행학교에서 조종 기술을 배웠습니다. 22세 때 제1회 일본 비행사 면허시험에 합격하고, 한국 최초의 파일럿(조종사)이 되었습니다.

안창남은 비행사 시험에 합격한 뒤, 일본 오쿠리 비행학교의 교수가 되는 한편, 도쿄와 오사카 사이를 왕래하는 우편물 운송 비행기의 조종사가 되었습니다.

다음 해 서울로부터 귀국 초청장을 받았습니다. 안창남 귀국방문후원회 초청, 동아일보 후원으로 12월 10일 귀국하였는데, 이때 서울 여의도에서 대대적인 환영회가 열렸습니다. 경성악대의 환영 주악이 울려 퍼지면서 5만 관중이 환호성을 터뜨리는 축하 속에서 안창남은 곡예비행으로 답례를 하였습니다.

그는 어린 시절을 불우하게 보냈습니다. 네 살 때 어머니를 여의고, 열다섯 살 때는 아버지마저 세상을 떠났습니다. 1916년, 미국인 비행사 스미스가 용산 연병장 하늘을 날아가며 멋진 공중 곡예를 하는 것을 처음 구경한 안창남은 순간, "일본 놈들을 한국에서 몰아내야 한다."며 주먹을 불끈 쥐었습니다.

1923년 간토대지진 후 안창남은 "가자, 상해로! 우리 독립군에게 비행 기술을 가르쳐 주어 일본을 쳐부수게 하자!" 고 다짐하며, 상해로 건너가 이상재의 도움으로 신한청년당 여운형과 만나 중국 타이위안 비행학교 교관이 되었습니다. 그러나 안타깝게도 1930년 4월 비행기 추락 사고로 사망하였습니다.

◀ 안창남의 활엽기

"가자, 상해로! 일본을 쳐부수게 하자!"

한국 최초로 22세 때 비행사가 되고 상해에서 독립군에게 비행 기술을 가르쳐 비행기를 타고 일본군을 공격하도록 힘쓴 안창남, 추락 사고로 31세 꽃다운 나이에 사망하였다.

94 태극기를 도안한 박영효

본명 · 박영효
직업 · 조선 말기의 정치가
출생 · 1861년
사망 · 1939년

"**나**라의 상징인 국기가 없다는 것은 말이 안 된다!"

1876년 고종 13년, 일본은 '강화도 조약' 체결이 진행되는 자리에서 "조선에는 왜 국기가 없는가?"라는 트집을 걸었습니다.

문제의 발단은 "운요호에는 일본 국기가 게양되어 있었는데, 왜 조선이 포격을 퍼부었는가?"라는 것이었습니다. 운요호 사건은 1875년 9월 강화도 앞바다에서 일어난 사건인데, 일본 군함이 강화도 해안에 불법으로 들어오자 조선 수군은 포격을 가했고, 일본 또한 보복폭격을 가해 격전이 벌어졌습니다.

그 후 1882년, 고종의 특사로 일본으로 건너가던 박영효 일행은 인천에서 일본 배를 타고 가던 중에 배 안에서 태극사괘의 국기를 도안했습니다.

태극기는 태극 문양과 네 모서리의 4괘 도안인데, 태극은 음과 양의 조화와 우주 자연의 궁극적인 생성원리를 상징하고, 붉은 색은 존귀, 청색은 희망을 나타내는 것입니다.

4괘는 건·곤·이·감인데, '건'은 3개의 흑선으로 하늘·봄·동쪽·어짊을, '곤'은 6개의 흑선으로 땅·여름·서쪽·예의를, '이'는 4개의 흑선으로 해와 가을·남쪽·정의를, '감'은 5개의 흑선으로 달과 겨울·북쪽·지혜를 나타내는 큰 뜻이 담겨져 있습니다.

박영효는 개화사상을 접한 후 청나라·러시아·일본의 침략 다툼 속에서 개혁을 외치면서 갑신정변을 일으켜 실권을 잡았으나 3일 천하로 실패하고 일본으로 망명을 하였으며, 갑오개혁 후 다시 귀국하였으나 고종 반역음모 사건으로 또다시 일본으로 쫓겨 갔습니다. 1907년 이완용 내각 때 궁내부 대신이 되었으나 대신 암살음모 사건으로 제주도로 귀양 갔습니다. 식민 통치 때는 일본으로부터 후작 작위를 받았고, 1920년 동아일보 초대 사장으로 취임하였습니다.

태극기는 우리나라의 상징이다!

혁신을 외치면서 개화당을 조직한 지도자, 우리나라의 존엄성을 나타내는 태극기는 1882년 고종의 특명 전권대사 박영효가 일본으로 건너가던 배 안에서 도안한 뒤 수정되었다.

◀ 태극기

95 애국 시인 스님
한용운

본명 · 정옥, 법명은 용운, 법호는 만해
직업 · 시인, 스님, 독립운동가
출생 · 1879년
사망 · 1944년

"최후의 1인까지, 최후의 일각까지 민족의 정당한 의사를 쾌히 발표하라!"

일본의 잔혹한 식민 통치에 반대하며 3·1 독립운동을 일으킬 때, 민족 대표 33인 가운데 한 사람으로 독립운동을 이끈 지도자 한용운은 시인이자 스님이었습니다.

우리 민족의 심금을 울린 독립선언서는 최남선이 작성하고, 한용운이 마지막 3장을 추가하고, 민족 대표 손병희가 다듬어 확정한 뒤, 기미년 3월 1일 정오 한용운이 낭독함으로써 국내외에 한국의 독립을 선포한 글입니다.

한용운은 충남 홍성 사람으로 동학에 가담하였다가 실패하자 설악산으로 피신하여 백담사에서 승려가 된 뒤, 나라를 강제로 빼앗기자 중국을 유랑하다가 귀국하여 불교 학원에서 교편을 잡았습니다. 그는 독립선언서 작성 및 서명 등으로 체포되어 3년 징역형을 받았으나 감옥에서 '조선 독립의 서'를 작성하여 독립운동의 정당성을 계속 주장하였습니다.

감옥에서 풀려난 뒤에도 적극적으로 독립운동을 전개한 그는 시집 《님의 침묵》을 발간하여 일본에 항거하는 민족의 염원을 읊었습니다.

월간지 《불교》를 통해 불교의 앞날을 걱정하는 글을 싣고 불교 청년운동을 이끌었으며, <조선일보>에 장편 소설 《흑풍》을 연재하여 은유법으로 일제에 저항하면서 민족운동을 고취시켰습니다. 《조선불교유신론》 등을 쓰며 불교 혁신 운동을 전개하고 각종 저술활동을 하다가 중풍으로 1944년에 쓰러져 꿈에 그리던 조국 광복을 못 본 채 입적하였습니다.

1962년 건국훈장 대한민국장이 추서되었습니다. 백담사에 만해기념관이 있고, 만해 문학상이 해마다 시상되고 있습니다.

'님의 침묵'으로 일본에 항거한 스님

3·1 독립선언서의 마지막 3장을 추가하고 서명한 뒤 독립선언서를 낭독했던 시인 만해 한용운. 한국 독립운동을 이끈 지도자 가운데 한 사람이자 불교 혁신 운동에도 헌신한 스님이었다.

◀ 한용운

96 여성 교육가
김활란

본명 · 세례명은 헬렌
직업 · 여성 교육가
출생 · 1899년
사망 · 1970년

한국 최초의 여성 박사이자 네 개의 법학 및 문학 명예박사 학위를 지닌 김활란은 인천에서 김진연의 8남매 가운데 막내딸로 태어났습니다.

이화학당의 초 · 중 · 고등과를 거쳐 대학과를 졸업하고 모교의 교사로 있다가 미국 유학길에 올라, 웨슬레안 대학과 보스턴 대학원에서 공부하고 컬럼비아 대학원을 마친 뒤, 한국 여성으로는 처음으로 철학박사 학위를 받았습니다.

귀국 후 이화전문학교 교장 및 재단 이사장을 거쳐 광복 후에 이화여대 총장을 지내다가, 1961년 정년퇴직 후 명예총장 · 재단 이사장을 지냈습니다. 1946년 9월 파리 국제연합 총회에 한국 대표로 참석하여 "한국인 절대 다수가 공산주의를 결사반대한다."는 유명한 말을 하였고, 정부의 초대 공보처장과 순회대사로도 활동하였습니다.

평생 독신으로 여성 교육 외길을 걸어온 김활란은 남녀 교육의 평등성을 강조하고 이를 실천하는 데 온 힘을 기울인 여성 교육가였습니다. 광복 후 미군정 대표로 파견된 하지 사령관을 만나 신탁통치를 반대하며 하지 장군을 몰아붙인 이야기가 유명합니다.

"하지 장군! 장군은 한국의 독립을 도우려고 왔지, 신탁통치 하려고 오시지는 않았죠?"

"헬렌! 존경합니다. 그러나 정말 까다로운 여성이군요! 말을 꺼내기가 겁납니다."

사람은 누구나 "위대하게 태어나는 사람, 노력으로 위대해지는 사람, 환경이 위대하게 만들어 주는 사람이 있다"고 강조한 김활란은 교육부문 대한민국장, 대한민국 1등 수교훈장 등을 받았습니다.

여성다운 교육을 강조하고 실천

"한국이 왜 일본의 통치를 받아야 하는가? 교육받은 여성이 부엌에 묻혀서는 안 된다!" 한국 최초의 여성 박사 김활란은 여성 교육의 대모로 여성다운 교육을 강조하고 실천한 위대한 여성이다.

◀ 김활란

97 애국가를 작곡한 **안익태**

본명 · 안익태
직업 · 작곡가, 음악가
출생 · 1906년
사망 · 1965년

"민족의 마음을 담은 애국가가 없는 나라는 문화 민족이 아니다!"

안익태는 평양에서 여관업을 하는 집의 셋째로 태어났습니다. 그가 음악과 인연을 맺은 것은 어린 시절 일본 유학생이었던 큰형이 선물로 준 바이올린 때문이었습니다. 너무나 멋진 악기에 마음을 빼앗긴 그는 평양 숭실학교를 다니다 일본 구니타치 음악학교로 유학을 떠나 첼로를 전공하고, 다시 미국 필라델피아 커티스 음악학교와 신시내티 음악학교에서 계속 첼로와 작곡을 공부했습니다.

1936년 유럽으로 건너간 그는 빈에서 20세기 최고의 작곡가로 명성을 떨치는 리하르트 슈트라우스의 지도를 받았습니다. 그때 스승의 주선으로 각국 교향악단을 지휘하는 행운을 얻었습니다.

그 뒤 파리, 런던, 로마, 빈, 로스앤젤레스, 도쿄 등의 세계적 교향악단을 지휘하며 명성을 떨쳤습니다.

스페인 여성 탈라베라와 결혼하여 그 나라 국적을 얻으면서 마드리드 마요르카의 상임 지휘자가 된 안익태는 여러 나라의 초청을 받아 이름 있는 교향악단을 지휘하였습니다.

애국가는 안익태가 미국 연주여행 중 사람들이 당시 스코틀랜드 민요에 애국가 가사를 붙여 부르는 것을 보고 크게 자존심이 상하여 1936년 새로 작곡한 것인데, 작곡가도 모르면서 부르다가 1948년 정부 수립과 동시에 애국가로 공식 제정되어 오늘에 이르렀습니다.

몸은 외국에 나가 있었지만 마음은 언제나 한국에 있었던 안익태는 바르셀로나 병원에서 세상을 떠났습니다. 문화포상, 문화훈장을 받았습니다.

"민족 상징의 노래 애국가를 만들자!"

전 세계 유명 교향악단 200여 개를 지휘했던 음악가, 우리 민족의 마음을 담은 애국가를 만드는 일은 곧 애국의 길이며 조국을 사랑하는 보은이다. 한국의 아들 안익태는 외국에 살았지만 마음은 늘 고국에 있었다.

◀ 안익태

98 세계적인 물리학자
이휘소

본명 · 이휘소
직업 · 이론물리학자
출생 · 1935년
사망 · 1977년

한국의 아들로 태어나 세계적인 물리학자로 이름을 떨친 이휘소는 서울에서 태어나 경기고교 2학년 재학 중에 검정고시를 거쳐 서울대 화학공학과에 수석 입학했습니다.

대학 2학년을 마치고 미국 유학길에 올라 마이애미 대학을 거쳐 펜실베이니아 대학에서 박사학위를 받았습니다. 그는 실력을 인정받아 펜실베이니아 대학 부교수를 거쳐 정교수가 됐으며, 프린스턴고등연구소와 뉴욕주립대학교에서 연구하였으며, 1973년에는 국립페르미가속기연구소 이론물리학부장과 시카고 대학교 물리학 교수가 되었습니다.

이휘소의 뛰어난 업적은 노벨상 수상자들의 수상소감을 통해 증명되고 있습니다. 학계에서는 그가 갑작스런 사고로 일찍 사망하지 않았다면 노벨상을 받았을 것이라고 평가합니다.

이론물리학자로 세계 물리학 발전에 큰 기여를 하였지만, 국내에서는 잘 알려지지 않아 그를 핵물리학자로 잘못 알고 있기도 합니다.

이러한 오해는 1993년 발간된 소설 ≪무궁화 꽃이 피었습니다≫에서 이휘소를 핵물리학자로 핵폭탄을 개발하던 중 강대국에 의해 암살당한 것으로 묘사했기 때문입니다. 소설 ≪무궁화 꽃이 피었습니다≫는 영화화되기도 했습니다.

이휘소는 1974년 한국에 잠시 귀국하여 한국 물리학계에 큰 자극을 주기도 했습니다. 1977년 불의의 교통사고로 세상을 떠나 많은 사람들에게 충격을 주었습니다.

안타깝게 세상을 떠난 세계적인 물리학자

연구에 몰두하면 자리에서 일어나질 않아 '팬티가 썩은 사람'이라 불렸던 이휘소 박사는 현대 물리학 발전에 큰 공헌을 한 세계적인 물리학자이다.

◀ 이휘소

99 민족의 지도자
김 구

본명 · 창수, 호는 백범
직업 · 독립 운동가, 정치가
출생 · 1876년
사망 · 1949년

일제 식민통치 때는 조국 독립을 갈망하며 상해 임시정부를 이끌었고, 광복 후에는 통일 국가를 열망하였던 민족의 지도자 김구는 황해도 해주에서 태어났습니다.

9세 때 한글과 한문을 배우기 시작한 그는 18세가 되던 해에 동학에 들어가 19세 때 동학혁명에 동참하여 선봉장으로 해주에서 700여 명의 동학군을 이끌고 해주성을 공격했으나 패하고 이후 만주로 피신한 뒤 의병단에서 활동하였습니다.

국내로 돌아온 그는 명성황후를 시해한 원수를 갚는다며 일본 육군 중위 쓰치다를 죽이고 체포되어 사형 선고를 받았으며, 고종의 특사로 집행이 중지되었으나 일본의 방해로 풀려나지 못하고, 감옥살이를 하다가 1898년 탈출을 하였습니다.

을사조약이 체결되자 이준 등과 함께 항의 상소문을 올렸고, 34세 때는 안중근과 내통한다는 죄로 체포되었다가 풀려났습니다.

군무관학교를 세우려 한 안명근 사건과 관련되어 또다시 체포당해 17년 형을 선고받았으며, 가출옥하여 3·1운동 후 상해로 망명하였습니다.

상해 임시정부에서 경무국장, 내무총장, 국무령 등을 지내며 임시 정부를 이끌면서 이봉창과 윤봉길의 거사를 지시하였고, 1939년에 임시정부 주석에 취임하였습니다.

한국독립당을 만들고 광복운동을 이끈 그는 광복 후 통일 국가를 염원하며 평양에서 남북협상을 가졌으나 실패하였습니다. 민족의 지도자 백범 김구는 1949년 6월 26일 육군 소위 안두희에게 살해되었습니다.

1962년 건국훈장 대한민국장이 추서되었습니다.

조국 독립, 통일 국가를 외치다 간 정객

"나의 소원은 첫째도 독립, 둘째도 독립, 셋째도 독립이다!" 일제 식민통치 때는 조국 독립을 갈망하였고, 광복 후에는 통일 국가를 열망하였던 민족의 지도자, 육군 소위 안두희에게 살해된 백범 김구.

◀ 김구 동상

100 대한민국 초대 대통령
이승만

본명 · 이승룡
직업 · 독립 운동가,
       초대-2대-3대 대통령
출생 · 1875년
사망 · 1965년

독립 운동가로 상해 임시정부 초대 대통령에 이어 광복 후 대한민국의 초대 대통령으로 나라를 이끈 이승만은 한국 독립과 대한민국 수립에 큰 공을 세우고도 말년을 불운하게 보낸 정치가였습니다. 황해도 평산 출신으로 한학을 배우다가 스무 살 늦둥이로 배재학당에 들어간 그는 서재필이 조직한 독립협회를 통해 개화운동과 독립운동에 힘썼습니다.

독립협회 간부들을 무더기로 체포할 때 그도 구속되어 감옥살이를 하던 중에 민영환의 도움으로 석방된 후 고종의 밀서를 가지고 미국으로 가 도움을 구했으나 실패하였습니다. 그는 미국에 남아 프린스턴 대학에서 공부하고 철학박사가 되었습니다. 한일병합 이후 귀국하여 조선기독교청년회연합회(YMCA)를 중심으로 활동하다가 체포되어 감옥에 갇혔으나 미국 선교사의 도움으로 석방되어 하와이로 떠나 독립운동에 앞장섰습니다.

1919년 3 · 1운동이 일어나자 각국 대표들을 만나 우리나라의 독립을 호소하였고, 상해 임시정부가 수립되면서 초대 대통령을 맡았습니다. 그러나 1925년에 탄핵되어 이후에는 홀로 독립 활동을 계속하였습니다.

광복 후 귀국한 그는 민주주의 최고 지도자로 건국의 기반을 닦고, 1948년 제헌국회 의원에 무투표로 당선되고 그해 8월 초대 대통령으로 취임하였습니다. 대한민국의 이념과 정체성을 반공주의로 확고하게 다진 그는 1950년 북의 남침으로 6·25 전쟁에 휘말렸으나, 2대-3대 대통령을 연임하면서 나라의 기반을 다졌습니다.

초대 대통령에 한해 종신 대통령이 될 수 있다는 사사오입 개헌파동으로 제3대 대통령이 되고, 부정선거로 제4대 대통령에 당선되었으나 4·19 학생 혁명이 일어나 하와이로 망명하여 그곳에서 세상을 떠났습니다. 유해는 가족장으로 동작동 국립현충원에 안장되었습니다.

"뭉치면 살고, 흩어지면 죽는다!"

조국 독립운동을 이끌고, 임시정부 초대 대통령에 이어 광복 후 반일 반공과 자유 민주주의를 내걸고 대한민국을 건국한 민족의 지도자 이승만, 부정선거로 4대 대통령에 당선되었으나 혁명이 일어나 하와이로 망명하였다.

◀ 이승만

근대 시대 319

민주주의 대한민국의 성장

우리나라는 일제 식민통치에서 벗어나 민주주의 대한민국을 수립하였으나, 북쪽의 공산 집단에 의해 또 다른 민족 투쟁에 빠져들었습니다.

새 나라 대한민국 정부는 수립 초기의 혼란과 무질서를 수습하고 평화적인 나라로 우뚝 서려는 노력을 기울이는 데 힘을 쏟고 있었습니다.

그러나 38선 이북의 북쪽 공산정권은 1950년 6월 25일 일요일 새벽 소련제 탱크를 앞세워 남침을 감행하면서 한반도는 같은 민족끼리 총칼을 겨누는 처절한 싸움으로 치달았습니다.

부산까지 밀려 후퇴하였다가 압록강까지 북진을 한 3년 동안의 전쟁은 중공군의 개입으로 한반도는 남과 북으로 갈린 채, '휴전'이라는 그럴듯한 말로 중단되어 총을 쏘지 않는 전쟁 아닌 전쟁 상태로 반세기를 보내고 있습니다.

대한민국의 초대 대통령 이승만은 2대와 3대를 거쳐 4대 대통령으로 당선되었으나, 부정선거를 규탄하며 일어난 4·19 학생 혁명으로 하야하고 하와이로 망명하였다가 그곳에서 세상을 떠났습니다.

민족 전쟁의 비극을 안겨 준 북쪽 공산정권의 김일성은 죽었으나, 그의 아들 김정일이 권력을 물려받으면서 남북 통일의 열망은 무너지고 말았습니다.

반공 자유민주주의 대한민국이 건국되기까지 수많은 사람들이 목숨을 바쳐

싸웠고, 무수한 사람들이 희생되었습니다.

　이처럼 우리 민족은 억울한 죽음의 피를 흘리면서 이 나라 한반도를 지켜 왔고, 또 앞으로도 후손들에게 평화로운 삶의 나라로 물려줘야 합니다.

▲ 38도선 표지석

우리의 뜻과는 아무 상관도 없이, 강대국이라는 외세에 의해 한반도가 다스려지는 상황은 결코 바람직하지 않고, 우리 후손들의 미래를 위해서도 아무 도움이 되지 않습니다.

한반도의 허리를 졸라맨 휴전선을 우리 손으로 걷어 내고 삼천리금수강산을 자유와 평화가 가득한 아름다운 낙원으로 가꾸는 일이 우리들에게 주어진 일입니다. 그리하여 다시는 이 땅에서 같은 민족끼리 서로 죽이고 헐뜯으면서 싸우는 일이 없어야 할 것입니다.

지도로 보는 현대사

▶ 대한민국 정부의 수립

역사 Q&A

Q 고구려 사람들의 옷차림은 어떠했나요?

A 고구려 남자들은 주로 저고리에 바지를 입었고, 여자들은 대체로 저고리에 바지만을 입거나, 치마를 입고 그 위에 포(겉옷)를 걸쳤습니다.

고구려 고분벽화를 통해 고구려인들의 옷차림을 알 수 있는데, 벽화는 고구려의 수도였던 집안(국내성)지역과 평양지역을 중심으로 분포되어 있습니다. 남자들은 저고리에 바지만을 입었고,

▲ 고구려 여인의 옷차림

일부 상류계층에서만 헐렁한 포를 입었습니다. 여자들의 옷차림은 지역에 따라 조금 차이가 있습니다. 집안지역 여자들은 저고리에 바지를 입었는데, 저고리에 치마를 입을 때는 포를 같이 입었습니다. 그러나 평양지역 여자들은 저고리에 치마만을 입기도 했으며, 치마의 형태는 잔주름의 주름치마, 쪽치마, 색동치마로 다양했습니다. 고구려인들은 활동성이 강한 민족입니다. 따라서 이들은 활동하기 편한 저고리에 바지를 주로 입었습니다.

Q 신라의 화랑제도는 어떤 제도인가요?

A 화랑제도는 신라 때 조직되었던 청소년 수양단체입니다.

화랑제도는 심신의 단련과 무사 봉공의 정신을 함양하여, 나라의 기둥을 양성하는 데 이바지한 단체입니다. 화랑과 낭도로 구성되며 화랑 중에는 김유신, 관창 등 많은 장수들이 있었습니다. 화랑들은 '세속 5계'를 규율로 삼았습니다.

■ 세속 5계 ■

事君以忠 [사군이충] : 충으로써 임금을 섬기라. (충)
事親以孝 [사친이효] : 효도로써 부모를 섬기라. (효)
交友以信 [교우이신] : 믿음으로써 벗을 사귀라. (신의)
臨戰無退 [임전무퇴] : 싸움에 임해서는 물러남이 없도록 하라. (용맹)
殺生有擇 [살생유택] : 생명을 죽임에는 가림이 있어야 한다. (자비)

역사 Q&A

Q 백제 왕의 의상은 어떠했나요?

A 백제 왕의 옷매무새에 무령왕릉 출토품으로 장식을 곁들여 보면 아주 찬란합니다.

자색 옷에 꿰매어 붙인 사각형 옷은 오각형의 얇은 금판이 더욱 빛나고, 허리에 두른 은제 과대는 위엄을 더했을 것입니다. 과대는 숫돌 물고기, 청동 등의 장식품을 길게 늘어뜨린

▲ 무령왕릉에서 출토된 금제 장식

아주 화려한 허리띠로, 삼국 시대에는 고구려나 신라의 귀족들도 6세기까지 금·은으로 만들어 사용하였습니다. 왕비는 물론 왕도 귀고리를 달았고 금동제 신발을 신었습니다. 왕의 금동제 신발도 제사 등 특별한 경우의 의례용이 아니고 평상 집무복에도 갖춘 신발일 수도 있습니다. 금동신발은 보기와는 달리 딱딱한 신의 안쪽에 헝겊을 대면 충분히 신을 수 있기 때문입니다.

Q 왜 신라에만 여왕이 있었나요?

A 신라에는 골품제도라는 강력한 신분제도가 있었기 때문에 여왕이 등극할 수 있었습니다.

신라는 고립된 지역적 특성으로 인해 외부와의 교류가 비교적 적고, 그들만의 문화와 풍습이 강했습니다. 또한 신분제도인 골품제도가 있어 오직 성골만이 왕이 될 수 있었습니다.

▲ 화려한 신라 금관

그런데 신라 제26대 왕인 진평왕에게는 아들이 없었으며,《삼국사기》에서는 '성골남진', 성골 출신 남자가 남아 있지 않다고 기록하고 있습니다. 이때 일본에서는 여왕이 등극하였다고 전해집니다. 이에 진평왕이 딸에게 왕위를 물려주려는 생각을 갖게 된 것으로 추측됩니다.《삼국유사》에는 선덕여왕을 '관인명민'하다고 표현하고 있습니다. 너그러우며 인자하고 총명하다는 뜻입니다. 선덕여왕은 신라에서 왕이 될 수 있는 가장 강력한 조건인 성골로서 뛰어난 성품을 지녔으며, 선덕여왕을 뒷받침해 주는 김춘추와 김유신 세력의 힘을 받아 우리나라 최초로 여왕이 될 수 있었습니다.

역사 Q&A

Q 통일신라 시대와 남북국 시대는 어떻게 다른가요?

A 7세기 후반부터 10세기 전반 통일신라와 발해가 멸망하기 전까지의 시기를 이르는 명칭입니다.

통일신라 시대라는 명칭은 신라가 삼국을 통일한 역사에 기준한 신라 중심의 시대 구분입니다.

발해는 우리 역사에서 큰 비중을 차지하지 못하고 있었으나 조선 후기 실학자들이 만주의 역사에 관심을 가지게 되면서 주목받게 되었습니다.

1784년 실학자 유득공은 ≪발해고≫에서 고구려를 계승한 발해를 우리 역사에서 제외하는 것은 잘못되었다고 보고 최초로 남쪽의 신라, 북쪽의 발해가 있던 때를 남북국 시대라 이름 붙였습니다.

발해는 고구려 유민과 말갈족으로 구성되어 있어 우리 역사로 볼 것인지에 관하여는 많은 논란이 있습니다. 그러나 발해를 건국한 대조영이 고구려인이고 외교 관계에서 발해의 입장이 고구려를 계승한 것으로 밝히고 있어 현재 발해를 우리 역사에 넣어야 한다는 입장이 우세합니다.

이러한 인식과 더불어 이전에는 통일신라 시대라는 명칭이 많이 사용되었으나, 최근에는 대부분 남북국 시대라는 명칭으로 바뀌었습니다.

▲ 글씨가 있는 부처상

역사 Q&A

Q 고려청자의 종류는 어떤 것이 있나요?

A 고려청자는 대체로 아무 무늬도 없는 소문이거나 음각, 양각, 투각퇴화 등의 무늬가 다양하게 펼쳐집니다.

순청자

순청자는 다른 물질에 의한 장식무늬가 들어가지 않는 청자를 말합니다. 동·식물 등을 모방해 만든 상형청자도 여기에 속합니다. 이러한 순청자는 고려 시대 초기부터 점차로 세련되어 비취색을 띠게 됩니다. 12세기 초에는 그 정점에 이르며 12세기 중엽 이후 상감청자가 만들어지면서 퇴조하였습니다.

상감청자

상감 기법으로 문양을 나타낸 것을 상감청자라 합니다. 상감기법이란, 바탕 흙으로 그릇 모양을 만들고 반건조한 후 그 표면에 나타내고자 하는 문양이나 글자 등을 파낸 뒤 초벌구이를 합니다. 패인 홈을 회색의 청자 바탕흙 또는 다른 백토나 자토로 메우고 표면을 고른 후 청자 유약을 입혀 다시 구워내는 것입니다.

회청자

고려청자의 일종으로 청자 바탕흙으로 그릇을 빚고 표면에 흑색의 산화철을 주성분으로 한 안료로 그림을 그립니다. 그리고 그 위에 청자 유약을 입혀 구워 낸 자기를 말합니다. 환원 변조법의 고려청자와는 달리 대개 산화번조법으로 구웠기 때문에 황갈색인 경우가 많습니다. 또 대개의 경우 유약이 얇고 바탕흙 속에 모래 등의 불순물이 섞인 것이 많아 표면이 매끄럽지 못합니다.

▲ 청자상감운학문매병

역사 Q&A

Q 조선 시대에 왕과 그의 가족들의 호칭을 알려 주세요.

A 조선 시대 왕의 가족들은 저마다 호칭이 달랐습니다.
- 원자 : 왕의 장자로서 아직 왕세자로 책봉되지 않았을 때 부르는 호칭.
- 대원군 : 임금의 대를 이을 적자손이 없어 방계 친족이 대통을 이어받을 때, 그 임금의 친아버지에게 주던 벼슬. 즉 방계에서 왕위를 계승한 때에 그 왕의 생부에게 주는 칭호.
- 대군 : 왕비에게서 난 아들. 왕의 적자
- 군 : 후궁에게서 난 아들, 그리고 대군에게서 난 아들
- 비 : 왕비, 왕후, 국모 등과 같이 사용하며 왕의 본처
- 빈 : 후궁과 같이 사용하며 왕의 후처
- 공주 : 왕비에게서 난 딸. 왕의 적녀
- 옹주 : 후궁에게서 난 딸. 왕의 서녀

Q 거북선에 대해 자세히 알고 싶습니다.

A 거북선은 이순신에 의해 철갑선으로 만들어져 임진왜란 때 사용되었으며, 일본과의 해전을 승리로 이끌었습니다.

거북선으로 한산도대첩을 승리로 이끈 이순신은 1591년 전라좌도수군절도사에 임명되었습니다. 그는 왜군이 쳐들어올 것을 대비하여 조선 기술이 뛰어난 나대용과 함께 거북선을 건조했습니다. 고려 말부터 제조되었던 거북선이 이순신에 의해 철갑선으로 만들어지면서 실용화된 것입니다.

무적 함선으로 왜구와의 해전을 승리로 이끌었던 거북선은 거북과 비슷한 모양을 하고 있습니다. 뱃머리에는 대포를 쏘는 용머리가 달려 있어 마치 거북의 머리 같고, 배의 윗부분은 거북의 등처럼 판으로 덮고 쇠못을 꽂았습니다. 거북선의 내부를 보면 좌우에는 각각 10개의 노가 있고, 돛대는 세우고 눕힐 수 있게 만들었습니다. 또한 2층으로 되어 있어서 한 층에는 대포, 다른 한 층에는 노를 놓았고, 120~130명 정도가 탈 수 있었을 것으로 추측합니다.

거북선은 함대의 선봉에 서서 돌격선으로 사용되었습니다. 따라서 많이 만들어지지는 않았습니다.

임진왜란이 끝난 후에는 거북선의 필요성이 적어졌습니다. 크기를 키우고, 용도를 달리하는 등의 다양한 변화를 추구했음에도 불구하고 거북선은 점차 사라지게 됩니다. 그러나 임진왜란에서 사용된 무적 함선 거북선의 뛰어남은 현재 세계적으로 그 가치를 인정받아 복원이 이루어져 세계 각지 기념관에 전시되고 있습니다.

역사 Q&A

Q 조선 시대 관직의 명칭 및 그들의 하는 일이 궁금합니다.

A 조선 시대는 왕을 비롯하여 그 밑에 많은 신하들이 정사를 돌봤습니다.

의정부

- 정1품 : 조선 시대 문관의 품계 중 첫째 등급으로 모든 정치와 모든 관리를 총관하는 최고 수장입니다.
- 종1품 : 현재 부총리급으로 세종 때의 녹과 2과에 해당합니다.
- 정2품 : 현재의 장관급 직위로 대표적으로 6조의 판서, 대제학이 있습니다. 대감이라 부릅니다.

육조

이조(행정부)/예조(외교문화교육부)/호조(기획재정부)/병조(국방부)/공조(국토해양부, 지식경제부)/형조(법무부)

의정부 내 3사 기관

- 사헌부 : 행정을 감시 감독하고 관리의 부패와 직무 태만을 조사하고 감독하는 부서.
- 사간원 : 왕이 왕도정치, 즉 덕으로 선정 정치를 할 수 있도록 자문하고 견제하는 기구.
- 홍문관 : 왕이 정치를 하는데 정책 개발과 제도 창안을 하여 왕도정치를 할 수 있도록 지원 · 협력 · 자문하는 정책 기구.
- 의정부 : 모든 정치와 관리를 총관하는 최고의 관청.
- 승정원 : 태조 원년에 창설되었는데 여기에서는 왕명을 받들어 거행하는 관청으로 지금의 비서실에 해당함.
- 의금부 : 지금의 검찰청과 같다. 왕명에 의해서만 죄인을 잡고 다스린다.

역사 Q&A

Q 조선 시대 4대 사화의 발생 원인은 무엇일까요?

A 사화란 조선 시대에 대신 및 선비들이 정치적 반대파에게 몰려 참혹한 화를 입은 사건으로 무오사화, 갑자사화, 기묘사화, 을사사화가 있었습니다.

1. 무오사화(1498년, 연산군 4)

연산군 때 선왕인 성종의 실록을 편찬하기 위해 사국을 열었는데, 이때 당시 사관인 김일손이 스승 김종직의 조의제문을 사초에 실은 것이 발견되었다. 조의제문은 단종을 항우에게 죽임당한 의제에 비유하여 그 죽음을 슬퍼하고 세조의 찬탈을 비난하는 내용이었다. 이에 훈구 세력들은 연산군을 꾀어 김일손 등 그 일파를 죽이거나 귀양 보내었고 김종직을 부관참시하였다.

2. 갑자사화(1504년, 연산군 10)

연산군은 사치와 향락적인 생활로 재정이 고갈되자, 훈구 세력들이 가지고 있던 토지와 노비를 몰수하려고 하였다. 이에 위협을 느낀 훈구 세력들이 국왕의 행동을 억제하려고 하였다. 이때 세력 기반을 닦고자 했던 임사홍에 의해 폐비 윤씨 사건의 전말이 드러나고 연산군은 이와 관련된 많은 이들을 죽였다.

3. 기묘사화(1519년, 중종 14)

중종은 신진사류를 등용하였으며, 조광조를 내세워 개혁 정치를 실시하였는데, 조광조는 유교적인 도덕 국가의 건설을 정치적 목표로 세우고 미신 타파(불교와 도교의 통제), 향약의 보급, 소학의 보급, 현량과 실시를 주장하였다. 그러나 지나친 이상 국가의 실현 의지로 도리어 중종의 미움을 사게 되고, 위훈 삭제 사건(중종반정 때 공신으로 추서되었던 인물 중 76명의 공훈을 깎아 버림)으로 위협을 느낀 훈구 세력들이 왕을 움직여 조광조 일파를 몰아내었다.

4. 을사사화(1545년, 명종 즉위년)

이복형제 간의 왕위 계승 문제로 일어난 외척 간의 권력싸움에서 빚어졌다. 명종이 왕위에 오르자 왕후의 동생인 윤원형(소윤)이 윤임(대윤) 등 전 왕인 인종의 외척을 제거하는데 이때 윤임을 지원했던 사림들이 타격을 받았다.

Q 조선 시대 궁궐 역사에 대해 알고 싶습니다.

A 태조 이성계에 의해 건국된 조선은 지금의 서울, 한양을 수도로 삼고 궁궐을 지었습니다.

태조가 세운 조선의 첫 궁궐은 경복궁입니다. 1394년에 지어진 경복궁의 뜻은 '큰 복을 빈다.'이며, 규모가 가장 큰 궁입니다. 조선의 궁궐은 양궐 체제로, 국왕이 사용하는 정궁인 법궁과 별궁으로 사용되는 이궁이 있습니다. 이는 목조건물의 특성상 전란이나 재해로 인한 화재에 취약하기 때문입니다. 1405년(태종 5)에 두 번째 궁인 창덕궁을 세우고 이궁으로 사용하면서 양궐 체제가 비로소 갖춰지게 되었습니다. 창덕궁은 역대 임금들이 가장 많이 머물렀던 궁이기도 합니다. 1484년(성종 15)에 왕은 왕후 세 분의 거처로 창경궁을 지었습니다.

1592년(선조 25)에 임진왜란이 일어나 나라가 혼란에 빠지고, 조선의 세 궁궐이 모두 소실되고 말았습니다. 피난을 갔던 선조가 돌아와 거처할 곳이 없으므로 성종의 형인 월산대군의 집을 행궁으로 사용하였습니다. 이곳이 후에 광해군에 의해 경운궁이라 이름 붙여진 덕수궁입니다. 1607년 선조는 창덕궁을 복구하기 시작했는데, 복구 도중 작은 화재들이 일어나 1647년(인조 25)에 이르러서 완료되었습니다. 광해군 때는 창경궁이 재건되고 두

▲ 경복궁의 정전 근정전

개의 궁이 더 지어지는데, 인경궁과 경덕궁(경희궁)입니다. 광해군을 몰아내고 임금이 된 인조는 인경궁은 헐고, 경덕궁만 이궁으로 남겨 두었습니다.

경복궁은 1868년 고종 때에 이르러 중건이 되었고, 그 이전까지는 창덕궁이 정궁으로 쓰였습니다. 고종 때부터 경복궁이 법궁의 자리를 되찾고, 창덕궁은 다시 이궁으로 사용되었습니다. 조선의 궁궐들은 일제 침략기에 많은 수모를 겪게 됩니다. 경복궁에서 명성왕후가 살해된 후 고종은 경복궁과 창덕궁이 아닌 경운궁(덕수궁)에 머물렀습니다. 또한 창경궁은 일제의 계략에 의해 창경원이 되고, 경희궁은 일본인들의 손에 강제 철거되었습니다.

나라의 부흥과 쇠락을 함께한 조선의 궁궐들은 그 역사와 혼을 함께 간직한 채 현재도 계속 복원이 이루어지고 있습니다.

한국사 연표

기원전2333년	단군, 고조선 건국
기원전194년	위만, 준왕을 몰아내고 고조선의 왕이 됨
기원전108년	고조선 한의 침략으로 멸망, 한사군 설치
기원전57년	박혁거세, 신라 건국. 왕호 거서간 사용
기원전37년	주몽, 졸본에서 고구려 건국
기원전18년	온조, 한성에서 백제 건국
3년	고구려 유리왕, 국내성으로 천도
42년	김수로, 금관가야 건국
194년	고구려, 진대법 실시
260년	백제 고이왕, 16관등과 공복 제정하고 율령 반포
313년	고구려, 낙랑군 정벌
372년	고구려, 불교 전래. 태학 설치
384년	백제, 불교 전래
400년	고구려 광개토대왕, 신라에 군사 지원하고 금관가야 정벌
405년	백제, 한학을 일본에 전함
427년	고구려 장수왕, 평양으로 천도
433년	백제와 신라, 나제 동맹을 맺음

475년	백제 문주왕, 웅진으로 천도
494년	부여, 고구려에 의해 멸망
502년	신라, 우경 실시
512년	신라, 우산국(울릉도) 정벌
520년	신라 법흥왕, 율령 반포
527년	신라 법흥왕, 이차돈 순교 후 불교 공인
532년	금관가야, 신라에 멸망
538년	백제 성왕, 사비(부여)로 천도
545년	신라, 《국사》 편찬
552년	백제, 일본에 불교 전파
553년	신라, 한강 유역을 차지함
562년	신라, 대가야 병합
598년	수 문제, 고구려 침공
612년	고구려 을지문덕, 살수대첩
642년	고구려, 연개소문의 정변 발생
645년	고구려, 안시성싸움 승리
646년	고구려, 천리장성 완성

한국사 연표

660년	신라와 당나라의 연합군에 의해 백제 멸망
668년	신라와 당나라의 연합군에 의해 고구려 멸망
676년	신라, 삼국통일 완성
682년	신라, 국학 세움
685년	신라, 9주 5소경 설치
698년	발해 건국(처음에 국호를 '진'이라고 함)
788년	신라 원성왕, 독서삼품과 설치
828년	신라, 장보고의 요청으로 청해진 설치
888년	신라, 삼대목 편찬
900년	견훤, 완산주(전주)에서 후백제 건국
901년	궁예, 송악(개성)에서 후고구려 건국
918년	왕건, 궁예를 몰아내고 고려 건국
926년	발해, 거란에 의해 멸망
935년	신라 경순왕, 고려에 나라를 바침(신라 멸망)
936년	고려, 후백제를 멸망시키고 후삼국 통일
956년	고려 광종 노비안검법 실시
958년	고려 광종 과거제도 처음 시행

976년	고려 전시과 실시
983년	전국에 12목 설치
992년	국자감 설치
993년	거란의 제1차 침입. 서희, 외교 담판으로 강동 6주 획득
996년	건원중보 주조
1010년	거란의 제2차 침입
1018년	강감찬, 귀주대첩
1033년	고려 북쪽 국경에 천리장성 쌓음
1055년	최충의 사학
1086년	의천, 《속장경》 조판
1101년	주전도감 설치
1102년	해동통보 주조
1107년	윤관, 여진 정벌하고 9성 축조
1126년	이자겸의 난 일어남
1135년	묘청의 서경 천도 운동
1145년	김부식, 《삼국사기》 편찬
1170년	정중부의 난(무신정변)

한국사 연표

1179년	경대승, 도방 정치
1196년	최충헌 집권
1198년	만적의 난
1231년	몽골의 제 1차 침입
1232년	고려 조정, 강화 천도
1234년	금속활자를 사용하여 《상정고금예문》을 간행
1236년	강화도에서 《고려대장경》 판각 시작
1270년	배중손, 삼별초를 이끌고 대몽 항쟁
1281년	일연, 《삼국유사》 편찬(추정)
1287년	이승휴, 《제왕운기》 저술
1304년	국학에 섬학전 설치
1314년	만권당 설치
1342년	이제현, 《역옹패설》 저술
1347년	정치도감 설치
1359년	홍건적의 고려 침입(1361년까지 이어짐)
1363년	문익점, 원(元)에서 목화씨를 가져옴
1376년	최영, 왜구 토벌

1377년	최무선의 건의로 화통도감 설치
	《직지심체요절》인쇄
1388년	이성계, 위화도 회군
1389년	박위, 쓰시마 섬 토벌
1392년	고려 멸망. 이성계 조선 건국
1394년	조선 태조 이성계 한양으로 천도
1401년	태종, 신문고 설치
1403년	주자소 설치
1413년	호패법 실시. 팔도 지방행정조직 완성. 태조실록 편찬
1416년	4군 설치
1420년	집현전을 설치함
1429년	정초,《농사직설》편찬
1433년	6진 설치(~1449년 완성)
1441년	장영실, 측우기 발명
1446년	세종대왕, 훈민정음 반포
1453년	수양대군(세조), 계유정난 발생
1460년	신숙주, 여진 정벌

한국사 연표

1463년	홍문관 설치
1466년	직전법 실시
1485년	《경국대전》 시행
1493년	성현, 《악학궤범》 완성
1498년	무오사화 발생
1504년	갑자사화 발생
1506년	중종반정
1510년	삼포왜란
1519년	기묘사화 발생
1527년	최세진, 《훈몽자회》 저술
1530년	《신증동국여지승람》 편찬
1543년	백운동서원 건립
1545년	을사사화 발생
1547년	정미약조 체결
1554년	비변사 정규관청이 됨
1555년	을묘왜변
1559년	임꺽정의 난(~1562년)

1561년	이지함, 《토정비결》 저술(추정)
1577년	이이, 《격몽요결》 간행
1592년	임진왜란(제1차 조·일 전쟁)
	이순신, 한산도 대첩
	김시민, 진주성 전투
1593년	권율, 행주 대첩
1597년	정유재란 (제2차 조·일 전쟁)
1608년	경기도에 대동법 실시
1609년	기유조약
1610년	허준, 《동의보감》 완성
1623년	인조반정으로 광해군 쫓겨나고 인조 즉위
1624년	이괄의 난
1627년	정묘호란(제1차 조·청 전쟁)
1636년	병자호란(제2차 조·청 전쟁)
1653년	하멜 일행, 제주도 표착
1658년	나선 정벌 등 효종의 북벌 정책
1662년	제언사 설치

한국사 연표

1678년	상평통보 전국에 유통
1696년	안용복, 울릉도와 독도가 우리 땅임을 일본에 주장
1708년	대동법 전국적으로 확대
1712년	백두산 정계비 건립
1725년	영조, 탕평책 실시
1750년	균역법 실시
1770년	《동국문헌비고》 완성
1776년	정조, 규장각 설치
1781년	정조, 개혁정치의 선봉
1784년	천주교 전도
1786년	서학 탄압
1801년	신유박해. 공노비 해방
1811년	홍경래의 난(평안도 농민 항쟁)
1818년	정약용, 《목민심서》 저술
1839년	기해박해
1846년	김대건 순교
1851년	안동 김씨, 세도정치 재개

1860년	최제우, 동학 창시
1861년	김정호, <대동여지도> 제작
1862년	농민 봉기(충청도 · 전라도 · 경상도)
1863년	고종 즉위, 흥선대원군 정권 장악
1865년	경복궁 중건
1866년	제너럴 셔먼호 사건. 병인양요
1871년	신미양요
1875년	운요호 사건
1876년	강화도 조약(병자수호조약) 체결
1879년	지석영, 종두법 실시
1881년	일본에 신사유람단 파견. 중국 청나라에 영선사 파견
1882년	임오군란. 제물포조약 체결
1883년	<한성순보> 발간. 태극기를 국기로 선정
1884년	우정국 설치. 갑신정변. 한성 조약 체결
1885년	광혜원 설립
	거문도 사건
1886년	스크랜턴, 이화학당 설립. 육영공원 설립

한국사 연표

1887년	언더우드, 새문안교회 설립
1889년	조병식, 방곡령 선포
1894년	동학 농민 운동. 홍범 14조 제정. 갑오개혁
1895년	을미사변. 단발령 선포. 을미의병
1896년	서재필, 〈독립신문〉 창간. 독립협회 설립. 아관파천
1897년	경인선 철도 기공. 대한제국 성립
1898년	만민공동회 개회
1899년	경인선 철도 개통
1901년	제주 민란(제주도 신축교난) 발생
1903년	대한 YMCA 창립
1904년	러일전쟁 발발. 한일의정서 강제 체결. 경부선 완공
1905년	을사조약 강제 체결. 손병희, 동학을 천도교로 개칭
1906년	통감부 설치. 이토 히로부미 부임
1907년	국채 보상 운동 시작. 헤이그밀사사건. 한일 신협약 체결. 신민회 설립
1908년	동양척식주식회사 설립
1909년	나철, 대종교 창시. 안중근, 이토 히로부미 암살

1910년	한일 병합 조약 조인 공포
1911년	신민회, 105인사건
1913년	안창호, 흥사단 조직
1914년	대한광복군 정부 수립
1915년	대한광복회 결성
1916년	박중빈, 원불교 창설
1918년	토지 조사 사업 완료. 대한독립선언서 발표
1919년	2·8독립선언. 3·1운동 시작. 대한민국 임시정부 수립
1920년	김좌진, 청산리 전투. 유관순 옥사
1923년	상해에서 국민대표회의 개최
	조선물산장려회 창립. 일본에서 간토 대지진 발생
1926년	6·10 만세 운동 시작
	한글날 제정
1927년	신간회 창립
1929년	국민부 조직
	광주 학생 운동
1932년	이봉창·윤봉길 의거

한국사 연표 353

한국사 연표

1933년	조선어학회, 한글 맞춤법 통일안
1934년	조선 농지령 공포
1936년	손기정, 베를린 올림픽에서 마라톤 우승
1940년	창씨 개명 실시. 대한민국 임시정부, 광복군 창설
1942년	조선어학회 사건
1943년	카이로 회담, 한국의 독립 약속
1945년	얄타 회담, 한반도 문제 언급
	8·15 광복
1946년	미소 공동위원회 개최. 대구 폭동 사건
1947년	유엔 한국위원단 구성
1948년	제주도 4·3사건. 대한민국 제헌국회 총선(5·10 총선거).
	대한민국 정부 수립
1949년	김구 피살
1950년	6·25 전쟁 발발
1951년	거창 양민학살 사건
1952년	제1차 한일회담 개최
	거제도 포로소요 사건

1953년	휴전 협정 조인
1957년	어린이 헌장 선포
1960년	3·15 부정 선거
	4·19 혁명
	제2공화국 수립
1961년	5·16 군사 정변
1963년	제3공화국 발족
	박정희 대통령 취임
1964년	6·3 사태
	베트남 파병
1965년	한일 국교 정상화
	이승만 사망
1968년	1·21 사태
	향토예비군 창설
1970년	새마을 운동 시작
1971년	무령왕릉 발굴
1972년	7·4 남북 공동 성명. 남북 적십자 회담. 10월 유신 선포

한국사 연표

1972년	제4공화국 수립
1974년	육영수 여사 피살
1979년	10·26 사건(박정희 시해 사건)
	12·12 사태(군사반란사건)
1980년	5·18 광주 민주화 운동
	한국방송공사(KBS), 컬러 텔레비전 방송
1981년	전두환 대통령 취임. 제5공화국 출범
1983년	아웅산 묘소 폭파 암살 사건
1986년	서울 아시안 게임 개최
1987년	6월 민주 항쟁. 독립 기념관 개관
1988년	남극 세종과학기지 건설. 노태우 대통령 취임
	제6공화국 출범. 서울올림픽 개최
1989년	폴란드, 헝가리와 수교
1990년	소련과 국교 수립
1991년	걸프전쟁 파병. 남북한 유엔 가입
1992년	중국과 국교 수립. 베트남과 국교 수립. 우리별 1호 발사
1993년	김영삼 대통령 취임. 우리별 2호 발사

1994년	북한, 김일성 사망
1995년	무궁화 위성 발사
1996년	OECD 가입
1997년	북한에 구호 식량 원조. IMF 외환위기 돌입
1998년	김대중 대통령 취임
2000년	남북 정상 회담. 김대중 대통령 노벨 평화상 수상
2002년	제17회 월드컵 축구 대회 개최. 제14회 아시아 경기 대회 개최
2003년	노무현 대통령 취임
2005년	APEC 정상 회의 개최
2006년	반기문, 국제연합 사무총장 선출
2007년	2007 남북정상 회담. 태안기름유출사건
2008년	국보 1호 숭례문 화재 발생. 이명박 대통령 취임
	이소연, 대한민국 최초의 우주인 탄생
2009년	북한, 핵실험 실시. 서울 광화문 광장 조성

맺음말

국가와 민족의 변천 과정을 일깨워 주는 살아 있는 교과서

우리나라의 과거 변천사와 흥망의 기록인 역사를 학습하는 일은 우리 문화를 이해하는 데 필요한 첫 과제인 동시에 미래를 향해 발전해 가는 원동력을 기르는 일입니다.

역사는 현대를 살아가는 사람들이 과거의 발자취를 되돌아보고 역사의 발전과 변화의 과정을 이해하고 선조들의 위대한 얼과 빛나는 문화를 되살려서 미래로 이어 주는 징검다리이자 살아 있는 교과서입니다.

한국 역사는 단군 신화와 고조선으로부터 시작되어 고구려-백제-신라의 삼국 시대를 거쳐 고려-조선-대한제국-대한민국으로 이어져 왔습니다. 그러는 동안 많은 위인들과 많은 나라와의 역사적인 사건들이 일어났습니다.

나라가 위급한 시기에 위인들은 나라를 구하기도 하였으며, 또한 문화를 꽃피우기도 하였습니다.

이 책은 이러한 사실들을 지도를 곁들여 상세히 설명하였으며, 변화무쌍한 한국사를 이해하기 쉽고 재미있게 배울 수 있도록 핵심만을 정리한 역사서입니다.

　교과서와 연계한 한국 100인의 위인으로 선조들의 슬기와 참모습을 보면서 나라와 겨레를 위해 봉사하는 소양을 쌓아 가는 어린이가 되기를 바랍니다.

아동문학가 · 시조시인　유한준

우리나라를 빛낸 100인 **인물대백과**

2010년 3월 25일 1쇄 발행
2022년 7월 5일 10쇄 발행

펴낸곳 / 담터미디어
펴낸이 / 이용성
글 / 유한준
그림 / 최승옥
마케팅 / 박기원 전병준 박성종
관리 / 홍진호
편집 / 전은경 김미애
디자인 / wooozooo
등록 / 제1996-1호 (1996.03.05)
주소 / 서울 중랑구 용마산로79길 35
전화 / 02)436-7101
팩스 / 02)438-2141
ISBN / 978-89-8492-345-4 (73370)

(c) 담터미디어 2010

*책값은 뒤표지에 있습니다.